Bauer/Rasinger/Brandstetter
•
Praxis-Ratgeber Anlegerschutz

Karin Bauer
Wilhelm Rasinger
Maria Brandstetter

Praxis-Ratgeber Anlegerschutz

- Anlageprodukte und Risiko
- Sicherheit, Liquidität, Ertrag
- Vertriebswege
- Kosten
- Rechtliche Grundlagen

Bibliografische Information Der Deutschen Bibliothek

Die Deutsche Bibliothek verzeichnet diese Publikation in der Deutschen Nationalbibliografie; detaillierte bibliografische Daten sind im Internet über http://dnb.ddb.de abrufbar.

Das Werk ist urheberrechtlich geschützt. Alle Rechte, insbesondere die Rechte der Verbreitung, der Vervielfältigung, der Übersetzung, des Nachdrucks und die Wiedergabe auf fotomechanischem oder ähnlichem Wege, durch Fotokopie, Mikrofilm oder andere elektronische Verfahren sowie der Speicherung in Datenverarbeitungsanlagen, bleiben, auch bei nur auszugsweiser Verwertung, dem Verlag vorbehalten.

ISBN 3-7093-0005-3

Es wird darauf verwiesen, dass alle Angaben in diesem Buch trotz sorgfältiger Bearbeitung ohne Gewähr erfolgen und eine Haftung der Autoren oder des Verlages ausgeschlossen ist.

Grafiken:
Moneyfruits, Graz: S. 35, 120
Peter Sachartschenko, Wien: S. 40
Prof. Dr. Klaus Spremann, St. Gallen: S. 25 (2x)
Der Standard, Wien: S. 25 (2x), 46, 62, 120

Umschlag: AG MEDIA GmbH
© LINDE VERLAG WIEN Ges.m.b.H., Wien 2003
1210 Wien, Scheydgasse 24, Tel.: 01 / 278 05 26
www.lindeverlag.at

Druck: Hans Jentzsch & Co. GmbH., 1210 Wien, Scheydgasse 31

Inhalt

Vorwort des Regierungsbeauftragten für den Kapitalmarkt 11
Vorwort des Vorstandes der Wiener Börse 13
Geleitwort des Vereins für Konsumenteninformation 15
Vorwort der Autoren 17

Einleitung: Überlegungen vor dem Geldanlegen 19
    Information, Misstrauen und Zeit 19
    Die Finanzplanung 21
        Wichtige Antworten 23
    Ertrag, Risiko, Verfügbarkeit 26
    Risiko und Volatilität 29
    Das magische Dreieck 31
    Die Asset Allocation 32
    Die Streuung/Diversifikation 33
    Das achte Weltwunder 34
    Einmalerlag und Ansparplan 35

1 Die Anlageprodukte 39
    Sparbuch und Bausparen 40
        Sparbücher 40
        Bausparen 41
    Bundesschätze 42
    Anleihen 43
        Pfandbriefe, Wohnbauanleihen 47
        Wandelanleihen 47
        Achtung! Währungsrisiko! 47
        Sonderfall Zero-Bonds 48
        Das Auf und Ab der Anleihenkurse 49
        Warum die Duration für Sie interessant ist 50
        Steuer 51
    Aktien 52
        Arten von Aktien 53
        Das Kurs-Gewinn-Verhältnis KGV 55
        Hinter den Kulissen: Wie Analysten arbeiten 56
        Fundamentalanalyse 57
        Chartanalyse/Technische Analyse 61
        Wichtig beim Einzel-Aktienkauf: Setzen Sie Kurs- und Mengenlimits! 65
        Exkurs: Börsengänge 66

Steuer	68
Fonds	69
Unterscheidungskriterien	70
Arten von Fonds	74
Sonderfall Hedgefonds/Managed Futures	78
Die Beurteilung von Fonds	82
Spezielle Risiken von Investmentfonds	85
Trends in der Fondsbranche: Absolute Return statt Benchmarks	88
GIPS – die neuen Standards in der Fondsbewertung	89
Was tun, wenn der Fonds zusperrt?	90
Derivative Produkte	91
Der Hebel	92
Optionsscheine (Warrants, Zertifikate)	93
Optionen	95
Futures	95
Immobilien	96
Wohnungen und Häuser	96
Immobilienaktien	98
Streuung	99
Besichtigung	99
Kapital	99
Dividende	100
Mietdauer	100
Immobilienfonds	101
Lebensversicherungen, Rentenversicherungen	103
Fondspolizzen	105
Briten-Polizzen	105
Private Equity	107
Kapitalgarantierte Produkte	108
Garantieprodukte	109
Garantiefonds	109
Gewinnscheine	110
Szenarien kapitalgarantierter Gewinnscheine	111
Unternehmensbeteiligungen KEG	113
Geförderte Zukunftsvorsorge	114
Nicht geeignete Anlageprodukte	117
2 Nichts ist umsonst – Spesen und Gebühren	**119**
Kosten bei Fonds	121
Vertriebskosten	122
Was Finanzberater verlangen dürfen	123
Sonderfall Churning	125

3 Die Vertriebswege – wo kaufen? 127
    Einfirmenvertreter, Agenten 129
    Mehrfachagenten 129
    Versicherungsmakler... 129
    Strukturvertrieb... 129

4 Dubiose Vorgangsweisen 131
    Achtung, Anlagebetrug! 131
    Die Trickkiste der Verkäufer 134
    Das Strickmuster dubioser Veranlagungen 135
    Der Ausstieg aus bestehenden Verträgen 137

5 Der graue Kapitalmarkt 139
    Aus der Praxis 139

6 Rechte und Schutz 144
    Wohlverhaltensregeln für Finanzdienstleister 145
        Der Geltungsbereich der Wohlverhaltensregeln (§ 11 WAG) 146
        Besondere Wohlverhaltensregeln (§ 14 WAG) 147
    Verschwiegenheitspflicht 147
    Die Haftung des Anlageberaters 148
        Haftung und Kredit 151
        Haftungsausschlüsse 152
        Mitverschulden des Geschädigten 152
        Verjährung 153
        Prospekthaftung nach dem Kapitalmarktgesetz 153
        Aus der Praxis 155
    Der Konsumentenschutz bei Geldanlagegeschäften 158
        Aus der Praxis 158
        Das erweiterte Rücktrittsrecht nach § 12 Wertpapieraufsichtsgesetz 161
        Wichtiges zum Rücktrittsrecht 161
        Irrtumsrücktrittsrecht 162
        Rücktrittsrecht gemäß § 5 Kapitalmarktgesetz 162
    Geldgeschäfte via Internet 163
        Neue Fernabsatzrichtlinie der EU ab 2004 163
        Stolpersteine beim Vertragsabschluss 165

7 Ihre spezifischen Rechte 167
Ihre Rechte als Aktionär 167
Die Hauptversammlung 169
Anfechtungs- und Nichtigkeitsklage 173
Exkurs: Corporate Governance – Die Regeln für lautere
Unternehmensführung 176
Der österreichische Kodex 177
Ihre Rechte als Gläubiger bei Anleihen 178
Ihre Rechte als Inhaber von Fondsanteilen 179
Ihre Rechte bei Genussscheinen 181

8 Kosten der Rechtsdurchsetzung 183
Zivilprozess 183
Anwaltskosten 184
Rechtsschutzversicherung 185
Hilfe bei Prozesskosten 186
Prozessführung durch mehrere Kläger 187
Musterprozess 187
Die Trittbrettfahrer 187
Sammelverfahren 188
Treuhandkonstruktionen 188

9 Hilfe bei der Rechtsdurchsetzung 189
Was der Verein für Konsumenteninformation für Sie tun kann 189
Grundvoraussetzung: das Kundenprofil 190
Die Prävention 192
Aus der Praxis 192
Was die Finanzmarktaufsicht für Sie tun kann 197
Überwachung der Finanzindustrie 198
Markt- und Börsenaufsicht 199
Meldepflicht 201
Beschwerdemanagement 202
Was der Interessenverband für Anleger für Sie tun kann 203
Aus der Praxis 205
Wenn Kleinanleger nicht allein kämpfen 207
Was die Arbeiterkammer Niederösterreich für Sie tun kann 213
Lieber gemeinsam als einsam: Investmentclubs zwecks Übung des
Anlegens 213
Das Trockentraining 214
Zusätzliche Aktivitäten 215

Entschädigungseinrichtungen 216
   Freiwillige Anlegerentschädigungseinrichtung FAE 217
   Einlagensicherung der Banken 218
   Hilfe vom Ombudsmann der Finanzdienstleister 218

10 Behavioural Finance 219

Anhang 226
   Rechtsprechung zu Anlagefragen in Österreich 226
   Wichtige Adressen 230
   Literaturhinweise, weiterführende Literatur 235
   Glossar 236
   Stichwortverzeichnis 257

Vorwort des Regierungsbeauftragten für den Kapitalmarkt

Die Stärkung des Anlegervertrauens ist nach wie vor die entscheidende Grundlage für die Belebung des österreichischen Kapitalmarktes. Eine Reihe von Maßnahmen für mehr Vertrauen ist daher auch ein Hauptschwerpunkt meines Aktionsplans für den österreichischen Kapitalmarkt. Die verschiedenen Vorschläge setzen dabei sowohl beim börsennotierten Unternehmen als auch bei den Investoren an.

Im Hinblick auf die börsennotierten Unternehmen gilt es vor allem, die Effizienz und Transparenz zu verbessern. Eine wesentliche Maßnahme des Aktionsplans in diesem Bereich ist mit dem Österreichischen Corporate Governance Kodex bereits umgesetzt. Ein Corporate Governance Kodex, in dem international anerkannte Grundsätze guter Unternehmensführung festgeschrieben sind, stellt eine wirksame Selbstregulierungsmaßnahme zur Wiedergewinnung des Vertrauens dar. Die Ziele eines solchen Kodex, nämlich gute und verantwortliche Leitung und Kontrolle des Unternehmens, mehr Transparenz, Qualitätsverbesserung in der Zusammenarbeit zwischen Aufsichtsrat, Vorstand und den Aktionären, mehr Unabhängigkeit der Organe und nachhaltige und langfristige Wertschaffung sind die richtigen Ansatzpunkte, um das Vertrauen der Investoren zu fördern. Ebenso wichtig ist die Verbesserung des Anlegerschutzes, zu dem derzeit vor allem auf EU-Ebene einschlägige Rechtsvorhaben ausgearbeitet werden. Solche vertrauensbildende Maßnahmen sind gerade jetzt besonders wichtig, da Aktien zunehmend an Bedeutung für die Altersvorsorge der Bevölkerung gewinnen.

Eine wichtige Basis für das Vertrauen in den Kapitalmarkt liegt aber auch beim Anleger selbst. Ausreichendes Kapitalmarktwissen ist ebenso eine Grundvoraussetzung für mehr Vertrauen wie die Transparenz, die Integrität und die Seriosität des Kapitalmarktes. Maßnahmen zum Aufbau von Kapitalmarktwissen und Kapitalmarktverständnis in der Bevölkerung sind daher unverzichtbare Bausteine für die Schaffung einer Aktienkultur in Österreich. Das vorliegende Buch „Praxis-Ratgeber Anlegerschutz" unterstützt diesen Prozess in hervorragender Weise. Der Privatanleger erhält darin wertvolle Informationen über die Grundlagen der Geldanlage, die ihm insbesondere auch zu einem kritischen Hinterfragen von Anlageangeboten befähigen sollen. Ganz besonders begrüße ich den Schwerpunkt des Buches betreffend die steigende Notwendigkeit der privaten Vorsorge. Trotz der seit vielen Jahren bekannten Zusammenhänge wurde von der Politik die Förderung des privaten Vorsorgegedankens lange vernachlässigt. Mit dem neuen Zukunftsvorsorgeprodukt gibt es nun aber ein attraktiv gefördertes, sicheres Vorsorgemodell für alle Österreicher, welches gleichzeitig auch positive Wirkungen für den österreichischen Kapitalmarkt entfaltet und somit die Finanzierungssituation der österreichischen Unternehmen verbessert.

Abschließend darf ich nochmals betonen, dass das Buch „Praxis-Ratgeber Anlegerschutz" insbesondere durch seine praxisnahen Inhalte wesentlich zur Förderung des Kapitalmarktwissens in der österreichischen Bevölkerung beiträgt. Für diese tatkräftige Unterstützung eines der Hauptziele des Aktionsplans zur Stärkung des österreichischen Kapitalmarktes darf ich daher den Autoren des Ratgebers, die ausgewiesene Experten auf dem Gebiet des Anlegerschutzes sind, meinen besonderen Dank aussprechen.

DI Dr. Richard Schenz
Kapitalmarktbeauftragter der Bundesregierung
und langjähriger Vorstandschef des Erdölkonzerns OMV

Vorwort des Vorstandes der Wiener Börse

Ein leistungsfähiger Kapitalmarkt ist essenziell für die Wettbewerbsfähigkeit einer modernen Volkswirtschaft. Er versorgt die Wirtschaft mit dem notwendigen Kapital für Wachstum und Expansion, er bietet Anlagemöglichkeiten zur Sicherung einer langfristigen Altersvorsorge und schafft hochwertige Arbeitsplätze. Transparenz und Vertrauen in die Institutionen des Kapitalmarktes sind Grundsteine für eine reibungslose Funktion.

In den mehr als 230 Jahren seiner Geschichte hat der österreichische Kapitalmarkt viele Höhen und Tiefen durchlaufen. Erst Anfang der 90er Jahre reifte rund um die Privatisierung der ehemaligen verstaatlichten Industrie ein Kapitalmarkt moderner Prägung heran. Vor dieser Zeit basierte die Unternehmensfinanzierung in Österreich weitgehend auf (zu billigen) Bankkrediten. Integriert in den europäischen Binnenmarkt mit seinen vier Freiheiten und mit Basel II vor der Tür wird sich der Trend hin zur Unternehmensfinanzierung über den Kapitalmarkt auch in Österreich weiter verstärken und die Abhängigkeit der Wirtschaft von Bankkrediten reduzieren.

Die Eigenkapitalausstattung der österreichischen Industrie ist im internationalen Vergleich sehr niedrig und erhöht das Insolvenzrisiko in wirtschaftlichen Schwächephasen erheblich. Gerade in dieser für die Wirtschaft heiklen Zeit des Umbruchs ist es essenziell, dass das Vertrauen der privaten und institutionellen Anleger in den Kapitalmarkt als Motor für die Entwicklung des Marktes erhalten bleibt. Die letzten Jahre haben eine Reihe von krisenhaften Entwicklungen hervorgebracht, die das Anlegervertrauen in die Integrität und Stabilität der Finanzmärkte schwer erschüttert haben. Österreichische Anleger haben rund um den Niedergang des Neuen Marktes und anderer internationaler Aktienindices in den letzten drei Jahren Bewertungsverluste von sieben Milliarden Euro erlitten. Unternehmenszusammenbrüche und Bilanzskandale Marke Enron, Worldcom, Flowtex oder Yline haben ebenfalls tiefe Spuren hinterlassen.

In dieser Zeit sind vertrauensbildende Maßnahmen überaus wichtig, damit der Kapitalmarkt auch weiterhin seine Funktion als Kapitalquelle für die von Klein- und Mittelbetrieben geprägte Wirtschaftsstruktur in Österreich erfüllen kann. In den letzten Jahren wurde intensiv in die Verbesserung der rechtlichen und technischen Infrastruktur des heimischen Kapitalmarktes investiert. Anlegerschutznormen, die Überwachung des Handels und die Anforderungen an die Teilnehmer am Kapitalmarkt sind in Österreich mittlerweile auf einem sehr hohen Niveau. Anlassgesetzgebung wie in Amerika („Sarbanes-Oxley Act", 2002) waren hier zu Lande etwa als Reaktion auf unlautere Bilanzierungspraktiken von Unternehmen nicht erforderlich.

Das aktuelle regulatorische Umfeld ist in Österreich weitaus besser als allgemein angenommen. In diesem Kontext begrüße ich das Buch „Praxis-Ratgeber Anlegerschutz" außerordentlich, weil es wesentlich dazu beiträgt, in praxisnaher und verständlicher Weise den aktuellen Zustand des heimischen Kapitalmarktes zu beschreiben.

Auch die Wiener Börse ist bestrebt, die Qualität der Information für den Kapitalmarkt laufend zu verbessern. Mit der Einführung des „prime market" im Jänner 2002 wurden erhöhte Transparenzvorschriften für Unternehmen geschaffen, die privaten und institutionellen Investoren unmittelbar zugute kommen. Die Wiener Börse war aktiv in die Entwicklung des österreichischen Corporate Governance Kodex eingebunden. Über den Web-Service der Wiener Börse (**www.wienerboerse.at**) wird Privatanlegern wie Profis eine Fülle von Informationen kostenlos, detailliert und zeitnah zur Verfügung gestellt.

Anlegerschutz ist eine Grundvoraussetzung für das Vertrauen in die Institutionen des Kapitalmarktes und die Basis moderner Aktienkultur. Vertrauen beginnt mit Transparenz, Qualität und Nachhaltigkeit im Informationsfluss.

Dr. Erich Obersteiner, MBA
Mitglied des Vorstandes, Wiener Börse AG

Geleitwort des Vereins für Konsumenteninformation

Einen umfassenden Ratgeber für den Kleinanleger gab es bisher nicht. Das vorliegende Buch schließt diese Lücke und gibt Orientierung, wie Sie sich am Kapitalmarkt besser zurechtfinden. Sehr anschaulich und mit zahlreichen Fallbeispielen wird dem Laien das Thema „Geldanlage" leicht verständlich näher gebracht und auf Stolpersteine hingewiesen. Ob es um die Auswahl der richtigen Anlageform, um Anlegerschutzbestimmungen oder um Ihre Rechte als Kleinaktionär geht – die Autoren reflektieren den Kapitalmarkt keineswegs nur nüchtern und trocken, sondern so, dass auch Lesevergnügen garantiert ist; und die Darstellung der Situation deckt sich weitgehend mit jenen Erfahrungen, die der Verein für Konsumenteninformation bei der Beratung geschädigter Anleger gesammelt hat.

Finanzskandale und Börsencrashs haben das Vertrauen der Anleger erschüttert. Hinzu kommt das unüberschaubare Angebot an Geldanlageprodukten – für den Anleger somit kein leichtes Unterfangen, das für seinen Bedarf richtige Produkt zu finden. Der Umstand, dass Vermögensberater bestimmte Geldanlagen besonders nachdrücklich empfehlen, bedeutet noch lange nicht, dass dieses Produkt auf die Bedürfnisse des Anlegers auch tatsächlich zugeschnitten ist. Erfahrungsgemäß ist so mancher Vermögensberater um Worte nicht verlegen. Er ist oftmals in erster Linie Verkäufer und denkt an seine Provision – seriöse Anlageberatung bleibt dann auf der Strecke. Dass die Wohlverhaltensregeln des Wertpapieraufsichtsgesetzes zum Schutz der Anleger eine produkt- und anlegergerechte Beratung fordern, steht auf einem anderen Blatt.

Nicht selten stellt sich der profitable „Anlagehit mit Nullrisiko" als echter Flop heraus und der Anlageberater wird sich an seine bloß mündlichen Zusicherungen (warum wohl nur mündlich?) wahrscheinlich nicht mehr erinnern können. Er wird nichts unversucht lassen, den Anleger als gieriges Subjekt hinzustellen, der – mit aller Sachkenntnis ausgestattet – gerade dieses Produkt haben wollte. Was sonst – wenn der Berater nur diesen Anlagehit im Repertoire hatte.

Kommt es dann zu einem Rechtsstreit, so wird es mühsam, langwierig und kostspielig für den Anleger. Wer aber schon viel Geld durch eine falsche Vermögensdisposition verloren hat, will nicht noch mehr Geld aufs Spiel setzen. Es freut uns daher, dass dieses Buch auch auf die Musterprozesse des Vereins für Konsumenteninformation (VKI) verweist, einige werden ausführlich dargestellt. Wir führen solche Verfahren großteils im Auftrag des für Konsumentenschutz zuständigen Ministeriums, um grundlegende Rechts- bzw. Haftungsfragen zu klären. In diesen Fällen übernimmt der VKI auch das Prozesskostenrisiko. Die einschlägigen Urteile werden in unserer Konsumentenrecht Entscheidungssammlung (KRES) dokumentiert, die Sie über die kostenpflichtige Rechtsdatenbank (**www.rdb.at**) abrufen oder aber telefonisch (01/58877-320) bei uns bestellen können.

Nur ein gut informierter Anleger wird der Gefahr entgehen, später bei Gericht seinem Geld nachlaufen zu müssen. In diesem Sinn hat schon Aristoteles Onassis offenkundig gewusst: „Dem Geld darf man nicht nachlaufen, man muss ihm entgegengehen."

Grundvoraussetzung für eine erfolgreiche Veranlagung ist eine nüchterne Bestandsaufnahme der Lebenssituation. Dieses Buch hilft Ihnen bei der Selbstanalyse und beim Erstellen Ihrer persönlichen Anlagestrategie.

Stehen die Bedürfnisse und das Risikoprofil erst einmal fest, muss man sich im Anlagedschungel zurechtfinden und die verschiedenen Angebote sondieren. Eines ist klar, Geld auf die Schnelle gibt's nur im Glücksspiel, wenn man Pech hat, ist der Einsatz weg. Außerordentlich hohe Renditen gehen mit hohem Risiko einher, während risikolose Anlageformen nur bescheidene Erträge bringen. Hoher Ertrag bei jederzeitiger Verfügbarkeit des Geldes und größtmöglicher Sicherheit bleibt somit ein Wunschtraum gleich der „Eier legenden Wollmilchsau".

Speziell bei der Auswahl der für Sie geeigneten Veranlagung wird Ihnen dieses Buch gute Dienste leisten. Es stellt die Vor- und Nachteile der einzelnen Produkte ausführlich dar und weist auf die jeweiligen Risiken hin. Die Autoren liefern dem Laien kein Expertenkauderwelsch, sondern leicht verständliche Informationen zu den verschiedensten Anlageformen vom Bausparen über Wertpapiere und Fonds bis hin zur Lebensversicherung. Draufgabe ist ein Börsen-ABC, in dem man erfährt, dass Bären- und Bullenfallen auch an der Börse lauern können.

Wer noch eine weitere Entscheidungsgrundlage für das richtige Investment benötigt, dem bietet der Verein für Konsumenteninformation (VKI) laufend aktuelle Tests und Markterhebungen in der Zeitschrift KONSUMENT (siehe Konsument-Homepage: **www.konsument.at**). Gerne informieren wir Sie zum Thema „Geldanlage" auch auf unserer Hotline (0900 94 00 24 – maximal 1,08 Euro pro Minute) oder in einem persönlichen Beratungsgespräch. Adresse und Telefonnummer der Beratungsstelle des VKI finden Sie im Anhang.

Der VKI dankt den Autoren für diesen wertvollen Ratgeber, der dem Anleger Hilfe zur Selbsthilfe bietet, aufklärt und warnt. Man muss weder Finanzexperte noch Jurist sein, um mit diesem Buch etwas anfangen zu können, und auch kein Kapitalist, um davon zu profitieren.

Mag. Ursula Reichholf-Kogler,
Verein für Konsumenteninformation

Vorwort der Autoren

„Alles hat seinen Preis." An diesen weisen Spruch sollten Sie denken, wenn Ihnen mit schönen Worten, bunten Prospekten, engagierten Beratungsgesprächen der Mund für Finanzprodukte wässrig gemacht wird. In der Finanzindustrie wird Ihnen nichts geschenkt, denn sie lebt von Ihrem Geld. Die Vielfalt der Angebote ist in den letzten Jahren explodiert, aber auch die Enttäuschungen und Verluste haben rasant zugenommen.

Nur mündige und kundige Anleger, die wissen, welches Produkt zu ihnen passt und welche Angebote sie zurückweisen sollten, können Enttäuschungen, Ärger und sinnlose Kosten vermeiden.

Dieses Buch möchte Ihnen die notwendigen Basisinformationen vermitteln und aus der langjährigen Erfahrung der Spezialisten, die berufsbedingt mit den Schattenseiten des Finanzmarktes zu tun haben, Hinweise und Ratschläge geben.

Den Autoren und Mitarbeitern dieses Buches ging es um eine verständliche, zusammenschauende Darstellung der Wissensinhalte und Problemstellungen. Zur Erläuterung der wichtigsten Begriffe der Finanz- und Börsenwelt finden Sie am Ende ein umfangreiches Glossar.

Wir freuen uns, wenn Sie vor einer Anlageentscheidung dieses Buch als Hilfe heranziehen und dadurch Ihren Nutzen mehren und sich hoffentlich Schaden ersparen. Denn Ihr Schutz als Anleger sollte am besten schon bestehen, bevor Geld fließt – als Prophylaxe, entstanden aus Ihrem Wissen und Ihrer Vorsicht.

Die Praxis des Anlegerschutzes ist in Österreich leider noch nicht ausgereift: Immer wieder resignieren Anleger bei Fehlentwicklungen zu rasch, vermeiden (gerichtliche) Auseinandersetzungen und verdrängen Fehler. Wissenschafter nennen dieses Phänomen „rationale Apathie". Diese wird durch unzureichende Gesetzesbestimmungen oder unzureichende Judikatur noch gefördert.

So bleibt allen engagierten Anlegerschützern auch weiterhin genügend Arbeit und Betätigungsmöglichkeit.

Es ist das Anliegen der Autoren, den Anlegerschutzgedanken einer breiten Öffentlichkeit zugänglich zu machen und die für das Funktionieren des Kapitalmarktes so wichtige „Fairness"-Kultur zu verbessern.

Wir danken:

Dem Team des Vereins für Konsumenteninformation (VKI): Dr. Peter Kolba, Mag. Max Reuter, Mag. Beate Sucher und Mag. Ursula Reichholf-Kogler; Mag. Thomas Haghofer, Sektion Konsumentenschutz des Bundesministeriums für soziale Sicherheit und Generationen; Rechtsanwalt Dr. Wolfgang Leitner;

der Kanzlei Brandl/Talos; den Experten der Arbeiterkammer Niederösterreich unter Günther La Garde: Mag. Manfred Neubauer und Herwig Rezek, für ihre Unterstützung und für ihre Beiträge; dem Team der Wiener Börse unter den Vorständen Erich Obersteiner und Stefan Zapotocky für ihre Zeit und Hilfe, ebenso wie den Experten der Finanzmarktaufsicht. Besonders danken wir unserer Lektorin Elisabeth Tschachler-Roth, die uns vom ersten Tag des Projektes an wohlwollend betreut hat.

Unser inniger Dank gebührt unseren Familien und Freunden, die uns bei unserer Arbeit mit viel Geduld und Nachsicht geholfen und mit Motivation versorgt haben.

Karin Bauer
Mag. Dr. Wilhelm Rasinger
Dr. Maria Brandstetter

Einleitung: Überlegungen vor dem Geldanlegen

Brennt das Haus erst einmal, dann ist es für den Abschluss einer Haushaltsversicherung definitiv zu spät. Eine Prophylaxe gegen ein Aufwachen in Schutt und Trümmern ist beim Geldanlegen genauso wichtig – und ebenso wirkungsvoll wie eine rechtzeitige Versicherung von Hab und Gut. Das ist – an den Anfang gestellt – auch das Fazit zum Thema Anlegerschutz in Österreich:

| Prophylaxe

Auf dem Papier ist es um die Rechte und den Schutz beim Geldanlegen in Österreich relativ gut bestellt. Es bestehen solide Ordnungsrahmen und die Pflichtenhefte für die Anbieterseite sind ordentlich voll geschrieben. Über die Rechte besteht kein Zweifel. Ihre Durchsetzung von Seiten geschädigter Anleger ist aber eine andere, überwiegend sehr schwierige Frage. Entweder drückt die Beweislast oder es sind Rechtskosten und Rechtswege unerträglich belastend.

Beim Geldanlegen danebenzugreifen kann passieren – und ist kaum auszuschließen oder zu verhindern.

Im Vorfeld von Investitionen in Geldanlageprodukte können Sie aber selbst dafür sorgen, dass Ihnen einiges nicht passiert: etwa Verträge zu unterschreiben, die Sie um Ihr Erspartes bringen, ohne dass Sie davon eine Ahnung hatten. Der Berater war ja freundlich, nett, die Plauderei angenehm, das Verständnis seinerseits groß. Sogar bei den Spesen ist er noch entgegengekommen. Wer hätte da den Teufel im klein Gedruckten, in der Risikobeschreibung oder bei der Höhe der laufenden Kosten vermuten wollen?

Teufel im Detail

Information, Misstrauen und Zeit

Ihr optimales Werkzeug für diese Prophylaxe sind: Information und eine gesunde Portion Misstrauen. Denn Geldanlageprodukte sind Waren wie andere Produkte auch. Das heißt: Anbieter und Verkäufer haben damit ein Ziel – Geld zu verdienen.

> **Drei Regeln**
> Diese Regeln sollten Sie nie außer Acht lassen:
> 1. Die Finanzindustrie lebt von Ihrem Geld.
> 2. Alle Macht und Möglichkeiten haben Sie als Kunde nur, bevor Sie unterschrieben haben.
> 3. Je höher die Ertragswahrscheinlichkeit, desto größer ist die Verlustmöglichkeit.

Gegen Verluste beim Geldanlegen ist kein überall wirksames Kraut gewachsen. Eine totale Pleite kann allerdings gut vorbereiteten, mit Informationen und der nötigen Skepsis ausgestatteten Anlegern nicht passieren. Denn sie haben nicht nur geplant, sondern auch alle verfügbaren Sicherheitsnetze geknüpft.

Produktpuzzles — Aber: Selbst wenn noch kein Unglück einer Geldvernichtung geschehen ist, dann bringen Ihnen planlos zusammengewürfelte Produktpuzzles wenig. In einem solchen Chaos lässt sich kaum ein profitabler langfristiger Weg finden – und schon gar kein ruhiger Schlaf.

Wo also anfangen – und wie?

Der Produktdschungel im Anlageuniversum wird ja immer dichter, die guten Tipps werden immer zahlreicher. Gleichzeitig gibt es auch immer mehr Warnungen vor Fehlentscheidungen beim Anlegen und immer mehr üble Erfahrungen.

Trend der Lemminge — Gerade die ersten Jahre des neuen Jahrtausends haben an den internationalen Aktienbörsen so viele Privatanleger enttäuscht und um ihr Geld gebracht wie nie zuvor. Von Gurus, Analysten, Beratern und Journalisten gepriesene Trends haben Milliarden Dollar und Euro in Papiere gezogen, deren Unternehmen eigentlich pleitereif waren.

Vermeintliche Erfolgsrezepte wurden millionenfach kopiert. Die meisten Anleger waren damit sehr schlecht beraten.

Erfolgreiche Veranlagungen lassen sich nicht kopieren. Ein ungestörtes Leben mit all seinen Anforderungen zu führen, während sich das weise angelegte Kapital vermehrt, braucht eine ganz individuelle Balance zwischen der Hoffnung auf hohe Renditen und der Vernunft, die das Geld auch absichert. Kurzfristige Spekulationen – etwa in bestimmten Einzelaktien –

sollten dabei nur eine zusätzliche Chance auf erfreuliche Überraschungen einräumen und mit einem klar definierten Spielkapital erfolgen. Geld, das Sie zum Leben brauchen, sollten Sie der Spekulation nicht widmen. Außer Sie nehmen das Risiko einer massiven Beeinträchtigung Ihrer Lebensumstände in Kauf.

Wie gelangen Sie auf Ihren maßgeschneiderten goldenen Mittelweg?

Die Antwort ist kurz, der Weg etwas länger: Bevor Sie Geld investieren, müssen Sie Zeit investieren. Wie schon der Börsenaltmeister und vielfache Buchautor André Kostolany gesagt haben soll, ist es manchmal besser, eine Stunde über sein Geld nachzudenken als eine Woche dafür zu arbeiten.

Zeit investieren

Das ist der erste Schritt.

Er beginnt mit der Erforschung der Wünsche und Ziele im eigenen Lebensplan. Das dauert eine Weile – und das Ich ist an manchen Stellen recht widerspenstig, wenn es um einen Ausgleich zwischen Einnahmen und Ausgaben geht.

Aber erst daraus ergibt sich ein klarer Weg für die Geldanlage. Ein solches Vorgehen erspart nicht nur einen vernichtenden Crash der persönlichen Finanzen, sondern hält auf dem Weg zur Geldvermehrung auch die Ausgaben in Form von Spesen und Gebühren in Grenzen. Denn am häufigen Zu- und Verkaufen verdient nur die Investmentindustrie. „Hin und her macht Taschen leer" heißt es ganz zu Recht unter Anlegern, die ihren Weg gefunden haben.

Die Finanzplanung

„Wenn du zur Börse gehst, vergiss den Taschenrechner nicht", ist ein beliebter Rat unter Börsianern.

Immer wichtig: der Taschenrechner

Allerdings muss dieser kleine Helfer schon viel früher her. Denn das Vergleichen, Beurteilen und Kaufen von Anlageprodukten ist erst der Schlussstein des Geldanlegens. Davor ist viel zu tun, denn: Auch bei der Geldanlage ist das Wichtigste der Plan. Die Basis Ihrer Investmententscheidung muss Ihr Konzept über die Lebensführung sein. Große Investoren nennen das Financial Planning. Gemeint ist damit ein ganz konkreter Finanzplan, der im Prinzip wie die Bilanz einer Firma inklusive Vorschau über Einnahmen und Ausgaben aussieht. Ein solcher Finanzplan macht Ihre Verpflichtungen und Freiräume berechenbar. Philosophisch ausgedrückt heißt das: Erkenne dich selbst.

Die Gier zähmen

Dazu gehört auch, mit den Emotionen beim Geldanlegen umgehen zu lernen. „Ohne Emotionen wäre der Mensch arm", sagt ein Sprichwort. Beim Anleger ist es genau umgekehrt: Er wird mit Emotionen sicherlich arm. Eine Erforschung der Triebkräfte ist wichtig, ein Zähmen der Gier auf hohe (= zweistellige) Renditen ist elementar. Grundlegend dafür ist auch das Bewusstsein, dass die Entscheidung und Verantwortung für Investitionen letztlich bei Ihnen selbst als Anleger liegen und dass die Suche nach Schuldigen nach einem Geldverlust ein recht müßiges Geschäft ist. Außer es liegt wirklich ein rechtlich verfolgbares Vergehen auf Berater- oder Verkäuferseite vor.

Formel für den Erfolg

Vernünftig betrachtet sollte klug angelegtes Geld bei einem Durchrechnungszeitraum von zehn Jahren jährlich zwischen 4 und 5 Prozent Nettorendite bringen. Als realistische Basis-Formel für kontinuierlichen Anlageerfolg gilt: Inflation plus Wirtschaftswachstum. Für das Jahr 2003 bedeutet das: knapp 2 Prozent Inflation plus etwa 0,7 Prozent Wirtschaftswachstum.

Wer sich mehr versprechen lässt, kommt in einen wertvernichtenden Strudel aus Emotionen und von vermeintlichen Trends getriebenen Ad-hoc-Entscheidungen. So gerät die Geldanlage zum hoch riskanten Glücksspiel.

Nochmals: Das bedeutet nicht, dass nicht mit einem klar definierten „Spielkapital" und einiger Übung im Jonglieren mit Trends und Mechanismen auf den Kapitalmärkten riskant auf sehr hohe Renditen spekuliert werden darf. Schön, wenn es klappt.

Das ist der zweite Schritt.

Krisenversicherung

Dieser mühevolle Anfang – mit ständiger Kontrolle und Anpassung bei Veränderung der Lebensumstände – kostet Zeit. Er ist aber die einzige Versicherung, die auch in Krisenzeiten hält und existenzbedrohende Verluste mit Sicherheit vermeidet.

Damit der Finanzplan jederzeit greifbar ist, sollte er unbedingt schriftlich erfolgen. In Beratungsgesprächen werden dabei gemeinsam mit den Anlegern ganze Mappen ausgefüllt, damit der gesamte Werdegang der Anlageentscheidung dokumentiert werden kann. Das ist dann auch für beide Parteien (Anleger und Berater, Vermittler, Käufer) eine Absicherung, sollte es jemals zu Problemen kommen oder sollten Erwartungen und Versprechen nicht eintreffen.

Alles aufschreiben

Tipp

Verschweigen oder ein bisschen Schummeln bei den Angaben über Einkommen und Ausgaben schadet nur dem Anleger. Je offener alle Karten auf dem Tisch liegen, desto unwahrscheinlicher ist der Schreckensfall, dass ein Anlageprodukt durch seine geforderten Kapitalzuführungen oder durch seine Verluste das gesamte Lebenskonzept sprengt.

Versuchen Sie ganz ernsthaft, jedes innere Augenzwinkern und freundschaftliche Schönen bei den Angaben im Finanzplan zu vermeiden – es könnte der Anfang vom Ende gescheiterter Geldanlagen sein.

Wichtige Antworten

Für Ihre Finanzplanung müssen Sie auf folgende Fragen prinzipielle Antworten gefunden haben:

Status quo und Zukunftsszenarien

- Wie hoch sind meine laufenden Lebenshaltungskosten im Verhältnis zu meinen laufenden Einnahmen jetzt und in meinem angenommenen Lebensverlauf?
- Welche Absicherungen für mögliche Krisenfälle brauche ich?
- Welche zusätzlichen künftigen Verwendungszwecke für mein Vermögen (Wohnungsanschaffung, Ausbildung der Kinder, Urlaub, Ergänzung zur Pension) kann ich benennen und wann brauche ich dieses Geld?
- Welches freie Vermögen ohne spezifischen Verwendungszweck bleibt mir, welche Wünsche will ich erfüllen?

Wenn Sie dabei alleine nicht gut weiterkommen: Fast alle Banken und Finanzberater bieten Hilfe mit standardisierten

Modulen an. Diese grundsätzliche Standortbestimmung sollte zu einem vereinbarten Pauschalhonorar oder im besten Fall sogar kostenlos sein. Denn dabei geht es ja noch nicht um die Vermittlung von Produkten.

Webtipp

Vorlagen für den Finanzplan

Formulare und Rechner für einen solchen Finanzplan im Do-it-yourself-Verfahren finden sich auch im Internet auf den Websites fast aller Banken oder auch unter **www.moneyfruits.at** unter dem Stichwort „Life Cycle Planning".

Checkliste

Diese Unterlagen benötigen Sie für Ihre Finanzplanung:

- aktuelle Steuerklärung und Einlageblätter (inkl. Schuldenverzeichnis) und Depotauszug
- Gehaltsausweise
- Haushaltsbudget
- Aktuelle Konto- und Depotauszüge
- Pensionskassenberichte und -ausweise
- Versicherungspolizzen
- Ausgabenbudget, fixe Verpflichtungen, fixe Sparbeträge
- zu erwartende Erbschaften
- Angaben zu Immobilien
- Ehe- und Erbverträge
- Testamente

Einleitung

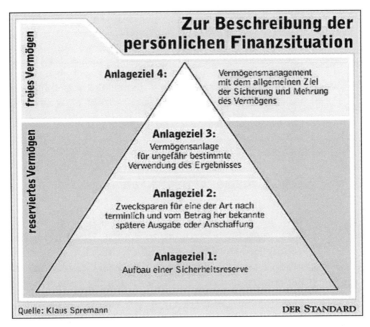

Grafik 1: Die Anlagepyramide

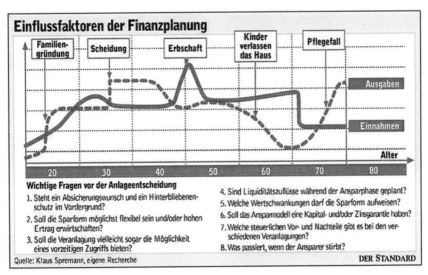

Grafik 2: Einnahmen und Ausgaben bei üblichen Lebensereignissen

Webtipp

Wenn Sie Lust auf eine etwas wissenschaftlichere Vertiefung in das Themas haben, dann bietet sich unter anderem die Homepage der Uni St. Gallen unter **www.sbf.unisg.ch** an.

Ertrag, Risiko, Verfügbarkeit

Jetzt ist schon viel Arbeit getan. Noch ist es aber nicht so weit, tatsächlich Produkte zu kaufen. Der dritte Schritt zum gelungenen Investieren ist das Nachdenken über das Risikoprofil. Damit wird beschrieben, welche Gefahren Sie sich leisten können und welche Sicherheiten Sie brauchen.

Das Risikoprofil

Das Risikoprofil wird durch den Anlageberater nach den ersichtlichen Bedürfnissen, Verpflichtungen und Wünschen des Klienten erstellt. Es spielen dabei aber auch ganz subjektive Muster eine Rolle. Diese werden mit einem einfachen psychologischen Fragenkatalog geortet.

Bereiten Sie sich dabei auf Fragen in folgendem Ton vor:

Ein momentaner Verlust meines Anlagevermögens um fünf Prozent ...

a) beunruhigt mich gar nicht, es wird sich wieder bessern,
b) macht mir Angst,
c) ist für mich nicht zu tolerieren.

Die Bedeutung der Risikoklassen

Je nach ihren Antworten werden die Klienten mit ihren Anlagewünschen beim Beratungsgespräch dann in bestimmte Risikoklassen eingeteilt. Diese Festlegung und das dokumentierte Verständnis der Anleger über die Bedeutung der jeweiligen Risikoklasse ist für einen eventuellen späteren Gerichtsweg im Schadensfall sehr wichtig.

Checkliste

Beispiel für einen Fragebogen für Ihr Risikoprofil

1) Welches ist das wesentlichste Ziel Ihrer Kapitalanlage?
   a) Vermögensaufbau (8 Punkte)
   b) Strukturierung des Vermögens für Erbschaft (5 Punkte)
   c) Regelmäßiges Einkommen (0 Punkte)
   d) Altersvorsorge (3 Punkte)

2) Woher kommt Ihr Anlagekapital in erster Linie?
   a) Erarbeitet (2 Punkte)
   b) Geerbt (3 Punkte)
   c) Durch Schenkung (5 Punkte)

3) Wie verwenden Sie die Erträge aus Ihrer Kapitalanlage?
   a) Ich benötige sie für meinen Lebensunterhalt (0 Punkte)
   b) Ich lege einen Teil der Erträge wieder an (5 Punkte)
   c) Ich lege alle Erträge wieder an (8 Punkte)

4) Welche Ertragserwartungen haben Sie an Ihre Kapitalanlage?
   a) Gesicherte Erträge aus Zinszahlungen (0 Punkte)
   b) Erträge über dem allgemeinen Zinsniveau, dabei etwas höheres Risiko (5 Punkte)
   c) Hohe Erträge, dabei auch hohes Risiko (8 Punkte)

5) Wie haben Sie Ihr Geld in der Vergangenheit überwiegend angelegt?
   a) Sparanlagen, festverzinsliche Wertpapiere (0 Punkte)
   b) Fonds österreichischer oder europäischer Aktien und Renten (3 Punkte)
   c) Österreichische oder europäische Standardaktien (5 Punkte)
   d) Aktiennebenwerte, Aktienanleihen, Termingeschäfte (10 Punkte)

6) Wie viele Transaktionen tätigen Sie pro Jahr?
   a) Bis zu 2 (1 Punkt)
   b) Bis zu 10 (3 Punkte)
   c) Über 10 (5 Punkte)

7) Wie lange halten Sie Ihre Wertpapiere durchschnittlich?
   a) Ich hatte noch nie welche (0 Punkte)
   b) Über 10 Jahre (2 Punkte)
   c) Bis 10 Jahre (3 Punkte)
   d) Bis zum Ablauf der Spekulationsfrist (10 Punkte)

8) Was bedeutet für Sie Risiko?
   a) Weniger als die Sparbuchzinsen zu erzielen (0 Punkte)
   b) Ein Ergebnis von 0 Prozent (0 Punkte)
   c) Ein Verlust von fünf Prozent des eingesetzten Kapitals (5 Punkte)
   d) ein Verlust von über 10 Prozent des eingesetzten Kapitals (10 Punkte)

9) Wie viel Prozent Ihres Anlagevermögens wären Sie bereit spekulativ anzulegen, d.h. einen Totalverlust in Kauf zu nehmen?
   a) Null Prozent (0 Punkte)
   b) Bis zu 10 Prozent (3 Punkte)
   c) 10 bis 50 Prozent (8 Punkte)
   d) Über 50 Prozent (10 Punkte)

10) Was bedeutet für Sie der Kauf einer österreichischen Standardaktie?
    a) Eine ganz normale Wertpapieranlage (8 Punkte)
    b) Eine Anlage, die Sie zuvor gründlich recherchiert und überdacht haben (3 Punkte)
    c) Ein besonderes Geschäft mit vergleichsweise hohem Risiko (1 Punkt)

11) Haben Sie jemals an der Börse Geld verloren?
    a) Ja (0 Punkte)
    b) Nein (5 Punkte)

Auswertung:

4-28 Punkte: Sie legen Ihr Geld sicher an und sind nicht bereit, Kursverluste in Kauf zu nehmen. Ihre Erträge erhalten Sie aus Zinszahlungen. Regelmäßigkeit und Sicherheit sind für Sie ausschlaggebend, dafür verzichten Sie im Gegenzug auf höhere Rendite.

29-60 Punkte: Sie sind sicherheitsorientiert, die Renditen auf Kapitalmarktzinsen-Niveau sind Ihnen aber definitiv zu niedrig. Mit der Aktienanlage haben Sie bereits Erfahrungen gesammelt oder Sie sind Neueinsteiger und planen jetzt mit einem Teil Ihres Vermögens eine Erstinvestition. Die Frage nach dem richtigen Zeitpunkt und die optimale Streuung sind für Sie zentrale Punkte.

> 61-85 Punkte: Sie sind Börsenprofi. Sie haben schon spekuliert und wissen, dass dort, wo Licht ist, auch Schatten wohnt. Sie fahren bewusst ein hohes Risiko in Ihrem Depot und sind bereit, Risiko einzugehen, um die höheren Renditepotenziale möglichst gezielt auszunutzen.
>
> Quelle: Deutsche Bank

Achtung!

Bevor Sie in einem schriftlichen Kunden-Risikoprofil die Risikokategorien ankreuzen, zu denen Sie sich bei Ihrer Geldanlage entschlossen haben, lassen Sie sich – am besten schriftlich – erklären, was in Ihrem Fall geringes, mittleres oder hohes Risiko bedeutet und wie sich dies auf Ihre Anlage auswirken kann! Hinter diesen Worthülsen der Fachsprache kann sich die Akzeptanz von sehr schmerzhaften Verlustmöglichkeiten verstecken!

Was heißt geringes, mittleres, hohes Risiko?

Risiko und Volatilität

Wie schwierig die Verständigung zwischen Fachleuten – geschweige denn Finanzstatistikern – und Privatanlegern sein kann, zeigt sich besonders deutlich an der Frage hinsichtlich des Risikos eines Wertpapiers.

Privatpersonen verstehen unter Risiko wohl einfach die Gefahr, Geld zu verlieren. Profis haben hingegen viel komplexere und oft ziemlich verwirrende Definitionen.

Meistens lehnen sie sich an die so genannte moderne Portfoliotheorie an, die Risiko als das Ausmaß der möglichen Ertragsschwankungen rund um den Durchschnittswert der Erträge bezeichnet. Dabei errechnen die Profis die Volatilität, also die Schwankung der Erträge, und den so genannten Betafaktor, der angibt, wie sich ein spezifisches Wertpapier im Vergleich zum Gesamtmarkt entwickelt hat. Je größer die Volatilität (auch Standardabweichung genannt) und je größer der Unterschied im Beta, desto größer ist für Profis das Risiko.

Moderne Portfoliotheorie

Tatsächlich werden Ihnen in verschiedenen Produktfoldern schon die Begriffe „hohe Volatilität" oder „geringe Volatilität" aufgefallen sein. Vielleicht hat man Ihnen von einem Investment sogar schon wegen der „hohen Volatilität" abgeraten und auf das dadurch produktimmanente Risiko verwiesen.

Sharpe-Ratio

Im Hintergrund steht bei diesen Angaben immer die bereits erwähnte moderne Portfoliotheorie, für die die beiden Wirtschaftswissenschafter Harry Markowitz und William Sharpe 1990 den Nobelpreis erhielten. Sharpe zu Ehren heißt die Formel für die Darstellung des Risikos einer Fondsanlage auch Sharpe-Ratio. Ihr Nachteil: Sie funktioniert nur bei positiver Performance. Denn da die Berechnungsformel im Prinzip Performance durch Volatilität lautet, erscheint die Sharpe-Ratio besonders vorteilhaft, wenn die Performance stark negativ und die Volatilität sehr hoch ist. Damit wird bei negativer Performance ein völlig verkehrter Eindruck vermittelt.

Für Privatpersonen ist das Nobelpreis-Konzept der Volatilitätsmessung zwecks Risikobewertung wirklich schwierig nachzuvollziehen. Denn diese Formel gibt lediglich an, wie groß die Wahrscheinlichkeit einer Abweichung des tatsächlichen Ertrages vom erwarteten Durchschnittsertrag sein kann. Wer hat schon eine ausreichend intensive Beziehung zur Statistik?

Dahinter verbirgt sich aber gerade für Aktieninvestoren eine wichtige Erkenntnis:

Beweise der Statistiker

Während jeder Statistiker beweisen kann, dass Aktien im langjährigen Durchschnitt 8 Prozent Rendite bringen, zeigt sich genauso, dass innerhalb eines Jahres für Aktienanlagen keine Prognose möglich ist. Die Volatilität dieser Anlageform ist zu hoch. Die Einjahresergebnisse von Aktienanlagen können zwischen plus 40 und minus 50 Prozent schwanken. Nicht auszuschließen ist dabei, dass einige Verlustjahre unmittelbar aufeinander folgen. Die jüngste Vergangenheit hat das ja eindrucksvoll gezeigt.

Notverkauf

Und: Bei all diesen wunderbaren Zeitreihen und theoretischen Betrachtungen ist noch gar nicht bedacht, welches Verlustrisiko Sie eingehen, wenn Sie Ihr in Aktienfonds angelegtes Geld plötzlich benötigen und nicht darauf warten können, dass sich die Kurse wieder erholen!

> **Webtipp**
>
> Wenn Sie unterschiedliche Ertragserwartungen mit unterschiedlichen Volatilitäten durchspielen wollen, dann bietet sich diese Website an:
> www.moneychimp.com/articles/risk/longterm.htm

Das magische Dreieck

Die Experten gehen bei den grundlegenden Gesprächen mit ihren Kunden über das individuelle Verhältnis zu Ertrag, Risiko und Verfügbarkeit des Geldes vom so genannten magischen Dreieck aus. An je einem Eckpunkt sind Ertrag, Risiko, Verfügbarkeit gelagert. Es können nie alle Eckpunkte des Dreiecks optimal zeitgleich verbunden werden.

Ertrag, Risiko, Verfügbarkeit

100 Prozent Ertrag bei 100 Prozent Sicherheit gibt es nicht. Ertrag geht auf Kosten der Sicherheit, Verfügbarkeit auf Kosten des Ertrages. Schnelle Verfügbarkeit bedeutet meist geringeren Ertrag, beispielsweise ein ungebundenes Sparbuch. Dort können Sie ohne Verlust jederzeit Geld beheben. Dafür werden Sie von den Zinsen nicht reich. Hoher Ertrag bedingt wiederum hohes Risiko, auch lässt sich über das Kapital nicht jederzeit verfügen. Ein Beispiel dafür wäre etwa Risikokapital, das Unternehmen zwecks Expansion und Börsenreife zur Verfügung gestellt wird und dort einige Jahre verweilen muss.

Aus einem ehrlich erstellten schriftlichen Finanzplan ergeben sich aber die Prioritäten innerhalb dieses magischen Dreiecks, in dem sich jede Geldanlage bewegt. Das heißt: Wie viel Geld sollte jederzeit verfügbar sein, welcher Teil kann mehrere Jahre für Sie arbeiten und welches Risiko können Sie für die zugeteilten Gelder auf sich nehmen? Es wird klar, welcher Teil des Geldes eher sicher angelegt werden sollte, weil er ja ganz spezifischen künftigen Verwendungszwecken dienen soll. Als Anlageform dafür bieten sich Anleihen an (siehe Seite 43ff.). Gleichzeitig wird auch ersichtlich, mit welchen freien Beträgen mehr Risiko – vielleicht sogar im spekulativen

Die Prioritäten

Spielraum zum Spekulieren

Bereich – eingegangen werden kann, weil das Geld keinem bestimmten Zweck dient und noch dazu erst in vielen Jahren, vielleicht Jahrzehnten zusätzliche Freude bringen soll. Für diese Beträge kommen Aktien infrage (siehe Seite 52ff.).

Man sollte also, wie Antoine de Saint-Exupéry sagte, die Zukunft nicht vorhersehen wollen, sondern möglich machen.

Die Asset Allocation

Die Aufteilung des Vermögens auf die verschiedenen Anlageklassen nennt die Fachsprache Asset Allocation. Oft werden Faustregeln zur Orientierung empfohlen, etwa die Anzahl der Lebensjahre bei der Vorsorge in Renten, also sicheren Anleihen anzulegen. In Broschüren oder Medienartikeln tauchen auch immer wieder so genannte Musterportfolios auf, die beispielsweise „konservativ", „dynamisch" oder „spekulativ" genannt werden und damit Ertrags- und Risikokomponenten beschreiben.

Musterportfolios

Den gängigen Theorien nach sollte also ein ganz junger Mensch für seine Vorsorge ein Portfolio mit einer hohe Aktienquote haben. Mit zunehmendem Alter sollte dieser Anteil an Aktien abnehmen, wodurch sich das Risiko immer mehr vermindert, je näher der Zeitpunkt einer Entnahme des Angesparten rückt.

Individueller Test der Prinzipien

Ob solche Prinzipien für Sie wirklich brauchbar und der beste Weg für vielleicht sehr ungewöhnliche Ziele sind, müssen Sie detailliert überlegen. Denn: Je weniger Risiko Sie eingehen, desto geringer sind Ihre Ertragschancen. Vielleicht sind Sie dafür – Lebensalter hin oder her – einfach nicht der Typ. Lassen Sie sich also von Lehrbuch-Sprüchen nur zu prinzipiellen Überlegungen anregen und halten Sie zuerst einmal Distanz zu all diesen Mustern. Es geht bei Ihrer Geldanlage immer um Ihren spezifischen Verwendungszweck.

Wenn Sie sich entschließen, spekulativ zu veranlagen und das entsprechende Risiko zu tragen, dann ist das Ihre Entscheidung. Sie sollten sich nur deren Basis bewusst sein und sich mögliche wunderbare wie mögliche schreckliche Szenarien vor Augen führen.

Wie gesagt, hängt die Komposition der Geldanlage grundsätzlich vom Verwendungszweck ab. Je länger Sie Ihr Geld nicht brauchen, desto mehr können Sie auf die Produkte der Aktienseite abzielen. Wollen Sie Ihr Geld sicher aufbewahren und schnell verfügbar haben, dann muss es zwar nicht das Sparbuch sein – mit Aktienfonds werden Sie dabei aber nicht froh werden, weil die Spesen über kurze Anlagezeiträume nur schwer zu verdienen sind und weil Aktienanlagen kurzfristig enormen Schwankungen unterliegen.

Verwendungszweck

Beispiele

Ein 45-jähriger Mann will sich in drei Jahren ein neues Auto kaufen. Zwei Drittel des Kaufpreises hat er schon auf dem Sparbuch und jetzt will er noch das letzte Drittel verdienen. Dafür sollte er – weil es sich hier um einen spezifischen Verwendungszweck handelt – nicht mehr viel Risiko eingehen, sondern Anlageprodukte mit kontinuierlichem Ertrag ohne hohe Schwankungen wählen (etwa Anleihen).

Eine 30-jährige Frau erhält 5.000 Euro Bonuszahlung. Sie braucht das Geld in den kommenden 20 Jahren nicht, will aber diese unerwartete Mehreinkunft mit möglichst hoher Rendite anlegen. Sie kann auf die kurzfristige Sicherheit von Anleihen verzichten und sich im Universum der riskanteren Aktien umschauen, zumal es sich hier um eine Anlage von freiem Vermögen handelt.

Die persönlichen Bedürfnisse

Die Streuung/Diversifikation

Eine der wesentlichsten Erkenntnisse aller Forschungen über das Geheimnis von Anlageerfolgen ist: Weder die Auswahl der Einzeltitel noch das Market Timing, also der Zeitpunkt von Kauf und Verkauf, sind ausschlaggebend für den Gesamterfolg einer Vermögensanlage. Alle erfolgreichen Portfolios weisen die adäquate Aufteilung des Vermögens, die Asset Allocation, als den Erfolgsfaktor für gute und beständige Renditen aus. Und zwar übereinstimmend zu 70 bis 90 Prozent!

Dabei geht es um die Diversifikation des angelegten Geldes in verschiedene Assetklassen, die einander entweder ergänzen oder deren Vor- und Nachteile ausgleichend auf das Gesamtportfolio wirken. Musterportfolios ermöglichen eine prinzi-

Was den Erfolg bestimmt

Sorgfalt soll die Diversifikation bestimmen

pielle Orientierung. Allerdings hängt die Diversifikation von den jeweiligen Anlagezielen und Präferenzen ab, die sich aus dem Finanzplan ergeben haben.

Grundsätzlich gilt: Nie alles auf eine Karte setzen. Also nie das gesamte Kapital ausschließlich in Aktien oder ausschließlich in Anleihen investieren. Je mehr Sorgfalt Sie in die passende Streuung investieren, desto sicherer steht das Fundament beim Geldanlegen.

Das achte Weltwunder

Früher ist besser

Produktanbieter mahnen immer wieder: Wer für die Pension oder die Zeit mageren Einkommens vorsorgen will, der soll möglichst früh beginnen. Entsprechende Produktkonstruktionen, wie etwa regelmäßige Ansparpläne mit sehr geringen laufenden Einzahlungssummen (etwa schon ab 20 Euro pro Monat) sollen damit bereits die ganz junge Klientel im Konsumverzicht einüben und zum Anlegen bewegen.

Natürlich erfolgen diese Mahnungen nicht bloß aus Nächstenliebe und Gutherzigkeit, um die Kunden vor Verarmung zu bewahren; vielmehr liegt der Zweck für die Anbieter darin, junge Kunden zu gewinnen, zu binden und entsprechende Mittelzuflüsse in die Produkte zu generieren. Tatsächlich steckt aber auch für die Kunden ein Effekt in früh begonnenem und über möglichst 20 Jahre durchgehaltenem Ansparen: der Zinseszinseffekt.

Die Zeit zum Freund

Der deutsche Wirtschaftsweise und Pensionsexperte Bert Rürup bezeichnet diesen Zinseszinseffekt gerne als das „achte Weltwunder". Durch ihn vermehrt sich das angelegte Geld nämlich nicht linear, sondern um einen bestimmten exponentiellen Faktor, der sich aus dem wiederinvestierten Zinsgewinn ergibt. Wirft dabei ein Produkt 5 Prozent Rendite pro Jahr über 10 Jahre ab, dann bleibt am Ende viel mehr als 10×5 Prozent. Der Zinseszinseffekt setzt überall dort ein, wo Zinsgewinne nicht entnommen werden.

Beispiel

Sie überlassen Ihrer Bank 100 Euro zu einem jährlichen Zinssatz von 5 Prozent für zwei Jahre.

Nach einem Jahr haben Sie 105 Euro Kapital. Rühren Sie diese nicht an, dann verzinst die Bank im zweiten Jahr auch die bereits gewonnenen 5 Euro mit 5 Prozent.

Nach zwei Jahren bekommen Sie also Zinsen für 105 Euro (5 Prozent von 105 = 5,25 Euro). Damit beträgt Ihr Guthaben im dritten Jahr bereits 110,25 Euro.

So wird die Summe der Zinsenzahlungen, die wieder reinvestiert werden können und den Zinseszinseffekt verstärken, jährlich höher!

Allerdings: Das ist eine Musterberechnung, in der die Inflation, also die Geldentwertung durch die Teuerungsrate, nicht berücksichtigt ist – real wird etwas weniger bleiben, als dieses Rechenexempel verspricht. Und: Auch dieses Beispiel hat einen gewissen Prognosecharakter: Wer kann schon über einen Zeitraum von zehn Jahren wissen, wie sich Wirtschaftswachstum und Inflation entwickeln?

Rendite einzelner Assetklassen per Dekade

	Jahresrenditen der einzelnen Dekaden								
	1920er*	1930er	1940er	1950er	1960er	1970er	1980er	1990er	1991–2000
Blue Chips	19,2%	–0,1%	9,2%	19,4%	7,8%	5,9%	17,5%	18,2%	17,5%
Small Caps	–4,5%	1,4%	20,7%	16,9%	15,5%	11,5%	15,8%	15,1%	17,5%
Anleihen	5,0%	4,9%	3,2%	–0,1%	1,4%	5,5%	12,6%	8,8%	10,3%
Geldmarkt	3,7%	0,6%	0,4%	1,9%	3,9%	6,3%	8,9%	4,9%	4,7%
Inflation	–1,1%	–2,0%	5,4%	2,2%	2,5%	7,4%	5,1%	2,9%	2,7%

* Basis ist die Periode 1926–1929
Erläuterungen: Blue Chips repräsentieren den S&P 500 Index, Anleihen repräsentieren langfristige US-Staatsanleihen, Geldmarkt repräsentiert US Treasury Bills (3-Monats-Anleihen der Regierung)

Quelle: moneyfruits

Einmalerlag und Ansparplan

Die meisten Fondsprodukte (Näheres dazu siehe Seite 69ff.) können entweder durch einmalige Einzahlung oder durch fix

Verluste besser überstehen

vereinbarte monatliche oder quartalsweise eingezahlte Beträge erworben werden. Solche Ansparpläne haben vor allem bei Aktienfonds einen Vorteil: Ausgelegt auf mehrere Jahre, helfen sie dem Anleger, Verluste durch den so genannten „Cost Average"-Effekt besser zu überstehen. Das funktioniert so: In guten Börsenzeiten ist der Kurswert des Fonds hoch. Mit angenommenen 100 Euro pro Monat wird ein aliquoter Fondsteil erworben. In schlechten Börsenzeiten ist der Kurswert niedrig. Um 100 Euro werden in dieser Zeit automatisch mehr Fondsanteile gekauft. Damit ist mehr da, das sich bei der nächsten Börsenerholung vermehren kann.

Der Effekt des Durchschnittspreises

	Monatliches Investment	Aktienkurs (bzw. Fondskurs)	Anzahl der gekauften Aktien/Fondsanteile
Monat 1	100 Euro	10,00 Euro	10,00 Stk.
Monat 2	100 Euro	8,00 Euro	12,50 Stk.
Monat 3	100 Euro	5,00 Euro	20,00 Stk.
Monat 4	100 Euro	8,00 Euro	12,50 Stk.
Monat 5	100 Euro	12,50 Euro	8,00 Stk.
Monat 6	100 Euro	16,00 Euro	6,25 Stk.
Summe	**600 Euro**	**59,50 Euro**	**69,25 Stk.**

- Durchschnittliche Kosten pro Aktien für den Anleger:
  600 Euro / 69,25 Aktien = **8,66** Euro pro Aktie
- Durchschnittlicher Aktienkurs:
  59,5 Euro / 6 Monate = **9,92** Euro pro Aktien

Quelle: moneyfruits

Alles hinterfragen

Wie überall im Finanzuniversum kann aber auch bei Ansparplänen der Teufel, also der Wertvernichter, im Detail stecken. Meist sitzt er in den laufenden Kosten, oft auch bei einem vorzeitigen Ausstieg, den sich die Anbieter dann von ihren Kunden versilbern lassen. Möglich, dass in solchen Fällen kein Ertrag übrig bleibt.

Wieder gilt: Sie sollten alle Konditionen und Spesen genau erfragen und sich die erwartete Nettorendite aufschreiben lassen. Dazu sollten Sie vor Beginn Ihres Ansparplanes das Szenario eines vorzeitigen Ausstieges genau kennen.

Achtung!

Bedenken Sie bei Ansparplänen: Auch in Zeiten sinkender Börsenkurse bleiben die Gebühren Ihres Ansparplanes gleich hoch. Sie sammeln dann zwar mehr Fondsanteile mit Ihren konstanten Einzahlungen an, trotzdem sinkt der Kurswert des Fonds, trotzdem laufen die Gebühren in voller Höhe weiter. Lassen Sie sich also die Szenarien fallender Kurse durchrechnen.

Die Gebühren bleiben gleich

Beispiel

Ansparpläne werden meistens für Fonds angeboten. Allerdings gab es ein solches Offert vom Finanzdienstleister X auch für eine österreichische Immobilienaktie.

Die Konditionen:

- Monatliche Raten von mindestens 75 Euro
- Ersteinzahlung: mindestens 12 Monatsraten
- Laufzeit: mindestens 5, höchstens 10 Jahre
- Spesensatz: 5 Prozent, im *Voraus* zu bezahlen

Das klingt vielleicht noch nicht schlimm, das Rechenbeispiel eines in Österreich 2003 angebotenen Ansparplanes zeigt jedoch, dass mit diesen Spesen kaum Erträge übrig bleiben können:

Angenommen wird ein Ansparplan mit 5 Jahren Laufzeit und einer Monatsrate von je 100 Euro. Somit fallen bei Vertragsunterzeichnung eine Provision von 72 Monatsraten (12 Monate Ersteinzahlung plus 60 Monate Laufzeit) von je 100 Euro an, das sind 360 Euro oder 30 Prozent der Ersteinzahlung von 1200 Euro. Es fließen also zunächst nur 70 Prozent des eingezahlten Geldes in die Veranlagung. Als Nebenspesen kommen dann laufend 0,25 Prozent Depotgebühr bei der Bank Y sowie im Falle eines Verkaufes 3 Prozent Verkaufsspesen dazu. Wird vor Ende der Laufzeit verkauft, dann wird die im Voraus bezahlte Provision aber nicht zurückerstattet.

Spesen fressen die Erträge

Bei einer angenommenen (schon recht guten!) Rendite der Immo-Aktie von je 5 Prozent in diesen 5 Ansparjahren verbleiben damit genau noch 1,8 Prozent Nettorendite für die – wahrscheinlich sehr überraschten – Anleger. Da diese konstante jährliche Wertsteigerung nur angenommen ist und durchaus Jahre mit weniger Performance möglich sind, reduziert sich der Nettoertrag entsprechend.

Spielen Sie Szenarien durch

Tipp

Vertrauen Sie auch bei Ansparplänen nur Ihrer vorausschauenden Kontrolle. Lassen Sie sich bei Ansparplänen immer die erwartete Nettorendite ausrechnen und spielen Sie viele Szenarien der erwarteten Renditen *abzüglich* der Spesen durch! Lassen Sie sich Szenarien bei fallenden Kursen durchrechnen und bedenken Sie dabei, dass die laufenden Gebühren auch in schlechten Börsenzeiten gleich hoch bleiben.

Achten Sie darauf, dass Sie innerhalb Ihres Ansparplanes regelmäßig (monatlich) Informationen über den Stand Ihrer Geldanlage erhalten!

1 Die Anlageprodukte

Ein wesentliches Kriterium bei der Zusammenstellung der Asset Allocation ist es, Produktgruppen zu finden, die das Risiko im Gesamtportfolio ausgleichen. Also etwa Produkte einzubinden, die auch dann Ertrag bringen, wenn es weltweit mit den Aktienkursen bergab geht. Kaum Gleichklang mit Anleihen und Aktien haben die so genannten Alternativen Investments.

Das Risiko glätten

So bezeichnet die Finanzindustrie all jene Anlageformen, deren Erträge vielleicht sogar steigen, während Aktien oder Anleihen fallen. Zu den „Alternatives" werden Derivate (siehe Seite 91ff.), Immobilienanlagen und Private Equity (siehe Seite 98ff. und 107ff.) gerechnet. Oft wird empfohlen, einen Anteil der Vermögensanlage von rund zehn Prozent in solchen Alternativen Investments zu halten.

Lesen Sie im Folgenden einen Überblick über die Produktgruppen für das Geldanlegen. Dieser versteht sich als Raster, der die Funktionsweisen und Mechanismen der einzelnen Kategorien darstellt.

Die Bausteine

Da fast täglich neue Produktkonstruktionen entstehen, kann kein Anspruch auf Vollständigkeit erhoben werden. Vielmehr soll ein Baukasten gezeigt werden, aus dem Finanzbaumeister die Angebote für Anleger – und die Produkte zum Geldsegen der Finanzindustrie selbst – konstruieren.

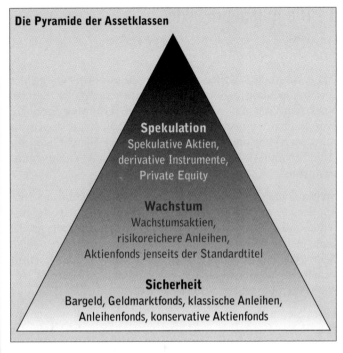

Grafik 3: Pyramide der Assetklassen

Sparbuch und Bausparen

Beliebteste Anlageform

Mit über 20 Millionen Sparbüchern und 5 Millionen Bausparverträgen sind sie ungebrochen die beliebtesten Anlageformen der Österreicher. Gleichzeitig gilt kaum ein Investment als sicherer aufgehoben als auf diesen Parkplätzen. Doch auch dabei gibt es einiges zu bedenken:

Sparbücher

Im Detail verschieden

Zwischen den einzelnen Instituten bestehen große Bandbreiten bei den Zinssätzen und auch bei den Spesen. Auch Vorschusszinsen bei vorzeitiger Behebung, unerwartete Schließungsspesen oder Zinssenkungen können Sparbuchsparer überraschen. Grundsätzlich gilt: Je höher der einzuzahlende Betrag, desto besser ist die Verhandlungsposition des Kunden. Vergleichen und Verhandeln lohnen sich.

Täglich fällige Sparbücher und Prämiensparbücher

Hier ist die Verzinsung variabel, steigt und fällt mit den Marktzinsen. Bei Sparbüchern mit Bindung fallen bei vorzeitiger Behebung Strafzinsen an, die ein Promille pro Monat der nicht eingehaltenen Bindungsfrist betragen.

Strafzinsen

Kapitalsparbücher

Wird bei Einmalerlägen das Kapital länger nicht benötigt, dann bieten sich vergleichsweise höher verzinste Kapitalsparbücher mit Bindungsfristen von einem bis sieben Jahren an. Wird davon vorzeitig behoben, dann kommt aber ein niedrigerer Zins zur Verrechnung.

Bausparen

Bausparen ist eigentlich ursprünglich keine Möglichkeit, um Geld ertragreich anzulegen, sondern um an günstige Darlehen für Wohnraumbeschaffung zu gelangen. Die Verzinsung dieser fix oder variabel gestalteten Sparform ist etwas höher als bei Kapitalsparbüchern, verlockend ist aber die zusätzliche staatliche Prämie. Sie wird jährlich neu festgesetzt und liegt zwischen drei bis acht Prozent bis maximal 1000 Euro jährlicher Einlage. Zwar kann jeder beliebig viele Bausparverträge abschließen, die staatliche Prämie gibt es aber nur einmal. Das wird vom Finanzministerium bei den fünf heimischen Bausparkassen auch streng kontrolliert. Die Nachteile bei vorzeitiger Behebung sind ähnlich wie beim gebundenen Sparbuch. Unter Umständen fallen beim Bausparen je nach Anbieter sogar Pönalezahlungen an. Sie bewegen sich um die 0,5 Prozent. Die Erträge sind KESt-pflichtig, für minderjährige Kinder wird die Kapitalertragsteuer auf Antrag aber rückerstattet.

Staatliche Prämie

Webtipp

Die fünf Bausparkassen
www.sbausparkasse.at
www.lba-bauspar.com
www.abv.at
www.wuestenrot.at
www.raiffeisen.at

Tipp

Vergleich der Konditionen

Vor dem Eröffnen eines Sparbuches, in dem Sie höhere Beträge (10.000 Euro) anlegen wollen, lohnt es sich, Zeit in den Vergleich der Konditionen der einzelnen Banken zu investieren. Außer dem klassischen Büchel gibt es mittlerweile schon eine große Vielfalt an Kombinationen mit Ihrem Konto, Ihrer Kontokarte oder gewissen Behebungs- und Einzahlungsfristen.

Bei den Sparzinsen unterscheiden sich die Bausparkassen kaum. Genaueres Hinsehen lohnt sich, wenn Sie auch ein Bauspardarlehen erwägen, denn dann werden für Sie die Konditionen zur Zwischenfinanzierung eines gewünschten Darlehens wichtig, die unterschiedlich sein können. Je mehr Geschäfte Sie über die Bank tätigen, in der das Sparbuch – oder neuerdings die Sparplastikkarte – eröffnet werden soll, desto besser ist Ihre Verhandlungsposition hinsichtlich besserer Verzinsung der Einlagen.

Vorsicht bei besonderen Lockangeboten! Sie dienen der Bewerbung des Instituts: Der attraktive Zinssatz gilt oft nur für kurze Zeit.

Bundesschätze

Kurzläufer

Die Republik bietet kurzfristig orientierten Anlegern so genannte Bundesschatzscheine mit Laufzeiten von einem bis sechs

Monaten. Nach Ende der Laufzeit wird der Bundesschatzschein entweder zu 100 Prozent ausbezahlt oder wiederveranlagt. Der Jahreszinssatz, der im Einzelfall auch unterjährig abgerechnet wird, lag Mitte 2003 bei 1,75 Prozent und ist damit höher als bei den meisten vergleichbaren Bankguthaben. Zum Unterschied von Sparguthaben bei den Banken gibt es für Bundesschatzscheine die Obergrenze der Einlagensicherung von 20.000 Euro nicht, die gesamte Einlage ist zu 100 Prozent von der Republik Österreich garantiert. Der Zinssatz ist nicht fix, sondern orientiert sich laufend an den jeweiligen Interbanken-Geldsätzen. Der Vorteil: Es fallen im Gegensatz zu Bankprodukten keine Spesen an. Banken bieten dieses Konkurrenzangebot nicht gerne an und verweisen auf „mangelnde" Beratung. Denn angeboten wird diese Veranlagung hauptsächlich via Internet: **www.bundesschatz.at**, wo auch das entsprechende Konto eröffnet werden kann.

Zum Ärger der Banken

Allerdings ist auch persönliche Beratung in der Außenstelle der Bundesschätze möglich: Service-Center der Bundesfinanzierungsagentur in Wien 1015 Wien, Seilerstätte 24.

Anleihen

Anleihen sind festverzinsliche Wertpapiere. Die Zinszahlungen sind also auf einen gewissen Zeitraum fix, „fest". Sie werden auch Renten, Bonds, Obligationen oder Schuldverschreibungen genannt. Dabei sind zwei Partner miteinander im Geschäft. Einer, der Geld braucht (Emittent), und einer, der es auf einen fixen Zeitraum (Laufzeit) verborgt und dafür Zinsen bekommt. Der ist dann Gläubiger des Emittenten.

Gläubiger des Unternehmens

Sie gewähren mit dem Kauf einer Anleihe dem Emittenten also einen Kredit, für den er Sie mit Zinsen so lange belohnen wird, bis er diesen Kredit an Sie zurückzahlt.

Der so genannte Kupon beschreibt die Zinszahlungen des Schuldners. Diese Zinsen heißen Nominalzinsen. Die Anleihen werden an der Börse gehandelt und zu einem bestimmten Kurs (Emissionskurs) ausgegeben. Dieser wird in Prozent der Nominale (Nennwert) angegeben. „Pari" heißt der Emissionspreis, wenn er 100 Prozent beträgt und mit der Nominale übereinstimmt, er kann aber auch darüber oder darunter liegen. Darunter liegt er etwa bei den so genannten Zero-Bonds (siehe Seite 48f.).

Nach der Platzierung (Verkauf der einzelnen Anleihen) werden die Anleihen überwiegend an der Börse gehandelt. Der Kurs kann dann über oder unter 100 Prozent des Nennwertes liegen. Einflussfaktoren dafür sind das Zinsniveau und die Veränderungen in der Bonitätseinstufung (siehe Seite 45f.).

Der Kupon

Der Kurswert der Anleihen an der Börse stellt den Verkaufspreis innerhalb der Laufzeit dar. Allerdings wird Ihnen dabei der aliquote Anteil des Kupons auf- respektive abgerechnet.

Der Kurswert ist für Sie dann relevant, wenn Sie Ihre Anleihe vor dem Rückzahlungstermin (Tilgung) verkaufen wollen. Für Fonds ist der Kurswert für die Handelbarkeit und die dabei erzielbaren Preise ausschlaggebend.

Die Rendite der Anleihen ist eine Rechengröße, die sich aus Kupon und Kurswert ergibt. Um die Rendite zu ermitteln, fließen bis zum Ende der Laufzeit also alle Kursgewinne und Verluste ein.

Bei Anleihenfonds ist sowohl die laufende Verzinsung als auch der Kurswert für die Gesamtrendite ausschlaggebend.

Anleihen unterscheiden sich nach folgenden Kriterien:

Emittent

Wer Anleihen begibt

Die gebräuchlichste Anleihenart sind Government Bonds (Staats- und Bundesanleihen). Sie werden von Staaten ausgegeben. Aber auch Gemeinden, Länder und große Unternehmen begeben Anleihen. Diese Corporate Bonds sind eine Anleihenklasse für sich und in der Finanzindustrie sehr beliebt zum Auffetten der Rendite.

Laufzeit

Tilgung

Das ist die Zeitspanne von Emission bis Tilgung (Rückzahlung). Sie kann kurzfristig (unter fünf Jahren), mittelfristig (fünf bis zehn Jahre) oder langfristig (über zehn Jahre) sein.

Bonität des Schuldners (Rating)

Die Bonität beschreibt die Fähigkeit des Schuldners, Zinsen und Kapital zurückzuzahlen, sie beschreibt also die zu erwartende finanzielle Kraft. Je besser das Rating ist, desto geringer ist der Renditeaufschlag (Zinsen) im Vergleich zu den Kapitalmarktzinsen, den der Schuldner dem Anleihenkäufer zahlen muss.

Ein Staat mit Rating AAA beispielsweise muss nur gering höhere Zinsen als die Marktzinsen zahlen. Ein Unternehmen mit dem Rating BB muss schon ziemlich große Renditeaufschläge anbieten. So wird den Anleihekäufern das höhere Risiko quasi vergoldet. Dieses Risiko liegt in der Wahrscheinlichkeit eines Zahlungsausfalles oder eines Bankrottes während der Laufzeit der Anleihe. Das bedeutet, dass der Emittent in der Folge entweder die laufenden Zinszahlungen nicht tätigen oder die Anleihe am Laufzeitende nicht tilgen kann. *(Möglicher Zahlungsausfall)*

Die Ratingnoten werden von Ratingagenturen vergeben. Die höchste Bonitätsstufe ist das Triple A. Je schlechter das Rating (ab BBB abwärts spricht man von High Yield, Ramschanleihe oder Junk Bond), desto höher sind zwar wie gesagt die laufenden Zinszahlungen, desto größer ist aber auch die Bankrottwahrscheinlichkeit. Dazu kommt, dass Unternehmensanleihen mit schlechter Bonität von solchen Unternehmen begeben werden, die via Bank oder Börse zu keinem Geld mehr kommen können. *(High Yield)*

Banken und Fondsgesellschaften sind in letzter Zeit dazu übergegangen, die Ratingnoten der drei global agierenden Agenturen Standard & Poor's, Moody's und Fitch mit mehr und qualitativ höherem Research zu überprüfen und zu ergänzen, um diesem Oligopol etwas entgegenzusetzen. Gleichzeitig dienen die hauseigenen Ratings auch als Versicherung, weil ja Unternehmensanleihenfonds aus Anleihen mit schlechterer Bonität bei Privatanlegern seit dem Jahr 2000 besonders beliebt sind. *(Ratingnoten)*

Praxis-Ratgeber Anlegerschutz

Die Noten der Prüfer

Die Noten der Ratingagenturen:
Je schlechter das Rating, desto teurer die Fremdfinanzierung

Moody's		S&P		Risikokategorie
Aaa	(0,00%)*	AAA	(0,01%)*	Höchste Bonität, geringstes Ausfallrisiko
Aa1	(0,00%)	AA+	(0,02%)	Hohe Bonität,
Aa2	(0,00%)	AA	(0,03%)	kaum höheres Risiko
Aa3	(0,10%)	AA–	(0,04%)	
A1	(0,00%)	A+	(0,05%)	Überdurchschnittliche Bonität,
A2	(0,00%)	A	(0,08%)	etwas höheres Risiko
A3	(0,00%)	A–	(0,11%)	
Baa1	(0,00%)	BBB+	(0,15%)	Mittlere Bonität,
Baa2	(0,010%)	BBB	(0,20%)	stärkere Anfälligkeit bei negativen
Baa3	(0,30%)	BBB–	(0,40%)	Entw. im Unternehmensumfeld
Ba1	(0,60%)	BB+	(0,65%)	Spekulativ,
Ba2	(0,50%)	BB	(1,20%)	Zins- und Tilgungsrückzahlungen
Ba3	(2,50%)	BB–	(1,95%)	bei negativen Entw. gefährdet
B1	(3,50%)	B+	(3,520%)	Geringe Bonität,
B2	(6,90%)	B	(7,00%)	relativ hohes Ausfallrisiko
B3	(12,20%)	B–	(13,00%)	
Caa	CCC	CCC		Geringste Bonität,
Cbb	CC	CC		höchstes Ausfallrisiko
C	C	C		

* (Ausfallwahrscheinlichkeit)

Quelle: Der Standard

Art der Verzinsung

Drei Arten lassen sich unterscheiden:

Drei Arten

- die klassische und häufigste *fixe* Verzinsung, bei der über die gesamte Laufzeit gleich hohe Zinsen (meist jährlich) gezahlt werden;
- die *variable* Verzinsung bei so genannten Floatern, wo der Zinssatz jeweils dem Referenzzinssatz des Marktes angepasst wird und
- die *Null-Kupon-Anleihe* (Zero-Bond). Dabei werden während der gesamten Laufzeit gar keine Zinsen ausbezahlt. Dafür ist der Ausgabepreis am Beginn der Laufzeit niedriger als der Tilgungspreis. Darin liegt dann der Ertrag für die Anleihenbesitzer.

Pfandbriefe, Wohnbauanleihen

Sie sind ein Sonderfall der Anleihen mit fixen Laufzeiten, die nur von bestimmten Banken oder Wohnbauträgern emittiert werden dürfen. Bei Pfandbriefen (Hypobank, BankAustria Creditanstalt, Erste Bank) werden Sicherheiten für den Pfandbrief hinterlegt. Wohnbauanleihen sind in Österreich auch deshalb sehr beliebt, weil sie bis zu 4 Prozent Zinsen Kapitalertragsteuer-frei sind!

Steueranreiz

Wandelanleihen

Sie heißen auch Aktienanleihen. Bei Wandelanleihen kauft der Kunde Anleihen, die entweder am Ende der Laufzeit getilgt oder dann in Aktien gewandelt werden können.

Bei einem solchen Kauf ist das Wandelverhältnis entscheidend und Sie sollten schon ziemlich gut über das Unternehmen, in dessen Aktien die Anleihen gewandelt werden können, Bescheid wissen. Wirklich sinnvoll sind diese Produkte nur, wenn der Wert der Aktie während der Laufzeit der Anleihe leicht steigt.

In Aktien tauschen

Achtung! Währungsrisiko!

Ist eine Anleihe nicht in Euro begeben, dann steckt ein ziemlich großes Risiko in der Währung. Natürlich haben Sie auch die Chance, aus Währungsveränderungen Gewinne zu ziehen.

Beispiel

Sie haben die Anleihe eines südamerikanischen Landes zum Kurs von 80 und einem Zins von 9 Prozent erworben. Wenn die Währung sechs Monate später in eine Krise gerät und um 30 Prozent abgewertet wird, dann reduziert sich der reale Zins auf 6,3 Prozent und bei der Rückzahlung der Anleihe zu 100 erhalten Sie tatsächlich nur 70, weil Sie ja die Anleihe in Euro getilgt bekommen, die Währung der Anleihe aber um 30 Prozent gefallen ist. Damit steigen Sie mit einem Verlust von 12,5 Prozent Ihres eingesetzten Kapitals aus.

Großes Risiko

> Es kann aber noch schlimmer kommen, denn geht der Staat, in dessen Anleihen Sie investiert sind, bankrott (wie etwa Argentinien), dann erhalten Sie womöglich gar keine laufenden Zinszahlungen (Kupon) und vielleicht nur mehr einen ganz geringen Teil Ihres eingesetzten Kapitals.

Auch Profis zittern beim Bankrott

Auch Profis haben durch solche Währungsabwertungen schon eine Menge Geld verloren: Aktuell kämpfen europäische Banken um die Wiederaufnahme der Zinszahlungen Argentiniens und sitzen auf Schuldverschreibungen dieses Staates, die gerade noch ein Viertel des eingesetzten Kapitals darstellen. Seit Anfang 2002 kann Argentinien für seine Anleihen im Wert von 85 Milliarden Dollar weder Zinsen zahlen noch die Gläubiger abfinden.

Fazit

Fremdwährungsanleihen und Anleihen von Staaten mit geringerer Bonität (ab einem Rating von BBB) sind spekulative Anlagen, die mit Sicherheit nur mehr sehr wenig zu tun haben.

Sonderfall Zero-Bonds

Kein regelmäßiger Kupon

Bei einem Anleihentyp erhalten Sie keine regelmäßigen Zinszahlungen. Das sind Zero-Bonds oder so genannte Null-Kupon-Anleihen.

Der Ertrag bei diesem Wertpapier ergibt sich aus dem Ausgabepreis und dem Betrag, der später getilgt wird. Damit handelt es sich im Prinzip um ein festverzinsliches Wertpapier, weil ja klar ist, zu welchem Preis die Rückzahlung erfolgt. Der Ausgabekurs liegt immer unter dem vereinbarten Rückzahlungskurs. Also etwa: Kauf bei 80, Rückzahlung bei 100.

Wie weit der Ausgabe- unter dem Rückzahlungskurs liegt, hängt von der Lage am Kapitalmarkt und der zu erwartenden Zinsentwicklung ab.

Die Kurse von Zero-Bonds können an der Börse stark schwanken. Dabei folgen sie auch den Gesetzen der Zinskurve: Sinken die allgemeinen Zinsen, dann steigt der Kurs von Null-Kupon-Anleihen stärker als jener von normalen Anleihen mit regelmäßiger Zinszahlung, weil ja bereits höhere Marktzinsen in dem Papier „stecken". Steigen die allgemeinen Zinsen, dann sinkt der Kurs einer Null-Kupon-Anleihe.

Somit eignen sich Zero-Bonds einerseits als Sicherheitspolster in Portfolios und dienen andererseits zur Spekulation innerhalb der Mechanismen der Zinskurven. Anbieter von Garantieprodukten, die das eingesetzte Kapital sichern, verwenden Zero-Bonds meist, um diese Kapitalgarantie abgeben zu können (siehe „Kapitalgarantierte Produkte", Seite 108ff.).

Vielseitig verwendbar

Das Auf und Ab der Anleihenkurse

Der Börsenkurs einer Anleihe wird wie gesagt vom allgemeinen Zinsniveau, von der Laufzeit und vom Nominalzins (Kupon) beeinflusst. Steigt beispielsweise der Kapitalmarktzins, dann sinken die Kurse der umlaufenden Rentenpapiere, weil der Nominalzinssatz, also der festgelegte Jahreszinssatz, nicht mehr dem aktuellen Zinsniveau entspricht (geringer ist). Zum bisherigen Kurs kauft damit niemand mehr diese Anleihen, weil es bei gestiegenen Kapitalmarktzinsen ja viel profitablere Anlageformen gibt.

Wenn die Zinsen steigen ...

Ist das allgemeine Zinsumfeld also steigend, sprich, geht die Europäische Zentralbank mit den Leitzinsen nach oben, dann brechen schlechtere Zeiten für Emittenten an. Sie können ihre Anleihen dann nur mehr verkaufen, wenn Sie als Gläubiger mit einem niedrigeren Kurswert einverstanden sind.

Das beste Umfeld für Anleihen ist eigentlich ein trauriges, nämlich: niedrige Zinsen mit weiterer Tendenz nach unten, niedrige Inflation, Unternehmen mit viel Restrukturierungsbedarf und eine sehr schwache Konjunktur mit relativ hoher Arbeitslosigkeit. Unter solch eher düsteren Aussichten fließt immer viel Geld in Anleihen, weil sie ja als sicherer Hafen aufgrund der Probleme der Unternehmen mit ihren Aktien gelten.

... und fallen

Unter solchen Bedingungen gedeihen die Kurse der Anleihen besonders gut, ein Verkauf wird lukrativer.

Auf der anderen Seite sinken natürlich die Renditen der Anleihen, weil das allgemeine Zinsniveau niedrig ist.

Auf den Kurswert haben aber auch die Laufzeit und etwaige Bonitätsveränderungen Einfluss. Grundsätzlich gilt: Je näher der Tag der Rückzahlung kommt, umso mehr wird sich der Börsenkurs wieder dem Nennwert (Rückzahlungsbetrag) annähern. Denn niemand wird einen hohen Aufschlag zahlen, wenn er nur mehr für einen kurzen Zeitraum bessere Zinsen erhalten kann.

Laufzeiten-Management

Der Kurswert niedrig verzinster Anleihen steigt allerdings mit zunehmender Nähe des Rückzahlungstermins, weil ja in jedem Fall der volle Nennbetrag ausbezahlt wird. Manager von Geldmarktfonds machen sich diese Mechanismen zunutze und kaufen verschiedenste Anleihen mit kurzen Restlaufzeiten.

Warum die Duration für Sie interessant ist

Immunisierung gegen Kurswertverluste

Die so genannte Duration – es gibt dafür keine deutsche Übersetzung – beschreibt jene Zeitspanne, in der eventuelle Verluste beim Kurswert Ihrer Anleihe durch eventuelle höhere Veranlagungsgewinne des Kupons (der laufenden Zinszahlungen) immunisiert werden. Das heißt jenen Zeitraum, in dem Sie während der Laufzeit der Anleihe Ihr Kapital wieder voll zurückbekommen.

Das kann folgendermaßen geschehen:

Der Kurswert Ihrer Anleihe sinkt, gleichzeitig steigt aber das allgemeine Zinsniveau. Dadurch kann die laufende Zinszahlung Ihres Kupons zu einer besseren Verzinsung wieder veranlagt werden. Das kompensiert Sie für Ihre Verluste auf der Seite der Kurswerte.

Allerdings: Dieser Effekt funktioniert nur, wenn Sie Ihren Kupon nicht Cash nehmen, sondern wieder veranlagen.

Praktisch bedeutet das: Sollten Sie etwa eine Anleihe zum Zweck einer exakten Finanzplanung – z.B. im Zuge eines Kredites als Besicherung – brauchen, dann können Sie mithilfe der Duration genau berechnen lassen, welche Anleihe Sie kaufen, damit Sie zum gewünschten Zeitpunkt x – im Falle eines Kredites wäre das eben das Rückzahlungsdatum – über einen vorher ganz genau definierten Geldbetrag verfügen.

Kurswertschwankungen können Ihnen so nichts anhaben!

Die Anlageprodukte

Tipp

Wenn Sie unerwartet Geld brauchen und an einen Verkauf Ihrer Anleihenprodukte denken, dann ist für Sie der Kurswert relevant, denn der entscheidet, ob Sie mit dem Verkauf Gewinne oder Verluste einfahren. Zeichnet sich etwa ein Aufwärtstrend bei den Marktzinsen ab und Sie planen einen Verkauf, dann sollten Sie rasch handeln und das Verkaufsszenario mit Ihrem Berater besprechen.

Steuer

Zinszahlungen bei Anleihen sind in Österreich endbesteuert, das heißt, sie unterliegen der 25-prozentigen Kapitalertragsteuer. Seit 1. April 2003 sind auch ausländische Anleihen so besteuert. Zusätzlich fällt dort aber die 1,5-prozentige Sicherungssteuer an, die bei Offenlegung aber vom Finanzamt zurückgeholt werden kann.

KESt

Vorteile und Nachteile von Anleihen	
Vorteile/Chancen	**Nachteile/Risken**
■ Anleihen gelten als die sichere Seite der Investmentindustrie. Bei klassischen Produkten ist die Chance eines Kapitalverlustes praktisch gleich Null. ■ Während Unternehmen, die ihre Aktien an Börsen notiert haben, mit Dividendenzahlungen, also Ausschüttungen von Gewinnanteilen an die Aktionäre, in schlechten Zeiten aussetzen können, müssen bei Anleihen die Kupons, also die laufenden Zinsen, bedient werden. ■ Klassische Anleihen eignen sich gut, um kontinuierliche Renditen bei geringem Risiko einzufahren.	■ Klassische Anleihen bringen wenig Ertrag und sind in diesem klar abhängig von der Zinslandschaft. ■ Anleiheneigner haben keine Rechte (wie Aktionäre) im Unternehmen und werden auch von den Kommunikationsabteilungen der Unternehmen nicht bedient, erhalten also kaum Informationen. ■ Wenn Sie vor dem Tilgungsdatum aussteigen wollen, dann sind Sie auf den dann errechneten Kurswert angewiesen. ■ Großes Risiko steckt in den Anleihen von schlecht gerateten Staaten

Vorteile und Nachteile von Anleihen	
Vorteile	**Nachteile**
■ Durch die vielfältigen Ausgestaltungsmöglichkeiten (Null-Kupon- oder Wandelanleihe) entsteht ein großes Universum, das Sie als Risikoausgleich in Ihrem Portfolio einsetzen können. ■ Mithilfe der Duration können Sie exakt den Zeitpunkt berechnen, zu dem Sie Ihr eingesetztes Kapital wieder zurückerhalten.	und Unternehmen, weil sie bei finanzieller Verschlechterung Zinsen nicht bedienen oder die Anleihen nicht mehr tilgen können. ■ Bedenken Sie, dass Emittenten bei etwaiger Änderung der Zinslandschaft ihre Anleihen vorzeitig zurückkaufen, also tilgen können. Das könnte passieren, wenn die Marktzinsen für den Emittenten ungünstig hoch werden. Diese Möglichkeit besteht zwar überwiegend theoretisch, aber immerhin: Es könnte Ihren Finanzplan ungünstig treffen. ■ Bei Fremdwährungsanleihen (also allen nicht auf Euro lautenden festverzinslichen Wertpapieren) müssen Sie neben allen anderen Risken auch das Währungsrisiko bedenken. Denn die schönste Verzinsung und der beste Rückzahlungsgewinn günstig erworbener Anleihen nützen Ihnen wenig, wenn dieser Ertrag durch eine 20-, vielleicht 40-prozentige Abwertung der Währung, in der die Anleihe begeben wurde, aufgefressen wurde.

Aktien

Ertragsbringer Wer gut schlafen will, kauft Anleihen, wer gut essen will, Aktien, heißt es unter Börsianern. Damit sind die höheren Ertragschancen bei Aktien gemeint, die aber wiederum höheres Risiko bergen. Von der Investmentindustrie werden sie als die langfristigen Ertragsbringer eingestuft.

Aktien sind Wertpapiere, die einen Anteil am Grundkapital und damit am Vermögen einer Aktiengesellschaft (AG) darstellen. Das gesamte Grundkapital einer AG ist in Aktien repräsentiert. Der Aktionär ist damit Miteigentümer und am Erfolg oder Misserfolg der Firma beteiligt. Unter bestimmten gesetzlichen Voraussetzungen können AGs an Börsen notieren und zu den dort ermittelten Kursen ge- und verkauft werden. Von Großinvestoren spricht man bei Aktionären, die einige Prozent am Grundkapital halten, als Streubesitz wird meist jener Anteil bezeichnet, der frei an den Börsen gehandelt wird.

Miteigentümer

Der Aktionär hat keinen Anspruch auf fixe Verzinsung seines eingesetzten Geldes, sondern auf einen Anteil am erzielten Gewinn, der in Form der Dividende überwiesen wird. Dazu kommt die Chance, bei einem Verkauf der Aktie Kursgewinne zu erzielen. Das Verhältnis von Risiko und Chance bei Aktien hängt auch von äußeren Umständen, dem Börsenplatz, dem Handelsumschlag und dem Anteil des Publikumsbesitzes am Unternehmen ab.

Viele Einflussfaktoren

Das Risiko eines Aktionärs geht bis zum totalen Verlust des Wertes der Aktie, für Schulden der Gesellschaft haftet er darüber hinaus aber nicht. In Österreich sind Inhaberaktien gebräuchlich, das heißt, dass der Aktionär dem Unternehmen nicht bekannt ist. Bei Namensaktien steht der Aktionär namentlich in einem Buch des Unternehmens. Rechtlich macht das für den Aktionär keinen Unterschied, allerdings ist die Abwicklung von Verkauf, Übertrag oder Verpfändung der Aktien etwas langwieriger.

Inhaberaktien

Arten von Aktien

Stammaktien

Verbriefen eine Beteiligung am Grundkapital der AG und sichern dem Inhaber ein Stimmrecht bei der Hauptversammlung.

Beteiligung am Grundkapital

Namens- und Inhaberaktien

Sie unterscheiden sich eigentlich nur durch die technische Abwicklung der Transaktionen und durch die Nähe der Aktionäre zum Unternehmen. In Österreich sind nur Inhaberaktien gebräuchlich, das heißt, dass einzelne Aktionäre dem Unternehmen nicht namentlich bekannt sind, sondern lediglich als „Inhaber" – und daher auch nicht direkt angesprochen werden können.

Vorzugsaktien

Bevorzugte Zuteilung oder höhere Dividende

Verbriefen das Recht auf eine bevorzugte Zuteilung der Dividende (sollte nicht genügend Gewinn zum Verteilen da sein) oder auf eine höhere Dividende. Dafür haben Vorzugsaktionäre aber in der Regel kein Stimmrecht. Dividendenvorzug plus Stimmrecht kommt sehr selten vor.

Diese Art der Aktien verschwindet nach und nach, weil international nach einer Gleichbehandlung aller Aktionäre gestrebt wird.

Junge Aktien

Junge Aktien sind im Zuge einer Neugründung oder einer Kapitalerhöhung (Aufstockung des Grundkapitals) ausgegebene „neue" Aktien, die meist noch nicht voll dividendenberechtigt sind. Bei Kapitalerhöhungen wird bestehenden Aktionären ein Bezugsrecht für die neuen Aktien im Verhältnis der Aufstockung angeboten.

Gratisaktien

Kapitalerhöhung aus Gesellschaftsmitteln

Als Berichtigungs- oder Gratisaktien werden jene Aktien bezeichnet, die ein Unternehmen im Zuge einer Umwandlung von Rücklagen in Grundkapital ausgibt. Unternehmen tun das, um Positionen auf der Passivseite der Bilanz (Rücklagen) zu verringern. Fachleute sprechen dann von einer Kapitalerhöhung aus Gesellschaftsmitteln. Das muss die Hauptversammlung (Dreiviertelmehrheit) beschließen. In der Folge werden Gratisaktien an die Aktionäre ausgegeben. Diese kosten zwar nichts, der Begriff „gratis" ist aber irreführend, weil sich das Aktienkapital dadurch ja nicht verändert, sondern lediglich auf mehr Aktien verteilt wird.

Das Kurs-Gewinn-Verhältnis KGV

Eine Aktie wird entweder aufgrund ihres Kurses in der Vergangenheit oder aufgrund der erwarteten Aussichten des Unternehmens in der Zukunft bewertet. Letzteres hat zur gewaltigen Kursübertreibung vieler Internetaktien geführt, die ihre explosionsartige Kurssteigerung lediglich aus Zukunftshoffnungen lukrieren konnten, in der Gegenwart aber oft noch nicht einmal über Umsatz, geschweige denn über Unternehmensgewinn verfügten.

Allerdings gibt keine Analysevariante eine Garantie auf Erfolg in der Kursentwicklung. Selbst wenn Gewinn erzielt wird, stellt sich beim Aktienkurs immer die Frage: Ist die erwartete Steigerung schon im Kursniveau enthalten? Ist die Aktie schon überbewertet, noch unterbewertet oder fair bewertet?

Die Bewertungsfrage

Eine Kenngröße der Aktienanalysten ist das so genannte Kurs-Gewinn-Verhältnis (KGV). Es gibt an, wie sehr der Aktienkurs den erwarteten Gewinn, den eine Aktie repräsentiert, übersteigt. Bei Standardaktien an den internationalen Aktienbörsen liegen die KGV zwischen 15 und 20. Bei Internetaktien waren KGV von 100 keine Seltenheit. Allerdings mussten die Analysten dafür ganz neue Berechnungsformeln verwenden, denn: Ohne Gewinn – und den gab es bei jungen Internetfirmen ja noch nicht – lässt sich ein KGV nicht darstellen. So wurde bei Internetfirmen die Anzahl der Zugriffe auf die jeweiligen Websites als Grundlage herangezogen, was, wie sich später herausstellte, keine wirklich verlässliche Größe war. Jedenfalls gilt: Je höher das KGV, desto teurer die Aktie.

Die Frage, ob eine Aktie zu teuer ist, lässt sich nur sehr schwer beantworten. Als Rechtfertigung für ein höheres KGV wird aber meist ein permanent hohes Gewinnwachstum herangezogen. Das ist auch eine Kenngröße für die Unterscheidung der weltweit notierten Aktien in zwei Gruppen, nämlich Growth, also Wachstumsaktien, und Value, also Wertaktien.

Growth und Value

Als Unterkategorie zur Einteilung der Aktien gilt dann die Börsenkapitalisierung, also der gesamte Wert aller börsennotierten Aktien eines Unternehmens. Gereiht wird in die Kategorien Large Cap, Mid Cap, Small Cap. Auch davon hängt die Beurteilung der Höhe eines KGV ab.

Meist wird für diese Beurteilung aber eine Formel des Gesamtmarktes herangezogen: Die faire Bewertung einer Aktie wird dabei im Vergleich zur großen Alternative, dem Rentenmarkt, dargestellt. Der Wiener Leitindex ATX wäre demnach „zu teuer", wenn er das durchschnittliche Renten-KGV übersteigt.

Variable Dividende

Auf den Vergleich mit dem Rentenmarkt zielt auch die Dividendenrendite ab. Sie gibt sozusagen an, wie das Geld der Aktie unabhängig von den Kursschwankungen durch die jährliche Ausschüttung des Unternehmens (die Dividende) „verzinst" wird. Dieser Wert kann erheblich höher sein als die Nominalzinsen von Staatsanleihen. Der Unterschied ist nur: Die Zinsen von Staatsanleihen (gute Bonität) müssen gezahlt werden, Unternehmen können bei Verschlechterung des Geschäftes mit ihren Dividendenzahlungen aussetzen oder diese zumindest kürzen.

Achtung!

Bloß weil das KGV einer Aktie weit unter dem Marktniveau liegt, ist das noch lange keine Garantie für einen lukrativen Schnäppchen-Kauf.

Die Bewertung der Aktie ist ja nicht nur von den Erwartungen der Geschäftsentwicklung des Unternehmens, sondern auch von einer Vielzahl anderer Faktoren, etwa Zustand der Branche, politische Ereignisse, Marktregulationen und auch von der Psychologie der großen Marktteilnehmer abhängig.

Hinter den Kulissen: Wie Analysten arbeiten

Arbeit der Experten richtig nützen

Wenn Sie auf dem Börsenparkett Fuß fassen wollen, lassen Sie am besten Experten für sich arbeiten, lesen Sie aber in jedem Fall so viele Analysen, wie Sie bekommen können.

Als Rüstzeug dafür sollten Sie sich aber kurz vergegenwärtigen, wie diese Analysen zustande kommen, wie Analysten arbeiten und dass die Ergebnisse dieser Recherchen Prognosen sind, Erwartungen über mögliche zukünftige Entwicklungen einer Aktie, einer Branche oder eines Börsenindex. Wie sagte

schon George Bernard Shaw? Prognosen sind schwierig –
besonders, wenn sie die Zukunft betreffen.

Wenn Sie dazu noch bedenken, dass jeder Analyst wie jeder
Mensch sich seiner eigenen Psychologie, seinen Wahrnehmungsmustern bei der Interpretation der „nüchternen" Daten
nicht entziehen kann, dann verfügen Sie über die nötige Skepsis, die allen Analysen entgegengebracht werden sollte.

Wenn Sie wissen, wie die Kauf- oder Verkaufsempfehlungen zustande kommen, dann kennen Sie auch die Grenzen der Aussagekraft solcher Papiere.

Die Grenzen der Aussagekraft

Rund um den Globus arbeiten Analysten mit ähnlichen Methoden. Dabei sind die Fundamentalanalyse und die Chartanalyse (technische Analyse) die wichtigsten Werkzeuge. Ziel ist in jedem Fall die Prognose des künftigen Kursverlaufes einer oder mehrerer Aktien oder eines Börsenindex.

Die Chartanalyse nützt dazu Erfahrungen über das Angebots- und Nachfrageverhalten nach dem zu untersuchenden Wertpapier oder Index und versucht, daraus Rückschlüsse über den künftigen Kursverlauf zu gewinnen.

Die Fundamentalanalyse dagegen versucht, die eigentlichen Gründe für das Angebots- und Nachfrageverhalten zu ermitteln und daraus Aufschlüsse für das Anlageverhalten zu gewinnen.

Fundamentalanalyse

Bei der Fundamentalanalyse wird zunächst das gesamtwirtschaftliche Umfeld (gesamtwirtschaftliche Analyse) des jeweiligen Unternehmens untersucht. Danach wird die Branche betrachtet, dann erst das Unternehmen selbst. Diese Vorgangsweise heißt top-down und erklärt sich daraus, dass sich Unternehmen, auch wenn sie bestens geführt sind, der konjunkturellen und branchenspezifischen Situation nicht entziehen können. Vor allem Konjunkturphasen (Aufschwung, Boom, Abschwung, Rezession) und monetäre Einflüsse (Zinsen und Geldmengenentwicklung) werden dabei betrachtet.

Die Arbeitsschritte

In der Branchenanalyse wird die Entwicklung der verschiedenen Branchen im Zusammenhang mit den Konjunkturzyklen untersucht. Verschiedene Indikatoren, wie Entwicklung der Auftragseingänge, die Industrieproduktion, das Konsumentenvertrauen, werden dabei verarbeitet.

Bei der Unternehmensanalyse schließlich verwenden Analysten drei Gruppen von Kennzahlen des Unternehmens: Bilanzkennzahlen und Kennzahlen aus der Gewinn-und-Verlust-Rechnung, aktienbezogene Kennzahlen und kursbezogene Kennzahlen.

Die bilanzbezogenen Kennzahlen

Umsatzrendite: Sie gibt an, wie viel Euro Umsatz ein Unternehmen machen muss, um einen Euro Gewinn zu erzielen, oder was dem Aktionär von einem Euro Umsatz an Ertrag bleibt.

Umsatzrendite, Eigenkapitalrentabilität, Gesamtkapitalrendite, Verschuldungsgrad

$$\text{Umsatzrendite} = \frac{\text{EBIT}^1}{\text{Umsatz}}$$

Eigenkapitalrentabilität: Sie gibt an, wie hoch die Rendite des Eigenkapitals ist, das im Unternehmen eingesetzt wird. Grundsätzlich sollte eine steigende Eigenkapitalrendite einen positiven Einfluss auf den Aktienkurs haben, da das eingesetzte Eigenkapital im Unternehmen ja besser genutzt wird.

$$\text{Eigenkapitalrentabilität} = \frac{\text{EBT}^2}{\text{Eigenkapital}}$$

Daneben ist für Aktionäre auch interessant, wie sich die Rendite des gesamten eingesetzten Kapitals, Eigen- und Fremdmittel, verhält.

$$\text{Gesamtkapitalrendite} = \frac{\text{EBIT}^1}{\text{Gesamtkapital}}$$

Weiters ist Aufschluss über die Verschuldung des Unternehmens wichtig. Dazu wird der Verschuldungsgrad errechnet.

---

[1] EBIT = Earnings before Interest and Taxes = Betriebserfolg
[2] EBT = Earnings before Taxes

$$\text{Verschuldungsgrad} = \frac{\text{Fremdkapital}}{\text{Eigenkapital}}$$

Damit wird das Verhältnis zwischen Eigen- und Fremdkapital im Unternehmen angegeben. Ein steigender Verschuldungsgrad wirkt sich zunächst vielleicht sogar positiv auf den Aktienkurs des Unternehmens aus, weil mehr Fremdkapital zu einer besseren Eigenkapitalrendite führen kann. Allerdings ist ein solcher Effekt auf den Aktienkurs vermutlich nur so lange möglich, als die Gesamtkapitalrendite über den Fremdkapitalkosten liegt.

Der wichtigste Indikator für die Finanzkraft eines Unternehmens ist der Cashflow.

Cashflow = der wichtigste Indikator

Er beschreibt die Innenfinanzierungskraft eines Unternehmens und damit seine Fähigkeit, Dividendenzahlungen, Tilgungen oder Investitionen aus eigener Kraft, also ohne Fremdmittel, zu bestreiten.

Cashflow (Praktikerformel) = Jahresüberschuss
  + Abschreibungen

Daneben gibt es noch eine Fülle anderer Kennzahlen und Formeln, die Analysten zwecks Untersuchung eines Unternehmens anwenden können.

Was auch immer zusätzlich herangezogen wird:

Diese Kennzahlen helfen bei der Entscheidung, ob es grundsätzlich interessant ist, einem Unternehmen als Aktionär sein Geld zu geben. Ob der Aktienkurs billig oder teuer ist, geht daraus noch nicht hervor, ob gute Chancen oder hohe Risiken für ein Investment bestehen, lässt sich daraus auch noch nicht sagen.

Entscheidungshilfen

Die aktienbezogenen Kennzahlen

Die Dividende je Aktie und das Ergebnis je Aktie sind die wichtigsten aktienbezogenen Kennzahlen.

Während bei der Dividende je Aktie der insgesamt ausgeschüttete Gewinn in der Relation zur Anzahl der Aktien errechnet wird, lässt sich mit dem Ergebnis je Aktie der insgesamt erwirtschaftete Gewinn – also sowohl der ausgeschüttete als auch der im Unternehmen verbliebene – auf die einzelnen Aktien umrechnen.

Die Aussagekraft des Gewinns je Aktie ähnelt damit der Aussagekraft der Eigenkapitalrendite, weil ja jede Aktie für einen bestimmten Anteil am Eigenkapital steht.

Die kursbezogenen Kennzahlen

Die Dividendenrendite und das Kurs-Gewinn-Verhältnis KGV sind die wichtigsten kursbezogenen Kennzahlen.

Verhältnis zwischen Dividende und Kurs

Die Dividendenrendite drückt das Verhältnis zwischen der vom Unternehmen gezahlten Dividende und dem Preis (Kurs), den der Anleger an der Börse für diese Aktie zahlen muss, aus. Die Berechnungen können sowohl auf Basis der momentan gezahlten Dividende als auch der erwarteten Dividende erfolgen.

$$\text{Dividendenrendite} = \frac{\text{Dividende} \times 100}{\text{aktueller Kurs}}$$

Die Dividendenrendite steigt, wenn das Unternehmen die Dividende erhöht oder auch wenn der Kurs der Aktie sinkt. Umgekehrt sinkt die Dividendenrendite, wenn die Dividende gekürzt wird oder der Kurs steigt.

Die Dividendenrendite nie isoliert betrachten

> **Wichtig!**
>
> Die Dividendenrendite ist eine häufig verwendete Kennzahl, um Anleger zu einer Investition zu bewegen. Dann wird von der jährlich hohen Belohnung für Aktionäre gesprochen. Allerdings sollten Sie diese Zahl nie isoliert betrachten und ihre begrenzte Aussagekraft im Auge behalten. Denn eine hohe Dividendenrendite kann ja auch grundsätzlich auf ein sehr niedriges Kursniveau hindeuten, das wiederum auf einen anhaltenden Kursverfall verweisen kann, was schließlich an unternehmensspezifischen Kennzahlen liegen könnte. Besonders vorsichtig sollten Sie historische Dividendenrenditen betrachten – sie sagen ja noch nichts darüber aus, wie hoch die Ausschüttungen in der Gegenwart oder der nahen Zukunft sein werden. Bei geschätzten Dividendenrenditen – und auch bei KGV – finden Sie in den Analyseberichten meistens ein kleines e hinter dem Wert, das für „estimate", also geschätzt, steht.

Die Anlageprodukte

Webtipp

Fundamentalanalysen finden Sie auf den Websites aller Banken. Für österreichische Aktien schauen Sie z.B. auf:

www.rcb.at
www.ba-ca.com
www.erstebank.at

Internationale Seiten sind selten unentgeltlich. Eine Menge guten kostenlosen Research gibt es aber z.B. unter:

www.multexinvestor.com

Vorsicht sollten Sie bei allen gratis zu abonnierenden Börsenbriefen walten lassen. Von „Investor's Daily" bis zu „Der Spekulant" werden sie angeboten und enthalten klare Anlageempfehlungen oft mit Traumrenditen, denen Sie keinesfalls blind folgen sollten.

Vorsicht bei Gratis-Börsenbriefen

Chartanalyse/Technische Analyse

Die Chartanalyse verzichtet bewusst auf das Erforschen der Gründe für Kursbewegungen. Sie betrachtet allein das Kursbild, das sie in Form von Charts ausdrückt. Dabei wird auf der horizontalen Achse (Abszisse) der Zeitraum der Betrachtung eingetragen, auf der vertikalen (Ordinate) der Kurswert oder das Handelsvolumen. Daraus ergeben sich verschiedene Formationen und Linienverläufe, die dann aufgrund historischer Erkenntnisse interpretiert werden, um zukünftige Bewegungen zu prognostizieren. Bei den Interpretationsformeln haben sich verschiedene Schulen herausgebildet.

Kursbild

Für Privatanleger ist diese technische Analyse eher unbrauchbar, weil sie eine umfangreiche Installation von Hard- und Software erfordert und wirklich sinnvoll nur dann ist, wenn die Möglichkeit unmittelbaren Reagierens auf bestimmte Kursbilder besteht.

Grafik 4: Chartanalyse am Beispiel des Wiener Leitindex ATX

Erläuterung: Charttechniker versuchen, waagrechte Linien so zu ziehen, dass möglichst viele Kursbewegungen abgedeckt sind. Beim ATX ergibt sich eine Linie bei 1000 Punkten. Da der Index nicht darunter gefallen ist, ist diese Linie eine so genannte große Unterstützungslinie. Im Bereich um 1370 Punkte ergibt sich eine so genannte große Widerstandslinie, da der ATX nicht darüber hinaus gestiegen ist. Solche Linien sind für Charttechniker leicht zu finden, da sie sich meist bei „runden" Zahlen befinden – ein rein psychologisches Phänomen. Zusätzlich sehen Sie eine Linie bei 1250 Punkten. Damit ist der so genannte große Trend definiert („Tradingrange" zwischen 1000 und 1350 Punkten). Um einen detaillierteren Trend zu definieren, versuchen Charttechniker, Tief- bzw. Hochpunkt miteinander zu verbinden. Von November 2001 bis Mai 2002 ergibt sich eine Aufwärtstrend und von Mai bis November ein Abwärtstrend, der wieder bis zur Unterstützung bei 1000 Punkten führt.

Verkaufssignale der einfachsten Form ergeben sich, wenn der Kurs des ATX durch einen Aufwärtstrend bricht, Kaufsignale, wenn der Kurs von unten einen Abwärtstrend durchbricht. Die Formation von Jänner bis April 2003 etwa zeigt eine Korrekturphase nach einem starken Anstieg und heißt „Flagge". Sie wird von Charttechnikern als „bullish", also als Kaufsignal interpretiert.

Quelle: Der Standard

Die Anlageprodukte

Webtipp

Wenn Sie sich in die Chartanalyse etwas vertiefen möchten, dann bietet sich die Einsteigerseite **www.freenet.meome.de** mit dem A und O der Charttechnik an. Ein Einmaleins der Charttechnik findet sich auch unter **www.tradewire.de** oder für Fortgeschrittene unter **www.elliott-wave.com**

Weitere Webtipps:
www.technical-investor.de
www.charts-on-demand.de
www.candlestick.de
www.tapro.de
www.tectrader.com

Soweit zum Handwerkszeug der Experten, aus dem Sie Nutzen ziehen können. Allerdings ist die Zunft der Analysten ja in den vergangenen Jahren sehr in Verruf geraten. Aktien wurden Anlegern empfohlen, die Analysten selbst privat als Schrott bezeichneten, Kurse der Internetaktien wurden durch immer neue und tollere Kaufempfehlungen in die Höhe getrieben – eine Verkaufsempfehlung wurde überwiegend vergessen.

In den USA müssen mittlerweile auch Analysten schwören, dass ihre Berichte und Interpretationen voll Lauterkeit und Unabhängigkeit sind. Damit soll eine möglichst gute Trennung zwischen dem Investmentbankengeschäft und der Analyseabteilung einer Bank erreicht werden. Wie gut das funktionieren kann, ist fraglich. Denn: Zu einer möglichen Abhängigkeit der Analysten vom Verkaufsdruck ihrer Investmentbanker kommt ja auch noch ein psychologischer Faktor, der in jeder Analyse steckt. Auch Analysten handeln nicht rational, sondern menschlich. (Lesen Sie mehr dazu im Kapitel 10 „Behavioural Finance", Seite 219ff.)

Lauterkeit und Unabhängigkeit

Hinterfragen sollten Sie jedenfalls:

- Stehen die Analysten in irgendeinem Zusammenhang mit dem untersuchten Unternehmen, also hat ihre Bank eine Beteiligung an der Emission, vergibt ihre Bank Kredite an das Unternehmen und welche Mitglieder des Führungsgremiums der Bank sitzen im Aufsichtsrat des analysierten Unternehmens?

- Wird in der Analyseschrift klar dargestellt, in welcher Position die Bank zum Unternehmen steht?
- Sind auch für Privatanleger Vorteile und Nachteile einer möglichen Investition in dieses Unternehmen verständlich dargestellt?

Nach und nach bürgert sich ein, dass Analysten auch in Österreich im Anhang an ihre Analyse ihr Verhältnis zum Unternehmen darstellen und auch den Mechanismus der Bezahlung der Analysten angeben.

> **Die Sprache der Analysten**
>
> Wenn Sie in Medien Kauf- oder Verkaufsempfehlungen verschiedener Investmentbanken zu einer bestimmten Aktie lesen, dann meinen trotz ähnlicher Wortwahl nicht alle genau dasselbe.
>
> Wenn etwa die Deutsche Bank eine Aktie mit dem Prädikat **strong buy** versieht, dann meint sie, dass sich dieses Papier ihrer Einschätzung nach mindestens 10 Prozent besser als der Markt entwickeln wird. Sagt sie **buy**, dann empfiehlt sie den Kauf und schätzt rund 10 Prozent mehr Potenzial für die Kursentwicklung dieser Aktie im Vergleich zum Gesamtmarkt. **Market perform** bedeutet die Einschätzung einer marktkonformen Entwicklung. **Underperform** heißt, dass die Deutsche Bank glaubt, diese Aktie werde sich 10 Prozent schlechter als der Markt entwickeln. Das kommt einer Verkaufsempfehlung gleich.
>
> Wenn Goldman Sachs **recommended for** schreibt, dann ist gemeint, dass sich die Aktie mittelfristig um 10 Prozent besser als der Index entwickeln kann. Schreiben die „Goldmänner" **purchase list** zur Aktie dazu, dann heißt das, irgendwie besser als der Index. Die schlechteste Empfehlung heißt bei Goldman **market underperform**, was bedeutet, dass das Papier 5 Prozent schlechter sein könnte als der Index, in dem es enthalten ist.
>
> Als eine der wenigen Investmenthäuser hat Merrill Lynch das Wort **sell** im Vokabular.
>
> Die heimischen Investmentbanken titulieren die Papiere hauptsächlich mit **strong buy**, **buy**, **market perform** und **underperform**; auf eine Verkaufsempfehlung mit dem Wort **sell** sollten Sie nicht warten, sie erscheint so selten, dass sie praktisch nicht existiert.

Begriffe, die Sie kennen sollten

Tipp

Richten Sie Ihre Kaufentscheidung für Einzelaktien nicht nach den Analystenempfehlungen! Diese sind kein ständiger treuer Begleiter Ihrer Anlage. Denn wie die vergangenen Jahre gezeigt haben, überwiegen die publizierten Empfehlungen zum Kauf. Zum Verkauf oder wenigstens zur Sorge über eine mögliche Kursentwicklung wird kaum etwas veröffentlicht, besonders selten mit dem Wort „sell".

Wichtig beim Einzel-Aktienkauf: Setzen Sie Kurs- und Mengenlimits!

Wenn Sie Aktien ordern, dann nennen Sie den höchsten bzw. niedrigsten Preis, den Sie zahlen wollen. Wenn Sie „bestens" ordern, kann es passieren, dass Sie einen viel höheren Preis zahlen müssen, als Sie eigentlich wollten, weil sich der Kurs des Papiers in der Zwischenzeit nach oben entwickelt hat. Ihre Bank kauft dann die Aktien zum gegenwärtigen Marktpreis.

Fachsprache für die Order

Sie haben auch die Möglichkeit, Orders mit gestaffelten Limits aufzugeben, um Ihren gewünschten Durchschnittspreis zu erzielen.

Wenn Sie verkaufen wollen, dann sollten Sie unbedingt auch ein Limit angeben, damit der Verkaufspreis nicht unter Ihren Berechnungen liegt. Tun Sie das nicht, dann verschenken Sie vielleicht Ihre Papiere, weil Ihre Bank dann zum jeweiligen Marktpreis verkaufen kann.

Solche limitierte Orders gelten – wenn nicht anders angegeben – bis zum letzten Banktag des Monats, dem so genannten Ultimo.

Bis zum Ultimo

Aus den Möglichkeiten starker Kursschwankungen in Einzelaktien sollten Sie auch unbedingt eine Höchst- und eine Mindeststückzahl festlegen. Sonst könnten Sie (bei Kursverfall) unerwünscht viele Aktien kaufen oder (bei starker Kurssteigerung) nur so wenige Aktien erhalten, dass es lange dauert, bis die Spesen für den Kauf verdient sind.

Exkurs: Börsengänge

In den Aktien-Boomjahren der 90er überschlugen sich die Meldungen über täglich Dutzende Börsengänge. Tausende Kleinanleger orderten damals in Europa vorwiegend Neuemissionen von so genannten Dotcom-Unternehmen – meist ohne zu wissen, was die Firma, deren Aktien in den höchsten Tönen gepriesen wurden, überhaupt tat. Das Angebot an immer neuen Emissionen konnte die Nachfrage der Privatanleger gar nicht decken. Auf die Firmen prasselte ein heißer Geldregen nieder.

Dotcom-Blase als Geldpresse

Das hat sich nach dem Platzen der durch übertriebene Kurssteigerungen gekennzeichneten Dotcom-Blase radikal gewandelt. Nachdem seit dem Jahr 2000 europaweit praktisch gar kein Unternehmen mehr den Schritt an die Börsenrampen gewagt hat, beginnen in der zweiten Hälfte 2003 vereinzelt wieder der so genannten IPOs (Initial Public Offerings).

Jede Menge IPOs

Für Unternehmen ist ein Börsengang im besten Fall eine sprudelnde Geldquelle, die Kapital zwecks Expansion oder Ausbau von Forschung und Entwicklung in die Kassen spült. Für Aktionäre entwickelt sich im besten Fall der Kurs stetig aufwärts, und es werden jährlich ordentliche Dividenden gezahlt.

Der Ablauf von Börsengängen

Mit der Mindestvoraussetzung eines Jahresabschlusses lassen börsenwillige Unternehmen (**Emittenten**) zuerst einmal die **Investmentbanken** aufmarschieren. Diese präsentieren ihre Konzepte für den geplanten Börsengang und die Verkaufsstrategie für die Aktien. Bei diesem so genannten **Beauty Contest** sucht das Unternehmen den **Leadmanager**, die Investmentbank, die den Börsengang anführen wird, und das dazugehörige Konsortium aus anderen Banken aus. Dabei wird auch festgelegt, wie viele Aktien bei institutionellen Großinvestoren und wie viele bei Privatanlegern platziert werden sollen und welcher Börsenplatz der beste ist.

Der Weg auf das Parkett

Für die Banker ist das ein sehr lukratives Geschäft, die Kosten für das Unternehmen belaufen sich auf rund acht Prozent des geplanten Emissionserlöses. Der Leadmanager erstellt dann den **Prospekt**, der alle firmenrelevanten Daten und die Bewertungsgrundlagen im Vergleich zu anderen Unternehmen der Branche enthält. Für die Angaben im Prospekt haften die Banken. Nicht allerdings für den so genannten **Equity Research**, der die Einschätzungen der Analysten zur Zukunft des Unter-

Die Anlageprodukte

nehmens enthält. Er ist aber die eigentliche Verkaufsgrundlage, denn wer eine Aktie verkauft, der verkauft ja im Grunde eine Hoffnung, nämlich dass deren Kurs in Zukunft steigt.

Danach beginnt die **Premarketing-Periode**, bei der ein Stimmungsbild unter den institutionellen Investoren eingeholt wird. Auf dieser Grundlage wird die Strategie für die **Roadshows**, den Verkaufszirkus und alle dazugehörigen Veranstaltungen, entwickelt.

Dann werden **verbindliche Orders** der institutionellen Anleger (Versicherungen, Banken, Fonds) eingeholt. Daraus ergibt sich eine Bandbreite für den Emissionskurs der Aktie, also zu welchem Preis sie letztlich verkauft wird. Der tatsächliche Preis errechnet sich aus der Menge der zu platzierenden Aktien und den Preisangeboten der Institutionellen.

Preisfindung

Mit der Startpressekonferenz beginnt das **IPO** (Initial Public Offering). Dann werden die Aktien auch Privatanlegern angeboten. Sie können eine selbst bestimmte Menge an Aktien bei ihrer Bank bestellen, die ihnen dann je nach allgemeiner Nachfrage voll oder nur teilweise zugeteilt wird. Oft wird dabei das Prinzip **first come, first serve** angewandt: Wer zuerst bestellt hat, kriegt auch die höchste Zuteilung.

Zuteilung

Der Leadmanager kann dann nach Erstnotiz 30 Tage lang mit einer Option (**Greenshoe**) Volumen in den Markt pumpen, um den Kurs zu stabilisieren. 14 Tage vor Erstnotiz dürfen keine Research-Unterlagen mehr verteilt werden. Dieser Zeitraum heißt **Black Out Period**. Einen Monat nach Erstnotiz dürfen involvierte Analysten auch nichts sagen, dieser Zeitraum heißt **Cool Out Period**.

Schweigezeit

Tipp

Sie sollten bei einer Neuemission nie mehr Aktien bestellen, als Sie tatsächlich auch kaufen wollen, also nicht mit hoher Nachfrage spekulieren und deshalb gleich viel mehr ordern. Denn ist die Nachfrage nicht ausreichend hoch, dann müssen Sie alle bestellten Aktien auch kaufen. So können bei bestellten 1000 Stück statt der erwarteten 300 (für die auch Anlagekapital da ist) plötzlich alle 1000 im Depot landen. Missglückt dann der Börsengang, sinkt die Aktie womöglich schon an den ersten Tagen der Notiz gewaltig und ein Verkauf ist nicht nur sehr verlustreich, sondern oft auch gar nicht möglich.

Achtung!

Prüfen und hinterfragen

Zeichnen Sie nicht übereilt Emissionen eines Unternehmens, von dem Sie noch nie gehört haben. Orientieren Sie sich an den fundamentalen Daten. Prüfen Sie, ob die unternehmerischen Ziele in der Vergangenheit glaubwürdig waren und auch erreicht wurden. Hinterfragen Sie, ob der Emissionserlös der Zukunft des Unternehmens, also etwa Forschung und Entwicklung oder der Expansion, dient. Wird der Geldsegen zum Schuldentilgen verwendet oder bleibt der Verwendungszweck unklar, dann sollten Sie skeptisch sein. Erkundigen Sie sich nach den Mitbewerbern in der Branche und achten Sie darauf, ob Ihnen Marktanteile und Zukunftschancen des Unternehmens glaublich dargestellt werden können. Erfragen Sie nicht nur den Börseplatz, sondern auch das Segment, in dem die neue Aktie notieren soll, denn danach richtet sich die zu erwartende Liquidität: Je kleiner das Segment, desto schwieriger wird ein Verkauf der Aktie, weil möglicherweise nicht genug Angebot und Nachfrage herrscht.

Erkundigen Sie sich bei Ihrer Order für ein IPO, wie lange Sie Ihren Auftrag stornieren können, und schauen Sie im Prospekt, ob eine vorzeitige Schließung der Zeichnungsfrist vorbehalten ist!

Steuer

Aktienerträge sind in Österreich mit der 25-prozentigen Kapitalertragsteuer endbesteuert.

Vorteile und Nachteile von Aktien	
Vorteile/Chancen	**Nachteile/Risken**
■ Langfristiges Wachstum. ■ Langfristig (mindestens 20 Jahre) bringen Aktien die höchsten Renditen aller Anlageklassen. ■ Laufendes Einkommen durch die Dividendenzahlungen. ■ Die meisten AGs zahlen (in Österreich pro Geschäftsjahr) eine Dividende, die entweder ausgezahlt oder reinvestiert werden kann.	■ Allgemeines Marktrisiko. ■ Ungeachtet der wirtschaftlichen Lage des Unternehmens kann der Kurs der Aktie und damit ihr Wert einbrechen. Entweder weil der Gesamtmarkt oder die Branche, zu der das Unternehmen gehört, nachgibt, oder weil die Psychologie der großen Marktteilnehmer gegen die Aktie läuft.

Die Anlageprodukte

Vorteile und Nachteile von Aktien	
Vorteile/Chancen	**Nachteile/Risken**
Überwiegend wird in Österreich ein Drittel bis zur Hälfte des Gewinns als Dividende ausgezahlt. ■ Das Aktienrecht stattet Aktionäre als Miteigentümer des Unternehmens mit bestimmten Rechten aus, die sie vorwiegend im Zuge der Hauptversammlung ausüben können.	■ Aktienspezifisches Risiko: Ein mehrjähriges Ausfallen der Dividende und eine totale Wertvernichtung der Aktie sind wegen verschiedener negativer Faktoren im Unternehmen selbst möglich. ■ Aktienanlagen können innerhalb weniger Jahre sehr großen Schwankungen unterliegen. Je kürzer der Veranlagungshorizont in Aktien, desto höher ist damit auch das Risiko.

Fonds

Die Österreicher sind zwar als pure Sparbuchliebhaber verschrien. Statistisch gesehen gehören sie aber zu Europas eifrigsten Fondssparern. Pro Kopf liegen rund 10.000 Euro in Fonds. Zusammen macht das im Jahr 2003 ein Volumen von über 96 Milliarden Euro in inländischen Investmentfonds. In ausländischen Fonds sind es noch einmal rund zehn Milliarden Euro. Diese Gelder kommen aber hauptsächlich von großen institutionellen Investoren.

Fonds sind praktisch Einkaufskörbe, in denen viele Aktien oder Anleihen nach verschiedenen Gesichtspunkten und Ordnungskriterien enthalten sind. Damit soll das Risiko einer Anlage in einzelne Werte reduziert (gestreut) werden. Abgesehen von Geldmarktfonds sind diese Anlagevehikel auf eine mehrjährige Anlage ausgelegt. Auch deshalb, weil beim Fondskauf eine Menge Spesen und Gebühren anfallen, die erst nach einer gewissen Zeit wieder verdient werden (siehe Kapitel 2 „Nichts ist umsonst – Spesen und Gebühren", Seite 119ff.). **Einkaufskörbe**

Mitte 2003 waren in Österreich 23 Kapitalanlagegesellschaften konzessioniert, zum Vertrieb in Österreich waren fast 2000 inländische und fast 3000 ausländische Fonds zugelassen. Von den über 90 Milliarden Euro Anlagevolumen in in- **Zeitfaktor**

Publikumsfonds

ländischen Fonds entfielen fast 50 Milliarden auf reine Publikumsfonds, also solche, in denen nur Privatanleger und nicht Großinvestoren anlegen. Davon liegt das Gros in inländischen Investmentfonds – ausländische Fonds sind steuerlich noch immer benachteiligt, da eine Sicherungssteuer in Höhe von 1,5 Prozent eingehoben wird, wenn das Einkommen nicht offen gelegt wird. Lediglich in den heimischen Dachfonds befinden sich ausländische Fondsprodukte, die über diesen Weg auch von einem breiten heimischen Privatpublikum gekauft werden.

Österreicher bevorzugen Anleihen

Im Vergleich zu den europäischen Nachbarn und vor allem im Vergleich zu den USA haben sich das Anlagevolumen und auch die Zahl der Fonds in Österreich recht stabil gehalten. Das liegt am rund 60-prozentigen Anleihenanteil der heimischen Fondssparer: Österreicher haben seit jeher Anleihen gegenüber Aktien bevorzugt. Anderswo wurden dagegen Fonds wegen schwindender Einlagen und Kurscrashs geschlossen, zusammengelegt oder vom Markt genommen.

Webtipp

Listen der Kapitalanlagegesellschaften, Ansprechpartner und Informationen zu Anlagevolumen und Produkten bieten die Websites der Verbände:
Verband Österreichischer Investmentgesellschaften VÖIG
www.voeig.at
Verband Ausländischer Investmentgesellschaften VAIÖ
www.vaioe.at
Statistisches Material und Bewertungen heimischer Fondsprodukte finden Sie unter **www.e-fundresearch.com**

Unterscheidungskriterien

Anlageziel

Rentenfonds streben als Anlageziel möglichst hohe konstante Erträge an.

Aktienfonds konzentrieren sich auf das Erreichen maximaler Kapitalzuwächse.

Geldmarktfonds sollen auf eine kurze Einlagezeit konstante Erträge bringen.

Mischfonds kombinieren die Ziele dieser Fonds und versuchen so auch einen Ausgleich des Risikos.

Anlagepolitik

Rentenfonds unterscheiden sich durch die Bonität der enthaltenen Emittenten, durch die Laufzeiten der Anleihen bis zu deren Tilgung oder durch die Emittenten (Staaten, Unternehmen) selbst.

Aktienfonds unterscheiden sich durch den Sitz (Land, Börseplatz), die Art des Unternehmens (kleine, mittlere, große), durch die Konzentration auf bestimmte Branchen (Medien, Technologie) und Themen (Windkraft) oder durch die Ausrichtung der Unternehmen (schnell wachsend oder etabliert und stetig wachsend).

Charakteristika der Fonds

Anlagestrategie

Grundsätzlich unterscheidet man aktive und passive Fonds. Bei aktiven Fonds richtet sich der Fondsmanager zwar nach der Zusammensetzung einer bestimmten Messlatte, etwa einem Börsenindex, die in der Fachsprache Benchmark genannt wird. Dazu versucht das Fondsmanagement aber mit individuellen Einzelwetten mehr Performance zu erwirtschaften als die Messlatte. Dabei stützt sich der Fondsmanager auf intensive (und für Kunden teurere) Analysearbeit.

Aktive und passive Fonds

Für Anleger heißt das in jedem Fall: Aktiv gemanagte Fonds sind teurer. Denn alles, was das Fondsmanagement zur Analyse braucht, wird dem Kunden in Form von Spesen und Gebühren weiter verrechnet (siehe Kapitel 2, „Nichts ist umsonst – Spesen und Gebühren", Seite 119ff.).

Bei Indices gibt es allerdings verschiedene Berechnungsmethoden: Preisindices messen die Preisveränderung ohne Dividenden, Performanceindices inkludieren die Dividenden und kommen so der Fondsperformance als Messlatte näher. Der heimische Leitindex ATX etwa ist ein Preisindex, der deutsche DAX ein Performanceindex.

Preis- und Performance-Indices

Laufende Kosten und Performance

Durchschnittlich fallen bei aktiv gemanagten Investmentfonds jährliche Kosten zwischen 1,5 und drei Prozent an. Die müssen in der Fondsperformance einmal verdient werden. Denn zahlen müssen Sie diese laufenden Kosten in jedem Fall, ob der Fonds nun gute Erträge oder saftige Verluste einfährt. Im besten Fall schmälern diese Kosten Ihre Gewinne, im schlechtesten Fall erhöhen sie Ihre Verluste!

Indexfonds als Grundbausteine

Passive Fonds heißen Indexfonds. Ihr Bestreben ist es, einen Index möglichst getreu abzubilden. Damit bewegt sich der Indexfonds mit dem ausgewählten Index mit. Dadurch enthält ein solcher Indexfonds sehr exakt die Marktmeinung und läuft in seinen Kursen mit der ausgewählten Benchmark mit. Indexfonds sind mit ihren laufenden Gebühren, durchschnittlich 0,5 Prozent pro Jahr, viel kostengünstiger als aktiv gemanagte Investmentfonds. Allerdings bergen sie keine Chance, besser abzuschneiden als der jeweilige Index, also der Gesamtmarkt.

Große Investoren benützen Indexfonds oft als Grundmodul ihres Portfolios, um im Markt einmal grundsätzlich dabei zu sein. Um diese Fonds herum bauen sie dann Spezialprodukte, die Verluste im Indexfonds ausgleichen und Gewinne im Indexfonds vermehren können.

Als Light-Variante zu Indexfonds sind in letzter Zeit Zertifikate auf Indices sehr populär geworden. Sie kosten wesentlich weniger als ein Indexfonds, räumen aber die Partizipation an der Entwicklung des Index ein (siehe „Zertifikate", Seite 93f.).

ETF

Ein weiteres Instrument sind Exchange Traded Funds (ETF). Sie sind Indexaktien, die im Erwerb ebenfalls viel kostengünstiger als ein Fonds sind und ebenfalls Partizipation am Index einräumen. Sowohl ETFs als auch Zertifikate sind flexiblere Instrumente eines passiven Investments, da sie sich kostengünstiger und schneller handeln, also kaufen und verkaufen lassen.

Aktive Fonds schneiden in Studien oft sehr schlecht ab: Langfristuntersuchungen zufolge schafft es nur einer von zehn aktiv gemanagten Investmentfonds über einen Zeitraum von 20 Jahren besser abzuschneiden als seine Benchmark.

Gleichzeitig wird aktiven Fondsmanagern oft vorgeworfen, sie würden quasi beliebige Benchmarks auswählen und diese sogar tauschen, wenn sie unter Druck einer schlechteren Performance kommen (siehe „Trends in der Fondsbranche", Seite 88f.).

Vorteile und Nachteile passiver Fonds	
Vorteile/Chancen	**Nachteile/Risken**
■ Anleger sind auf keine persönlichen Entscheidungen und damit Fehlerquellen des Fondsmanagers angewiesen. Sie erhalten im Fonds das, was der Markt in seinem Auf- und Abwärtsbewegungen macht. ■ Durch das Abbilden eines Index im Fonds fallen weniger Kosten an, dadurch sind die laufenden Gebühren der passiven Fonds viel niedriger als bei aktiv gemanagten Fonds. ■ Mit einem Indexfonds kaufen Sie als Fondsanleger die Marktmeinung und den Trend im Markt, weil der Fonds dem Index ja annähernd parallel folgt. ■ Indexfonds eignen sich als Grundbausteine eines Portfolios. Darauf können dann individuelle Anlagestrategien zur Absicherung aufgesetzt werden.	■ Indexfonds geben Ihnen keinen Spielraum, besser zu sein als der Markt. Damit sind Sie in einem solchen passiven Fonds im Markttrend gefangen.

Ausschüttende und thesaurierende Fonds

Nach Beendigung des Fondsgeschäftsjahres werden die dem Fonds zugeflossenen Erträge an die Anteilsinhaber ausgeschüttet. Das geschieht nicht in Form einer Bardividende wie bei Aktien, sondern via Fondsanteilen. Diese Erträge kommen aus dem Verkauf von Aktien, aus den Dividenden der enthaltenen Aktien oder aus den Zinsen bei Anleihen.

Thesaurierende Fonds schreiben diese Gewinne direkt dem Fonds zu und erhöhen so den Fondswert.

Immobilienfonds

Meistens ist es einfach eine Geschmacksfrage, ob man am Jahresende noch einen Fondsanteil mehr auf dem Papier möchte oder lieber einen höheren Fondswert.

Interessanter wird die Frage der Ausschüttung allerdings bei den neuen offenen Immobilienfonds, da sie zu einer umfangreicheren Offenlegung der Bewertungen führt und so mehr Transparenz verursacht.

Arten von Fonds

Aktienfonds

Kapitalvermehrung

Aktienfonds enthalten Beteiligungspapiere in- und ausländischer Unternehmen. Ihr oberstes Ziel ist das Erreichen maximaler langfristiger Kapitalzuwächse. Die Dividendenzahlungen der enthaltenen Unternehmen spielen dabei auch eine Rolle, allerdings eine geringe. Sie werden automatisch reinvestiert.

Vorteile und Nachteile von Aktienfonds	
Vorteile/Chancen	**Nachteile/Risken**
■ Das langfristige Wachstum: Allen historischen Vergleichen zufolge bringen Aktienfonds über mindestens 20 Jahre Anlagedauer die höchsten Renditen. ■ Die Diversifikation: Da ein Aktienfonds in viele Dutzend verschiedene Firmen investiert, reduziert sich das Risiko des Aktieninvestments.	■ Das Gesamtmarktrisiko: Jede Tendenz am Aktienmarkt beeinflusst den Fondswert. Selbst wenn es dem im Fonds enthaltenen Unternehmen wirtschaftlich gut geht, der Gesamtmarkt aber sinkt, kann sich der Fonds nicht entziehen. ■ Das Branchenrisiko: die Gefahr einer rückläufigen Entwicklung, die einer ganzen Branche an der Börse zuzuschreiben ist.

Anleihenfonds

Laufende Erträge

Anleihenfonds enthalten festverzinsliche Wertpapiere in- und ausländischer Staaten und Unternehmen. Ihr Ziel sind hohe laufende Erträge.

Die Anlageprodukte

Die wichtigsten Arten von Anleihenfonds sind:

- Government Bond-Fonds: enthalten Anleihen, die durch eine Regierung emittiert werden, und sind damit die qualitativ beste Anleihenemission des jeweiligen Landes.
- Corporate Bond-Fonds: enthalten Anleihen von Unternehmen.
- High Yield-Fonds: enthalten Hochzinsanleihen, die zwar eine hohe Rendite, aber dafür eine schlechtere Bonität des Emittenten (unterhalb des Investment grade ab BBB) haben.
- Convertible Bond-Fonds: enthalten Wandelanleihen, bei denen die Anleihen zu einem bestimmten Zeitpunkt und unter bestimmten Voraussetzungen in Aktien des Unternehmens gewandelt werden können.

Vorteile und Nachteile von Anleihenfonds	
Vorteile/Chancen	**Nachteile/Risken**
■ Diversifikation: Da Rentenfonds in viele Dutzend Anleihen von Emittenten investieren, hat der Ausfall eines Emittenten nur geringe Auswirkung auf die Fonds. Da die Erträge weniger schwanken als bei Aktien, können Rentenfonds insgesamt die Erträge des gesamten Portfolios stabilisieren.	■ Zinsschwankungen: Die Zinserträge in Rentenfonds können deutlich schwanken, da Fondsmanager einzelne Anleihen regelmäßig kaufen und verkaufen. ■ Aktives Management: funktioniert bei Rentenfonds der Statistik zufolge noch schlechter als bei Aktienfonds, schmälert gegenüber Einzelinvestments in Anleihen den Ertrag und erhöht die Kosten. Sie fallen bei Rentenfonds besonders schwer ins Gewicht.

Mischfonds

Mischfonds legen in Aktien und Anleihen an und versuchen so, die Vorteile beider Kategorien zu vereinen und die Nachteile zu kompensieren. Bei der Kombination wird meistens ein bestimmtes Verhältnis festgelegt (etwa 60 Prozent Aktien und 40 Prozent Anleihen). Damit wird auch ein grundsätzliches Risiko beschrieben, das mit steigendem Aktienanteil wächst. Gleichzeitig bedingt die Mischkonstruktion, dass solche Fonds aktiv gemanagt sind.

Misch-konstruktion

Vorteile und Nachteile von Mischfonds	
Vorteile/Chancen	**Nachteile/Risken**
▪ Risikoausgleich: Der Charakter dieser Produkte kann Verluste der einen Anlageklasse mithilfe der anderen ausgleichen helfen. Gleichzeitig kann ein Mischfonds quasi als Mini-Portfolio in sich zur Diversifikation dienen.	▪ Wenig Transparenz: Vergleiche mit einer Benchmark (Messlatte) sind kaum möglich. Anleger müssen sich sehr stark auf den Genius ihres Fondsmanagers verlassen. ▪ Überdurchschnittliche Gebühren: Die Managementkosten sind aus dem aktiven Ansatz und der Kombination der Assetklassen sehr hoch.

Geldmarktnahe Fonds

Abhängig vom Zinsniveau

Geldmarktnahe Fonds investieren in festverzinsliche Wertpapiere mit kurzer Restlaufzeit bis zur Tilgung. Ihr Ziel sind laufend möglichst gute Erträge, die Rendite ist abhängig vom jeweiligen Zinsniveau am Markt für kurzfristige Kapitalanlagen (Geldmarktsätze wie z.B. Euribor). Ihre primäre Unterscheidung sind die Währungen, in denen die gekauften festverzinslichen Wertpapiere ausgegeben wurden.

Vorteile und Nachteile von geldmarktnahen Fonds	
Vorteile/Chancen	**Nachteile/Risken**
▪ Bargeldparkplatz: Das Kursrisiko ist aufgrund der kurzen Restlaufzeit gering. Damit eignen sie sich als eher risikolose Anlageform und als kurzfristige Parkplätze für Bargeld. Im Gegensatz zum gebundenen Sparbuch, das ähnliche Erträge bringt, können sie jederzeit ohne Abschlag verkauft werden.	▪ Inflationsrisiko: Bei längerer Verweildauer auf einem solchen Bargeldparkplatz liegt der Ertrag nur geringfügig über der Teuerungsrate. ▪ Zinsrisiko: Bei allgemein fallendem Zinsniveau besteht die Gefahr, dass die Erträge im Geldmarktfonds laufend sinken. Denn der Fondsmanager muss wegen der kurzen Restlaufzeiten ständig nachkaufen und kauft damit in fallender Zinslandschaft ständig sinkende Renditen ein.

Dachfonds/Fund-of-Funds

Dachfonds sind Fonds, die ihrerseits wiederum in in- und ausländische Subfonds investieren. Damit sollen die Rosinen herausgepickt und das Risiko weiter verringert werden. Die Rendite ergibt sich aus der Rendite der Subfonds und deren Anteil im Dachfonds. Ein wesentlicher Punkt dabei sind die Gebühren, die aufgrund der komplizierteren Struktur des Produktes höher sind.

Subfonds

Die meisten Dachfonds decken eine oder zwei Assetklassen (Aktien und Anleihen) ab. Es gibt aber auch branchen- und themenorientierte Dachfonds. Auch bei Dachfonds gibt es den aktiven und den passiven Stil.

Vorteile und Nachteile von Dachfonds	
Vorteile/Chancen	**Nachteile/Risken**
■ Optimierte Diversifikation: Mit Dachfonds lassen sich schon mit kleinen Beträgen eigene gut gestreute Portfolios einkaufen. ■ Einfache Abwicklung: Statt in acht einzelnen Fonds anzusparen reicht bei Dachfonds die Kontrolle über ein Produktinvestment. ■ Mit heimischen Dachfonds können Sie auch an den besten ausländischen Fonds teilhaben.	■ Die Kosten: Durch ihre Konstruktion gibt es zwei Kostenebenen – die des Dachfonds und die der Subfonds. Ausgabeaufschlag plus laufende Spesen können sich damit auf satte acht Prozent summieren. Das mindert den Ertrag sehr stark. ■ Wenig Transparenz: Es besteht kaum eine Chance auf Beurteilung, in welche Titel der Dachfonds mit welchem Risiko investiert ist. ■ Wenig Objektivität: Welche Subfonds eingekauft werden, das liegt oft an strategischen Entscheidungen der Dachfonds-Emittenten und ist oft nicht nachvollziehbar.

Steuer

Im Rahmen von Dachfonds fällt für ausländische Fonds keine Sicherungssteuer an. Damit ist der Dachfonds endbesteuert (KESt). Deshalb sind auch in den meisten Dachfonds der heimischen Kapitalanlagegesellschaften eine Menge ausländischer Fonds enthalten.

Sonderfall Hedgefonds/Managed Futures

Hedgefonds gehören eigentlich in den Bereich der Derivate (siehe Seite 91ff.). „Hedgies", wie sie gern genannt werden, haben sich in den vergangenen Jahren zu einer dominanten – und von den anderen Marktteilnehmern gefürchteten – Kraft entwickelt. Die einen nennen sie die „Hygienepolizei" der Börsen, die anderen sehen in ihnen den Inbegriff der skrupellosen Spekulation. Sie stehen für sagenhafte Erträge, aber auch für katastrophale Pleiten. Sie werden aufgrund der damit verbundenen großen Ausschläge an den Aktienmärkten, für gewaltige Schwankungen bei Rohstoffpreisen und für das Abstürzen ganzer Volkswirtschaften verantwortlich gemacht. Beliebt sind sie, weil sie auch in fallenden Aktienmärkten Geld verdienen können und weil sie über eine Charakteristik verfügen, auf die Investoren hoffen: Sie entwickeln sich nicht parallel mit den Börsen. Damit dienen Hedgefonds auch der Absicherung von Investments in konventionellen Anlageprodukten. Meist wird die Bezeichnung Hedgefonds als Sammelbegriff für Fonds verwendet, die nicht dem Investmentfondsgesetz unterliegen. Denn konventionelle Fonds dürfen sich spekulativer, also derivativer Instrumente nicht so uneingeschränkt bedienen wie Hedgefonds.

Sagenhafte Erträge und schlimme Pleiten

In Österreich werden sie aus steuerlichen Gründen (nur bedingt KESt-pflichtig) auch in Form von Genussscheinen an einer AG angeboten.

SEC sieht einen Boom

Berechnungen der US-Börsenpolizei SEC zufolge ist diese Anlageklasse, die zu den so genannten Alternativen Investments gehört, eine der Boom-Kategorien. Gegenwärtig sind rund 600 Milliarden Dollar in solchen Produkten veranlagt. 2005 sollen es bereits fünfmal so viele sein, schätzt die SEC.

Das Anlageziel dieser Fonds sind absolute Renditen. Zwar gibt es einige Messlatten für Hedgefonds – in Wien wird etwa der

Die Anlageprodukte

BluX-Index errechnet –, vergleichen lassen sich die Hedgies dadurch aber nicht, weil sie unter Verwendung verschiedenster Strategien investieren, die praktisch allein von der Einschätzung des Managements abhängen. **Absolute Renditen**

Hedgefonds fallen nicht unter dasselbe Regelwerk wie die zum öffentlichen Vertrieb zugelassenen Investmentfonds. Die Verpflichtungen gegenüber den Anlegern ergeben sich nur aus dem Zeichnungsprospekt, wodurch Hedgefondsmanager keine besonderen Auflagen für ihre Anlagepolitik haben.

Früher ausschließlich Werkzeug für Großinvestoren, haben sich diese Fonds auch Kleinanlegern geöffnet, bieten sogar Ansparpläne und bringen immer mehr kapitalgarantierte Produkte für Kleinanleger und sogar Dachfonds, bestehend aus vielen verschiedenen Hedgefonds, auf den Markt. In den 90er Jahren wurden sie mit Renditen von 30, 40 Prozent berühmt – aber auch mit Totalpleiten, etwa dem Kollaps des LTCM-Fonds, den 1998 14 Banken mit zusammen fast vier Milliarden Dollar retten mussten, um schlimmere Erdbeben an den Märkten zu verhindern. **LTCM**

Weltweit suchen Investoren und institutionelle Anleger nach renditeträchtigen Anlageformen und immer mehr mischen ihren Portfolios Hedgefonds bei. Zusätzlich bringt der leichtere Zugang, nämlich kleinere Anlagebeträge, mehr Geld in diese Produkte. Was ursprünglich nur ab 100.000 Dollar Fondseinlage möglich war, dafür gibt es jetzt sogar schon Ansparpläne. Das mehrt aber auch die Gefahren, denn Hedgefonds agieren in einem unkontrollierten Markt, werden von den Börsenaufsichten praktisch nicht überwacht und sind nur sehr marginal zu Rechenschaftsberichten verpflichtet. Was zwischen ihnen und den Anlegern passiert, regelt meist allein der Prospekt. **Auch mit Ansparplan**

Allerdings sollen auch Hedgefonds in Zukunft näher zu den Kontrollbehörden rücken. In den USA wird eine verpflichtende Registrierung bereits diskutiert.

Webtipp

Informationen finden Sie unter:
www.hedgeworld.com
www.hedgeindex.com
www.BlueX.org

Anlagestrategien von Hedgefonds

Hedgefonds lassen sich durch fünf Managementstile unterscheiden:

- **Global Macro-Ansatz**
  Unterschiedliche Handelsinstrumente versuchen dabei, eine breite Streuung zu erreichen.
- **Arbitrage**
  Markteffizienzen, etwa unterschiedliche Preise an unterschiedlichen Handelsplätzen, werden dabei als Gewinnbringer eingesetzt. Da die Globalisierung der Finanzmärkte Preisunterschiede immer mehr wegnimmt, bleibt eigentlich nur mehr die Arbitrage zwischen verschiedenen Aktienkategorien, etwa zwischen Vorzügen und Stämmen, oder auch zwischen Genussscheinen und Aktien.
- **Event-Driven**
  Ungewöhnliche bevorstehende Ereignisse (Übernahmen, Konkurse etc.) sollen bei diesem Ansatz überdurchschnittliche Renditen bringen.
- **Commodity Trading Advisors (CTA)**
  Beschäftigen sich mit dem Gewinnerzielen in Rohstoffen und deren Kontrakten (Futures).
- **Long-Short Equity**
  Dabei werden etwa innerhalb einer Branche Aktien des einen Unternehmens gekauft und des anderen verkauft.

Leerverkäufe

Short Positionen

In die Schlagzeilen geraten Hedgefonds oft wegen so genannter Leerverkäufe. Dabei borgt sich der Hedgefondsmanager bei einer Leihstelle, etwa einem Aktienfonds, Aktien zum gegenwärtigen Kurswert (beispielsweise 100 Euro je Stück Kurswert) aus und bezahlt dafür eine Gebühr. Tatsächlich sind die Aktien nicht in seinem Depot. Der Hedgefondsmanager erwartet, dass genau diese Aktien fallen werden, und verkauft sie, gleich nachdem er sie ausgeborgt hat. Oder er will die Aktie durch seine Verkäufe im Kurs nach unten bringen. Ist der Kurs dadurch tatsächlich gefallen (etwa auf 70 Euro je Stück), kauft er die Aktien billiger zurück und gibt die geborgten Stücke dann der Leihstelle wieder. Die Differenz zum

Die Anlageprodukte

Kurswert der ausgeborgten Aktien (30 Euro je Stück) ist sein Gewinn. Bei gewaltigen Kursausschlägen in Einzelaktien ohne erkennbaren Grund werden immer wieder solche Leerverkaufs-Strategien verantwortlich gemacht.

Vorteile und Nachteile von Hedgefonds	
Vorteile/Chancen	**Nachteile/Risken**
■ Gewinnmöglichkeit in verschiedenen Marktsituationen: Hedgefonds können etwa mittels Leerverkäufen (siehe oben) auch in fallenden Märkten Geld verdienen. ■ Schwache Verbindung zu den anderen Assetklassen: Fallen Anleihen- oder Aktienmärkte, dann können sich Hedgefonds wegen ihrer Anlagestrategien nach oben entwickeln, sie sind nicht mitgefangen im Trend der Märkte.	■ Sehr hohe Gebühren: Aufgrund der „Demokratisierung" von Hedgefonds sind zwar die astronomischen Mindesteinlagen (ab 100.000 Dollar) stark geschrumpft, aber die Kosten sind bei diesen Produkten besonders hoch, meist müssen auch noch performanceabhängige Erfolgsgebühren gezahlt werden. ■ Keine Transparenz: Da Hedgefonds nicht dem gesetzlichen Rahmen der Investmentfonds unterliegen, ist das Nachvollziehen der Strategien der Manager praktisch nicht möglich.

Tipp

Achtung! Hedgefonds und Managed Futures gehören noch immer zum Spekulantenmarkt. Das ist nicht negativ zu bewerten, aber nichts für unerfahrene und ungeübte Anleger. Auch wenn der Ausweis von zweistelligen Renditen in der Vergangenheit besonders verlockend ist, so kann sich gerade bei diesen Produkten das Blatt in Richtung Totalpleite über Nacht wenden. Kein Gesetzesrahmen schützt den Anleger davor, alles zu verlieren.

Nichts für unerfahrene Anleger

Eine Alternative für Kleinanleger sind Hedgefonds mit Kapitalgarantie. Allerdings müssen Sie bei garantierten Produkten höhere Kosten und damit eine geringere Rendite in Kauf nehmen. Bei der Auswahl solcher Fonds ist es besonders wichtig, dem Management vertrauen zu können.

Checkliste

Diese Fragen sollten Sie beantworten können, bevor Sie sich für einen Hedgefonds entscheiden:

Verschaffen Sie sich Klarheit

- Gab es in der Fondshistorie außergewöhnliche Kursbewegungen?
- Sind die ausgewiesenen Daten tatsächliche Werte oder Simulationen?
- Sind die Daten vor oder nach Gebühren ausgewiesen?
- Wie lange dauern Erholungsphasen nach einem Kursverfall?
- Seit wann ist der Anbieter im Markt tätig?
- Wie ist sein Ansehen in der Branche?
- Ist er auf Hedgefonds und Managed Futures spezialisiert?
- Wie fundiert ist die Beratung?
- Wie lange ist die Produktbindung?
- Ist der Fonds groß genug, um eine schwache Performance zu überleben?
- Wird der Nettoinventarwert ausgewiesen und wie verhält sich dieser zum Kauf- und Verkaufspreis (Geld/Briefspanne)?
- Ist der Anbieter in verschiedenen Hedgefondszentren vertreten?
- Gibt es ein monatliches Reporting?
- Bekommt der Investor Einblick in die Strategien des Fondsmanagers?
- Wie wird dieser entlohnt, welche performanceabhängigen Anteile stehen ihm zu?
- Unterliegt der Anbieter irgendwelchen (ohnedies nur minimalen) staatlichen Aufsichten?

Die Beurteilung von Fonds

Tausende Angebote

Den passenden Fonds im Universum der fast 5000 in Österreich zugelassenen auszusuchen ist schwierig. Haben Sie sich einmal für einen Fonds entschieden, dann sind Sie ja auch zur Passivität verurteilt – Sie haben als Fondsinhaber, anders als Aktionäre, keine Möglichkeit, Ihre Unzufriedenheit auszudrücken – abgesehen vom Verkauf. Der verursacht mit großer Wahrscheinlichkeit Kosten, die Ihr Kapital schmälern.

Die Anlageprodukte

Natürlich bewirbt jede Kapitalanlagegesellschaft ihre Produkte als die besten. Dazu kommt seit Frühsommer 2003, dass auch die fast 3000 ausländischen Investmentfonds ihren fast 2000 inländischen Kollegen steuerlich praktisch gleichgestellt sind und vom Finanzamt nicht mehr mit höheren Steuern belastet werden. Dadurch werden ausländische Anbieter eine Menge neuer Fonds in Österreich zulassen – und auch kraftvoll in die Marketingschlacht werfen.

Marketingschlacht

Umso schwieriger wird es für Sie, das passende Produkt zu finden.

Als Orientierungshilfe im Fondsdschungel werden meist so genannte Fonds-Ratings angeboten. Dabei verteilen Ratingagenturen (etwa Standard & Poor's) Sternchen, die zur Beurteilung der Güte dienen sollen. Gleichzeitig werden Fonds mittels ihrer historischen Rendite, etwa der Performance der vergangenen fünf Jahre, miteinander verglichen.

Fondsratings

Beide Systeme sehen zwar gut aus, tauchen in den Medien häufig auf und sind recht populär, für Anleger bleiben diese Informationen aber ziemlich nutzlos.

Der Blick auf solche Beurteilungen der Vergangenheit sagt nämlich nichts über die zukünftige Entwicklung der Fonds aus. Sie entspricht eher einer Autofahrt mit dem Blick in den Rückspiegel. Hätte ein Anleger beispielsweise Anfang 2000 in einen Technologiefonds mit 15 Prozent Rendite in den vergangenen drei Jahren investiert, dann hätte er Ende 2000 rund 70 Prozent seines Kapitals verloren.

Autofahrt via Rückspiegel

Nicht zufällig findet sich im klein Gedruckten des Fondsprospekts der Hinweis, dass vergangene Renditen kein verlässlicher Hinweis auf künftige Erträge sind. Oft sind sogar Fonds mit auffällig hohen vergangenen Renditen gegenwärtige und künftige Verlierer.

Dazu kommt, dass die Fondsgesellschaften bei der Darstellung der Güte ihrer Produkte natürlich gern den für sie günstigsten Darstellungszeitraum auswählen. Es ist auch durchaus nicht unüblich, dass im Falle einer schlechten Optik des Fonds schon einmal die Benchmark, also die Messlatte, an der sich die Fondsperformance orientiert, ausgewechselt wird.

Schmückende Präsentation

Wirklich transparent ist das alles für Anleger nicht.

> **Achtung!**
>
> Bei der Darstellung der Rendite greift jede Fondsgesellschaft gerne in die (legale) Trickkiste der Darstellungsmöglichkeiten. Für Finanzingenieure gibt es eine Menge von Berechnungsarten, die als „Rendite" gelten dürfen.
>
> Für Sie ist wichtig:
>
> - **Die Bruttorendite** (inklusive Managementkosten und laufender Gebühren, nach Transaktionskosten der Handelstätigkeit des Fondsmanagers). Sie ist auch die beste Vergleichsgröße mit Fonds anderer Anbieter.
> - **Die Nettorendite.** Sie weist aus, was Ihnen aus den Fondserträgen abzüglich aller Kosten im Fonds und im Management übrig bleibt.
>
> Die Berechnungsformeln der „Renditen" sind bei Fonds sehr unterschiedlich und werden oft einfach nach dem besseren Aussehen gestaltet (siehe auch: „Trends in der Fondsbranche", Seite 88f.).

Brutto- und Nettorendite

Die Mängel der Produktvergleiche

- Die historische Rendite bestimmt den Platz in den Rankings. Zwar werden vermehrt auch die Risikokennzahlen (Sharpe-Ratio) verglichen, im Zentrum steht aber die Vergangenheit des Fonds bezüglich seiner Rendite. Warnung: Es gibt einige Studien prominenter Investmenthäuser (Morgan Stanley etwa), die nachweisen, dass die Stars von gestern die Verlierer von morgen sind.
- Die Mehrzahl der Vergleiche auch bei Aktienfonds – die ja auf einen langen Anlagehorizont konstruiert sind – erfolgt für kurze Intervalle, also drei oder fünf Jahre.
- Der mögliche Diversifikationsbeitrag eines Fonds im Gesamtportfolio wird bei den Vergleichen ignoriert. Zudem werden oft Äpfel mit Birnen verglichen, da die Ausrichtungen der Fonds – auch wenn sie ein gemeinsames Thema wie zum Beispiel Europäische Blue Chips haben – sehr verschieden sind, die Managementansätze und die Einzelwetten der Manager miteinander kaum verglichen werden können.
- Ein wesentliches Kriterium bei Investmentfonds, nämlich die gesamten Kosten, finden in diesen Beurteilungen keinen Platz. Auf lange Frist gesehen entscheidet ihre Höhe

Vergleich von Äpfeln und Birnen

allerdings über das, was an Gewinnen, also an Nettorendite, wirklich übrig bleibt (siehe „Kosten", weiter unten).

Spezielle Risken von Investmentfonds

Einfluss auf die konkrete Zusammensetzung des Fondsvermögens können Sie als Anleger beim Kauf eines Investmentfonds nicht nehmen. Sie entscheiden lediglich über prinzipielle Anlageziele, -politik und -strategien – eben durch Ihre Wahl des Fonds.

Die konkreten Anlageentscheidungen trifft das Fondsmanagement, woran ein wesentlicher Erfolgsfaktor hängt. Sie sind damit dem Fondsmanagement ausgeliefert und zum guten Glauben und zum Vertrauen „verurteilt". Gehen die persönlichen Wetten des Fondsmanagements auf, erhöht sich die Rendite, schlagen sie fehl, wird Geld vernichtet. Bei Indexfonds, also passiv gemanagten Fonds, fällt dieses Risiko weg.

Dem Fondsmanager ausgeliefert

Webtipp

Brancheninfos zu Investmentfonds:
www.fondsprofessionell.at
www.e-fundresearch.at

Kosten

Ausgabeaufschläge, Rücknahmegebühren und laufende Kosten klumpen sich für Sie als Anleger möglicherweise zu einem Mühlstein zusammen, der bei geringer Kursentwicklung sogar das eingesetzte Kapital zermalmt. Sie sollten auch immer bedenken, dass die laufenden Kosten gleich hoch bleiben, egal ob der Fonds gute Erträge oder schmerzliche Verluste einfährt. Zu den Performanceverlusten müssen Sie also in schlechten Zeiten noch die laufenden Kosten addieren, was Ihr Minus mehrt.

Gleiche Kosten auch bei schlechter Performance

Anteilspreise

Investmentfonds unterliegen dem Risiko rückläufiger Anteilspreise, da sich Kursrückgänge bei den in den Fonds enthal-

Praxis-Ratgeber Anlegerschutz

Einzelrisiken ausgleichen

tenen Wertpapieren ja widerspiegeln. Je spezialisierter ein Fonds ist (Themen- und Branchenfonds), desto größer ist dieses Risiko. Geht beispielsweise ein börsennotiertes Medienunternehmen Pleite und reißt damit die ganze Branche in einem Kursruck nach unten, dann stehen Sie mit einem reinen Medienaktien-Fonds ziemlich schlecht da. Haben Sie dagegen in einen Fonds mit europäischen Standardaktien investiert, dann ist im Fall eines Gewinneinbruches eines Anlagenbauers Ihr Risiko geringer, dass alle anderen Standardaktien, von Nahrungsmittelerzeugern bis zu Banken, auch gleich in den Keller rasseln. Ihr Fonds hat damit bessere Chancen, Einzelrisiken auszugleichen, weil er besser gestreut (diversifiziert) ist.

Währungsrisiko

Absicherungsstrategien

Die Angabe der nominellen Fondswährung lässt nicht unbedingt Rückschlüsse darauf zu, welchen Wechselkursrisiken der Fonds ausgesetzt ist. Dabei ist entscheidend, ob und welche Absicherungsstrategien der Fonds dagegen hat und wie er sich ihrer bedient. Gleichzeitig schlägt aber bei bestimmten Fonds, etwa Unternehmensanleihenfonds, ein Steigen oder Fallen der Währung, auf die der Fonds lautet, ziemlich direkt durch.

Tipp

Fünf-Sterne-Fonds helfen Ihnen gar nichts, wenn deren Gesamtkostenquote hoch ist und sie das Risiko in Ihrem Gesamtportfolio nicht mindern, sich also nicht passend in Ihre Asset Allocation einfügen. Sie sollten bei Ihrer Fondsauswahl die speziellen Risken abklären und dabei nach folgenden Kriterien vorgehen:

- Wie nützt mir das Produkt in meiner Asset Allocation?
- Wie fügt es sich in meine Diversifikation ein?
- Wie hoch sind die laufenden Kosten?
- Ist die Kapitalanlagegesellschaft groß genug und entsprechend im Markt aufgestellt, um auch einige schlechte Jahre verkraften zu können?

Checkliste

Diese Fragen sollten Sie beantworten könnten, ehe Sie sich für einen Investmentfonds entscheiden:
- Passen die Anlagestrategien des Fonds in meine Asset Allocation?
- Würde ich damit ein Klumpenrisiko eingehen, etwa einen dritten Fonds mit europäischen Standardaktien kaufen?
- Ergänzt das Fondsprodukt meine anderen Anlageformen und ist es vielleicht sogar dazu geeignet, mögliche Kursschwankungen in meinen anderen Produkten auszugleichen?
- Ab welchem Veranlagungshorizont bietet dieser Fonds die besten Ertragschancen und deckt sich das mit meinem persönlichen Veranlagungshorizont in diesem Produkt?
- Sind mir alle möglichen Risken des Produktes klar?
- Ist mir die Reputation des Anbieters klar, hat er einen entsprechend guten Ruf im Markt und gilt das Gesamtvolumen des Fonds als marktüblich?
(Bei geringen Fondsvolumen, etwa unter 5 Millionen Euro, ist die Gefahr höher, dass der Fonds in schlechteren Zeiten zusperren muss oder mit anderen Fonds zusammengelegt wird – siehe „Was tun, wenn der Fonds zusperrt?", Seite 90f.)
- Will ich Einmalerlag oder Ansparplan wählen, wie sind die jeweiligen Konditionen, wie verhält es sich mit der Flexibilität der Einzahlungshöhe und welche Gebühren verursacht ein etwaiger Ansparplan?
- Brauche ich ein kapitalgarantiertes Produkt oder will ich das Risiko etwaiger Kursschwankungen bei Aktien- und gemischten Fonds zugunsten höherer Ertragschancen voll tragen?
- Ist die dargestellte Performance der Vergangenheit eine tatsächliche oder ist der Fonds so jung, dass sie nur theoretisch zurückgerechnet ist?
- Weist der Fonds die Gesamtkostenquote – Total Expense Ratio (TER) – aus (siehe Kapitel 2 „Nichts ist umsonst – Spesen und Gebühren", Seite 122)?
- Wie hoch muss die jährliche Performance des Fonds sein, damit mir nach Abzug der laufenden Spesen mein erwarteter Ertrag übrig bleibt?

Genaue Prüfung

> - Wie hätte meine Nettorendite in den guten und in den schlechten Börsenjahren der Vergangenheit ausgesehen?
> - Welche Nettorendite stellt der Fonds in Aussicht?
> - Unter welchen Bedingungen kann eine Rückgabe bzw. ein Verkauf erfolgen, wie hoch sind die Rücknahmespesen?
> - Erfolgt eine regelmäßige, unaufgeforderte Information der Anleger über den Anlageerfolg?
> - In welchen Medien werden die Kurswerte des Fonds veröffentlicht?
> - Ist der Prospekt verständlich und in punkto Vor- und Nachteilen ausgewogen in der Darstellung des Produktes?
> - Welche Einblicke gewährt das Fondsmanagement in die Anlagestrategien?

Trends in der Fondsbranche: Absolute Return statt Benchmarks

Die jüngste Börsenbaisse – beginnend im März 2000 mit dem Platzen der Dotcom-Blase an den Börsen und dem Niedergang des Großteils der Internet-Aktien – hat auch einen Strukturwandel und eine Neuausrichtung in der Fondsbranche eingeläutet. Nachdem bis Mitte 2003 in den USA fast sieben Billiarden Dollar und in Europa noch einmal halb so viel Börsenvermögen vernichtet wurde, verlieren immer mehr Fondsmanager ihren Job, die Strukturen in den Fondsgesellschaften werden entsprechend den geschwundenen Kundengeldern abgeschlankt.

Mehr als nur die Hoffnung kaufen

Die schmerzhaften Verluste haben der Branche auch viel kritischere Anleger gebracht. Bloße Hoffnung kauft kaum mehr jemand – zu schwer wiegt die Enttäuschung bei vielen kleinen Investoren.

War es früher üblich, Anlegern einen Fonds anzupreisen, der mehr Ertrag bringt als seine Benchmark, so wird dieses Argument durch die langjährigen Kursverluste an den Börsen immer unwichtiger. Verständlich: Welchen Anleger freut es, wenn sein Fonds drei Jahre lang nur je 30 Prozent verloren hat, während der europäische Aktienindex als Benchmark ein Minus von je 36 Prozent zu verzeichnen hat?

Anleger mit tiefen Verlustwunden wollen absolute Erträge sehen, weniger negativ zu sein als irgendeine Benchmark reicht nicht mehr. Ausgehend von institutionellen Großanlegern setzt sich nun ein Trend nach dem so genannten Absolute Return, also den tatsächlichen positiven Erträgen pro Jahr, durch. Benchmarks spielen dabei kaum mehr eine Rolle.

Tipp

Lassen Sie sich nicht einen Fonds verkaufen, der mit dem Argument „weniger negativ" daherkommt. Ihr Interesse sind Erträge. Da sie dem Fondsmanager in aktiv gemanagten Fonds entsprechende Gebühren zahlen, ist es völlig zulässig, dass Sie nach absoluten Ertragsdaten fragen.

GIPS – die neuen Standards in der Fondsbewertung

Die zunehmende Globalisierung der Finanzmärkte und auch die voranschreitende Harmonisierung der Fondsbesteuerung in Europa macht auch den Ruf nach einer besseren Vergleichbarkeit der Fonds lauter. Die Anpassung des heimischen Investmentfondsgesetzes an EU-Richtlinien wird im Februar 2004 umgesetzt. Damit werden auch neue Qualitätsstandards in der Darstellung von Fonds verpflichtend.

Qualitätssiegel gegen Täuschung

Diese so genannten Global Investment Performance Standards (GIPS) sollen den Dialog zwischen Investmentgesellschaften und Kunden erleichtern. Sie sollen mit der quasi beliebigen, wenn auch legalen Darstellung der Fonds aufräumen, die durch ihre zig Fachbegriffe Anleger lediglich verwirrt und oft eine nicht mögliche Fachkenntnis voraussetzt.

Wie sehr die Finanzingenieure Anleger täuschen können, zeigt folgendes Beispiel:

Wenn Sie die Wahl hätten zwischen einem Fonds A, der über zwei Jahre eine „diskrete Rendite" von 19,35 Prozent erzielt, und Fonds B, der über dieselbe Laufzeit eine „stetige Rendite" von 17,69 Prozent aufweist, dann würden Sie wohl intuitiv Fonds A wählen, oder?

Renditen

Tatsache ist nur, dass die beiden Fonds haargenau dieselbe Bruttorendite ausweisen, also Ertrag minus Steuer inklusive laufender Gebühren. Die Ingenieure haben sich lediglich mathematisch-statistische Darstellungsformen zunutze gemacht.

Klare Aussagen

Nach GIPS müssen klar ersichtlich sein:

- Bezieht sich die ausgewiesene Performance gerade auf den Zeitraum mit der besten Leistung „cherry picking"?
- Sind alle Fonds dieser Gesellschaft genauso gut?
- Wie lange gibt es den Fonds schon?
- Wie ist die Konsistenz der Performance?
- Wie hat sich die Benchmark im Vergleich entwickelt?
- Wie sieht die Bruttorendite aus?

Verglichen wird die Brutto- und nicht die Nettorendite, weil ja verschieden große Investoren auch verschieden hohe Spesen zahlen. Je kleiner der investierte Betrag, desto höhere Spesen werden verrechnet.

Webtipp

Den genauen Wortlaut der GIPS und weitere Informationen zum neuen Investmentfondsgesetz, das ab Februar 2004 gilt, finden Sie auf der Website der Vereinigung der heimischen Finanzanalysten ÖVFA unter **www.oevfa.at**

Rückfragen können Sie an das Präsidium der ÖVFA, Mag. Paul Severin unter **paul.severin@capitalinvest.co.at** richten.

Gesetzesanpassungen zum Thema Investmentfonds werden auch auf der Homepage der Finanzmarktaufsicht FMA veröffentlicht: **www.fma.gv.at** unter „Downloads".

Was tun, wenn der Fonds zusperrt?

Zu viele Fonds für zu wenig Nachfrage

In den Boomjahren der 90er sind die neuen Fondsprodukte wie die Pilze aus dem Boden geschossen. Nahezu jeder Spezialfonds, ob in den Sparten Medien, Biotechnologie, Nebenwerten oder anderen, haben sich wie die warmen Semmeln verkaufen lassen.

Mit Fortdauer der Börsenbaisse ab Mitte 2000 ist den zigtausenden Fonds aber sowohl der Kurswert als auch das dringend notwendige Anlegergeld abhanden gekommen. Dutzende Fonds sind damit auf eine Minigröße geschrumpft, die der Kapitalanlagegesellschaft nur mehr Kosten verursacht hat. Zusammenlegungen und Schließungen von Fonds haben ihre Schneisen quer durch die internationalen Finanzplätze gezogen. Österreich blieb von einer solchen Sterbewelle unter den Fonds bis auf ganz wenige Ausnahmen verschont. Der Grund: Der Großteil der Fondsgelder liegt in Anleihenfonds, die die Börsenbaisse nicht so schlimm erwischte. Nischenfonds sind in Österreich überwiegend in Dachfonds eingemeindet, da wirkt sich das Aus eines einzelnen Fonds nicht so gravierend aus.

Sollte ein Fonds schließen oder mit einem anderen zusammengelegt werden, dann müssen Anleger sechs Monate davor ein entsprechendes Schreiben erhalten.

Rechtzeitige Information

Bis zur Abwicklung können dann die Anteile zum jeweiligen Kurs zurückgegeben werden. Die Fondsanleger erhalten also die Chance, Kassa zu machen. Dass dabei aber viel weniger herauskommt, als investiert wurde, ist sicher. Denn: Kein Fonds, der sich über Kurszuwächse freut, sperrt zu, das tun nur solche, die nicht mehr lebensfähig sind.

Achtung!

Wehren können sich Anleger gegen das Zusperren oder Eingemeinden ihres Fonds nicht. Den kostenlosen (!) Umtausch in ein gleichwertiges Fondsprodukt sollten Sie aber unbedingt aushandeln und prüfen, ob Sie mit dieser Variante nicht mehr Chancen haben, als wenn Sie die bloße Restabfindung der „Fondsleiche" einstecken.

Derivative Produkte

Der berühmte US-Milliardär und Parade-Investor Warren Buffett bezeichnete Derivate einmal als „die wahren Zeitbomben der Finanzmärkte". Der Grund: Ihre Gewinn- und Verlustmöglichkeiten sind gigantisch hoch und durch ihre spezi-

„Zeitbomben"

elle Konstruktion können sie ganze Systeme, etwa Wechselkursmechanismen bei Währungen, zum Einsturz bringen. Damit kam etwa der bekannte Spekulant George Soros mehrmals in die Schlagzeilen, als er 1992 gegen das britische Pfund spekuliert hatte oder 1997 mit seinen Spekulationen gegen den malaysischen Ringgit das indonesische Währungssystem ins Wanken brachte.

Mehr Gewinn – mehr Verlust

Derivate sind „konstruierte" Wertpapiere, die sich durch höhere Ertragschancen und durch weit höheres Risiko als ein Investment im zugrunde liegenden Instrument definieren lassen. Sie werden meist an den Börsen gehandelt und zeichnen sich durch eine so genannte Hebelwirkung aus. Das heißt, Inhaber von Derivaten partizipieren überdurchschnittlich an Kursgewinnen oder Kursverlusten des zugrunde liegenden Basiswertes. Als Basiswert kommen vor allem Aktien, Anleihen, Währungen, Rohstoffe und Indices infrage.

Mit Derivaten lässt sich ein Vielfaches des eingesetzten Kapitals gewinnen – und natürlich auch verlieren. Mit solchen Produkten können Investoren und Anleger ihre Meinung zum Markt schnell und flexibel umsetzen, ohne träge und kostenintensive Vehikel wie Fonds kaufen zu müssen. Allerdings setzt das viel Erfahrung und klare Meinungen über künftige Preis- und Kursentwicklungen voraus.

Dichtes Angebot

Die Produktlandschaft der Derivate ist bereits sehr dicht und unübersichtlich, verschiedene Emittenten (Banken) haben sich auch die unterschiedlichsten Produktnamen und Konstruktionen ausgedacht.

Der Hebel

Die wesentlichste Charaktereigenschaft, also Wirkweise, von Derivaten ist der bereits erwähnte Hebel, die spezielle Konstruktion, durch die viel mehr zu verdienen oder zu verlieren ist als bei allen anderen Finanzinstrumenten. Bei einem Hebel von beispielsweise 3 sollte das Derivat theoretisch 3-mal stärker fallen/steigen als das zugrunde liegende Basisinstrument. Damit verdreifacht sich der Gewinn – oder der Verlust.

Kenngröße für das Risiko

Gleichzeitig ist der Hebel damit auch eine Kenngröße für das Risiko.

> **Beispiel**
>
> Sie haben folgende Alternativen: Entweder Sie kaufen die Aktie X um 210 Euro, weil Sie erwarten, dass diese steigen wird. Oder Sie kaufen den Optionsschein X zum Kurs von 60 Euro. Dieser berechtigt Sie, die Aktie X zu einem späteren Zeitpunkt zu einem Preis von 150 Euro zu kaufen.
>
> Steigt die Aktie X dann tatsächlich auf 230 Euro, dann hätten Sie als Aktieninhaber 20 Euro Gewinn je Aktie. Das entspricht einem Plus von 9,5 Prozent.
>
> Mit Ihrem Optionsschein hätten Sie ebenfalls 20 Euro Gewinn gemacht, die Rendite liegt aber bei 33 Prozent. Das entspricht einem Hebel von rund 3.
>
> Aber: Die Hebelwirkung kann natürlich auch in die andere Richtung wirksam werden, oder: Kommt es während der fixen Laufzeit des Optionsscheines nicht zum erwarteten Kursgewinn der Aktie, dann ist auch ein Totalverlust des Kapitals möglich. Außerdem erhalten Sie als Inhaber von Optionen während der Laufzeit keine Dividende.

Hebelwirkung in die andere Richtung

Grundsätzlich lassen sich Derivate in drei Grundtypen einteilen:

Optionsscheine (Warrants, Zertifikate)

Optionsscheine verbriefen das Recht, aber nicht die Verpflichtung, eine bestimmte Menge eines Basiswertes zu einem bestimmten Zeitpunkt und zu einem bestimmten Preis zu kaufen (Call-Optionsscheine) oder zu verkaufen (Put-Optionsscheine). Käufer eines Call-Optionsscheines (Put-Optionsscheines) erwarten, dass während der Laufzeit des Optionsscheines der Preis des Basiswertes steigt (fällt) und sie so mittels Hebelwirkung überproportional von der Veränderung profitieren können.

Ausgehend von dieser Basis gibt es eine Menge von Zertifikaten mit den buntesten Namen (Turbo-, Chooser-, Hamster-Zertifikate, Waves etc.), die für jedes Bedürfnis gestrickt sind. Sie werden immer beliebter, weil sie mit vergleichsweise geringem Kapitaleinsatz große Türen und Partizipationsmöglichkeiten eröffnen. Dadurch wird aber auch ein Produktvergleich praktisch unmöglich, da jeder Anbieter seine speziellen Konstruktionen – unter den erfindungsreichsten Namen – offeriert.

Fantasiereiche Namen

Webtipp

Beispiele für Optionsscheine finden Sie unter
www.zertifikate.onvista.de
www.abn-zertifikate.de
www.kurse.boerse.de
www.zertifikatejournal.de
www.db-xm.com

Am brauchbarsten für den Privatanleger sind simpel konstruierte Zertifikate, zum Beispiel Indexzertifikate. Sie bilden einen Index (etwa den deutschen DAX) 1:1 ab, das heißt, man erwirbt anteilsmäßig genau die Aktien, die auch im Index enthalten sind.

Tipp

Wichtig ist, bei einfachen Zertifikaten auf die Laufzeit zu achten: je länger, desto besser. Schließlich möchte der Anleger ja möglichst langfristig vom Branchentrend, etwa der Biotechnologie, profitieren. Zudem sollte die Spanne zwischen An- und Verkaufspreis (Spread) nicht hoch sein und das Produkt über ausreichend Liquidität verfügen.

Vorteile und Nachteile von Optionsscheinen	
Vorteile/Chancen	**Nachteile/Risken**
Prinzipiell stellen Zertifikate eine gute Möglichkeit dar, am Wachstum einer Branche oder eines Index teilzuhaben. Dazu gehören auch Basket-Zertifikate, die auf einem Korb mehrerer Unternehmen basieren. Sie sind wesentlich kostengünstiger als der Kauf von Investmentfonds, die Verwaltungsabgaben fallen weg.	Als nachteilig könnte sich die beschränkte Laufzeit auswirken und bei Basket-Zertifikaten auch die begrenzte Anzahl von Aktien im Korb. Außerdem ist bei Zertifikaten die Zusammensetzung des Portfolios für die Laufzeit starr fixiert oder an bestimmte Regeln gebunden, die sich ungünstig auswirken können und zudem wieder Managementgebühren verursachen.

Optionen

Obwohl vom Namen ziemlich gleich, unterscheiden sich Optionen von Optionsscheinen. Sie werden an eigenen Börsen, den Terminbörsen (in Wien: ÖTOB) gehandelt, sind standardisiert (hinsichtlich Laufzeit, Basispreis usw.) und deshalb weniger flexibel als Optionsscheine. Allerdings sind sie auch mit anderen Verpflichtungen ausgestattet. So müssen etwa in Wien Market Maker, das sind Banken, bestimmte Volumen und bestimmte An- und Verkaufspreise garantieren. Die Laufzeit endet jeweils am 3. Freitag im Monat, dem so genannten Verfallstag. Oft zeichnet sich an diesem Tag auch eine recht heftige Kursbewegung in den Basiswerten, den Aktien, ab. Zudem sind bei Optionen wesentlich höhere Mindesteinlagen notwendig.

Terminbörsen

Futures

Futures werden an Terminbörsen gehandelt und sind besonders riskant. Mit Futures hat der Inhaber die Pflicht, nicht nur das Recht, den Basiswert am Ende der Laufzeit auch zu kaufen/verkaufen. Entsprechend höher ist das Risiko: Während man bei gekauften Optionen und Optionsscheinen maximal 100 Prozent des eingesetzten Geldes verlieren kann, ist die Verlustmöglichkeit bei Futures praktisch völlig unlimitiert. Futures-Käufer zahlen am Beginn nur einen Bruchteil des Kaufpreises und müssen über die Laufzeit üblicherweise mindestens fünf Prozent (die Höhe dieser so genannten Margin ist von der jeweiligen Terminbörse abhängig) des Kaufpreises am Konto haben. Bewegt sich der Kurs des Basiswertes in die falsche Richtung, dann kommt ein so genannter Margin-Call, das heißt, Geld muss nachgezahlt werden, um diese fünf Prozent zu erzielen. Je stärker sich der Kurs des Basiswertes vom Future wegbewegt, desto größer wird das zu stopfende Loch. Daher können die Verluste quasi unendlich werden.

Unlimitierte Verluste

Tipp

Derivate sind insgesamt Finanzinstrumente für Profis. Da die Gewinnchancen in diesem Bereich besonders hoch sind, tummeln sich viele unseriöse Anbieter in diesem Markt. Da die Produkte teilweise in den nicht geregelten und kontrollierten Kapitalmarkt fallen, ist die Gefahr für Privatanleger noch größer. Wer nicht wirklich geübt ist und mit den Instrumenten jonglieren kann, um sich auch abzusichern, sollte die Finger davon lassen.

Immobilien

Relative Sicherheit

Immobilien gelten als besonders sichere, eher konservative Anlageform. Vor allem die Börsenbaisse seit Mitte 2000 hat viel Anlagegeld in solche Produkte getrieben. Immobilien sind derzeit „in" und ein Ende des Trends ist nicht abzusehen. Egal ob Zinshäuser, klassische Eigentumswohnungen oder die viel zitierte Vorsorgewohnung, sie alle stehen in der Gunst der Berater und damit der Anleger weit oben. Die Anlagevehikel für Immobilieninvestments sind wirklich vielfältig: Gewinnscheine, Aktien, Fonds, KEG. Je näher man dem Thema rückt, desto mehr relativiert sich allerdings der Begriff der „Sicherheit". Bei Immobilienaktien und Immobilienfonds können auch beträchtliche Wertschwankungen auftreten.

Wohnungen und Häuser

Know-how notwendig

Die direkte Anlage in Wohnungen oder Häuser braucht besonders viel Know-how. Gut geeignet sind solche Immobilien für sehr langfristig ausgerichtete Anleger. Für Nichtexperten sind solche Investments allerdings schwierig.

Wenn Sie sich trotzdem entschließen, entsprechenden Angeboten etwas näher zu treten und überlegen, Ihr Geld eventuell in eine Vorsorgewohnung zu investieren, sollten Sie Folgendes grundsätzlich bedenken:

- Die Nebenkosten beim Erwerb müssen Sie mit mindestens 10 Prozent veranschlagen.
- Zunächst ergibt sich beim teilweise kreditfinanzierten Wohnungskauf wohl ein Steuervorteil. Die entstehenden Verluste (wenn die Zinsen aus den aufgenommenen Krediten höher sind als die Mieterträge) können als Werbekosten abgesetzt werden. Doch innerhalb von zehn Jahren müssen die Erträge die Verluste übersteigen, sonst handelt es sich um Liebhaberei, der Steuervorteil ist dahin.
- Die Vorsorgewohnung sollte in einem Haus sein, das nur aus solchen Wohnungen besteht. Mieter passen ja in der Regel weniger auf das Haus auf als Eigentümer und zahlen bei Instandhaltung und Instandsetzung nur bedingt mit. Die Wohnung sollte also auch nicht in einem sanierungsbedürftigen Haus liegen, das kann die Kosten schnell zum Explodieren bringen.
- Besonderes Augenmerk sollte der Mietkalkulation des Bauträgers gehören. Als Faustregel gilt allgemein: Der Richtwert laut Mietrechtsgesetz plus 15 Prozent. Das entspricht durchschnittlich einer Miete von 7 bis 8 Euro pro Quadratmeter. Alles, was darüber liegt, lässt sich schwerer vermieten. Lockangebote von Mieten über 12 Euro pro Quadratmeter sind mittelfristig nicht realistisch.
- Außerdem muss die Wohnungsgröße passen. Eine 40-Quadratmeter-Einheit mag vielleicht beim Erwerb erschwinglich sein, vermieten lässt sie sich aber nur schwer.

Das sollten Sie bedenken

Genaues Prüfen ist vor allem beim Finanzierungsmix gefragt: Werden etwa 30.000 Euro Eigenmittel plus Fremdwährungskredit angeboten und wird daraus nach 15 Jahren eine monatliche Pension von 480 Euro abgeleitet, dann sollten alle Berechnungsvariablen hinterfragt werden. Meist liegt solchen Modellen derzeit eine relativ hohe Inflation von rund drei Prozent zugrunde, was sich im Modell in höheren Mieten niederschlägt. Beim gegenwärtigen Inflationsniveau von unter zwei Prozent (Tendenz: fallend) wäre diese Berechnung also nicht realistisch.

Gefahr von Modellrechnungen

Vorteile und Nachteile von Immobilien	
Vorteile/Chancen	**Nachteile/Risken**
■ Wenn Sie in eigene vier Wände investieren, haben Sie eine gute Chance auf laufende Einkünfte. ■ Immobilien sind flexibel in der Nutzung (Eigenbedarf). ■ Vorsorgeimmobilien lassen sich problemlos vererben.	■ Um passende Objekte zu finden, sollten Sie sich recht gut im Markt auskennen und die Bewertung der Häuser und Wohnungen auch nachvollziehen können. ■ Sie brauchen eine Menge Kapital und Sie müssen mit hohen Nebenkosten kalkulieren. ■ Wenn Sie stark fremdfinanzieren, kann das Ihren finanziellen Spielraum auf sehr lange Zeit beeinträchtigen.

Immobilienaktien

Auch Immobilienaktien gelten als gesondertes Investment und werden von der Investmentindustrie nicht den Aktien, sondern den so genannten Alternativen Investments zugeordnet. Dies, weil sie sich nicht – oder zumindest nicht überwiegend – im Markttrend der internationalen Aktienbörsen bewegen, sondern quasi ihr Eigenleben führen.

REITs

Wenn Sie sich nicht für ein Objekt, sondern für eine Immobilienaktie entscheiden, dann stehen Ihnen sowohl einige an der Wiener Börse notierte Immobiliengesellschaften als auch rund 300 US-amerikanische Real Estate Investment Trusts (REITs) zur Verfügung. Letztere sind trotz spesenaufwändigeren Erwerbs (Auslandsaktien) wegen ihrer meist recht hohen Dividendenzahlungen (im Durchschnitt 7 Prozent) beliebt. Allerdings zeigen REITS eine Empfindlichkeit gegenüber Abwärtsbewegungen an den Aktienmärkten und machen diese auch mit. Somit haben Sie durch den Erwerb von REITs kaum Streuung und kaum einen Risikoausgleich in Ihrem Depot geschaffen.

Wiener Immo-Aktien

Besser kann das mit Wiener Immobilienaktien gelingen. Sie sind im Index IATX zusammengefasst. In den vergangenen Jahren der Baisse hat sich dieser Index gegen den Markttrend stetig nach oben entwickelt. Allerdings sind, wie die Tabellen der Wiener Börse zeigen, nicht alle Papiere von gleicher Güte.

Webtipp

Recht detaillierte Überblicksinfos bietet die Homepage der Wiener Börse unter www.wienerborse.at zum Stichwort Indices.

Prüfen sollten Sie heimische Immobilienaktien nach folgenden prinzipiellen Kriterien:

Streuung

Schauen Sie im Börseprospekt oder im Geschäftsbericht der jeweiligen Gesellschaft nach, wie die Immobilienanlagen der Gesellschaft aufgeteilt sind, also welche Objekte aus welchen Branchen gehalten werden. Wenn etwa eine Gesellschaft lediglich in zwei Hochhäuser, die nur als Büros verwendet werden, investiert ist, dann verfügt sie über keine Risikostreuung und ist Markttrends wie etwa wegen Überangebots sinkenden Büromieten völlig ausgeliefert. Das so genannte „Klumpenrisiko" kann dann voll durchschlagen. Optimal wäre eine größere Streuung von zum Beispiel 40 Objekten mit durchschnittlich 25.000 Quadratmetern und unterschiedlicher Nutzung.

Klumpenrisiko

Besichtigung

Schauen Sie sich die Objekte der Gesellschaft an und stellen Sie fest, ob die genannten Investitionsbeträge der Gesellschaft sichtbar sind, beurteilen Sie den Zustand der Objekte.

Sehen Sie selbst

Kapital

Erfragen Sie das Verhältnis von Eigen- und Fremdkapital. Kredite, die die Gesellschaft aufgenommen hat, müssen dabei nicht nachteilig sein, weil sie eventuell in niedriger Zinslandschaft höhere Ausschüttungen an die Anleger ermöglichen.

> **Beispiel**
>
> Bruttoerträgen aus den Mieten von 25 Millionen Euro steht eine Fremdkostenbelastung von 16 Millionen Euro gegenüber. Sinken die Kreditzinsen von 5 auf 4 Prozent, dann sinkt auch die Fremdmittelbelastung um 20 Prozent und die Gesellschaft kann somit um 3,2 Millionen Euro mehr an die Anleger ausschütten. Das entspricht immerhin einer Steigerung von 35 Prozent.
>
> **Leverage-Effekt** Dieser so genannte Leverage-Effekt kann natürlich auch nach hinten losgehen:
>
> Bei steigenden Zinsen steigt automatisch auch die Fremdmittelbelastung.
>
> Günstig ist es daher, innerhalb der Immobilienaktien zu streuen, das heißt: Aktien mit hohem Eigenmittelanteil im Wohnbau und solche mit höherem Fremdmittelanteil im Bürobau ins Portfolio zu nehmen.

Dividende

Gewaltige Steigerungen im Kurswert sind in Wien unwahrscheinlich, daher fehlt die Dividende doch im Depot. Somit ist bei Immobilienaktien mit nur geringen Kurssteigerungen die Dividende ein wirkliches Zuckerl.

Mietdauer

Vermietungsgrad Achten sollten Sie auch auf den Vermietungsgrad. Wie viele Objekte sind langfristig vermietet und bringen daher sichere Mieterträge? Ideal ist ein Vermietungsgrad zwischen 95 und 97 Prozent im Wohnungsbereich, von 90 bis 95 Prozent im Bürobereich.

Vorteile und Nachteile von Immobilienaktien	
Vorteile/Chancen	Nachteile/Risken
■ An der Wiener Börse notierte Immobilienaktien haben sich bis jetzt überwiegend gut gehalten und etwa 5 bis 6 Prozent Rendite pro Jahr gebracht. ■ Stehen solide Gesellschaften hinter dem Papier, dann ist das Verlustpotenzial sehr gering. Immobilienaktien sind daher im Universum der Einzelaktieninvestments vergleichsweise sicherer.	■ Nicht alle Gesellschaften schütten ihre Gewinne aus. Somit können Sie nicht mit laufendem Einkommen rechnen. ■ Nicht alle Titel verfügen über große Liquidität, das heißt, dass ein Verkauf zum gewünschten Kurs manchmal nicht möglich sein kann.

Immobilienfonds

Mit dem neuen Immobilienfondsgesetz 2003 dürften auch in Österreich in den kommenden Jahren die so genannten offenen, also Privatanlegern wie Investmentfonds zugänglichen Immobilienfonds angeboten werden. Nach vier Anläufen für die Gesetzwerdung mit sehr unterschiedlichen Positionen von Anlegerschützern und möglichen Emittenten sowie Problemen mit den steuerlichen Aspekten war es im Juni 2003 endlich so weit. Der Druck des Angebotes – die öffentliche Hand, Banken und Versicherungen wollen ihre Immobilien verkaufen, die unsicheren Börsenzeiten lassen Anleger nach Immobilieninvestments fragen – haben die Sache letztlich beschleunigt.

Die ersten Fonds dürften allerdings frühestens gegen Jahresende 2003 – nach Redaktionsschluss dieses Buches – auf den Markt kommen.

Das wachsende Problem bei den auch in Österreich offerierten deutschen Immobilienfonds war die Überliquidität: Mit der Börsenbaisse seit Mitte 2000 flossen so viele Anlegergelder zu, dass nicht mehr genug Anlageobjekte gefunden wurden und die Immobilienfonds bis zu 50 Prozent in Cash halten mussten. Das bringt natürlich nicht die erwarteten Erträge.

Cash im Überfluss

Für die Anlage in die künftigen österreichischen Immobilienfonds gelten ähnliche Kriterien wie für Investmentfonds.

> ## Checkliste
>
> Das sollten Sie bedenken, ehe Sie sich für einen Immobilienfonds entscheiden:
>
> - Thesaurierende Veranlagungen in solche Fonds sind problematisch, da Wertdarstellungen durch Gutachten auf längere Zeit zu Verzerrungen führen. Entscheidend sind für Sie Fundamentaldaten wie Mieterträge, Instandhaltungskosten, Gestionskosten. Diese Kosten sind bei Immobilien aber wegen der fixen Mietverträge auf mehrere Jahre leichter planbar als bei einem Industrieunternehmen, das viel stärker Marktschwankungen ausgesetzt ist.
> - Zwischen 50 und 80 Prozent der Mieterträge nach Kosten – aber vor Abschreibungen – sollten zwingend ausgeschüttet werden.
> - Damit erhält aber auch der Finanzminister 25 Prozent Kapitalertragsteuer von Ihren Erträgen und zum großen Teil auch von den durch Gutachten festgestellten Wertsteigerungen.
> - Die Kapitalanlagegesellschaften sollten bis zu einem definierten Volumen für den An- und Verkauf von Fondsanteilen sorgen. Eine Rücklösung von Anteilen durch den Fonds sollte nur mit einem Abschlag von 5 Prozent des durchschnittlichen Handelspreises der letzten drei bis sechs Monate möglich sein. Dabei ist aber eine Wertermittlung durch Sachverständigengutachten entbehrlich. Das spart Ihnen Kosten!
> - Sie sollten den Rechenschaftsbericht und den Halbjahresbericht kostenlos – am besten via Website – einsehen können oder zugestellt bekommen. Denn die Informationen über Mieterlöse, Leerstehungen, Mietausfälle und Vertragsbindungen sind für Ihren Anlageerfolg essenziell.
> - Achten Sie darauf, dass die Gesellschaft quartalsweise Auskunft über die Entwicklung der Mieterlöse, der Käufe und Verkäufe von Liegenschaften und deren Anteilen sowie über den Stand der liquiden Mittel gibt. Eine Veröffentlichung via Website der Gesellschaft wäre ein wünschenswerter Standard für diese Infos.

Bedenken Sie diese Punkte

Die Anlageprodukte

> **Checkliste**
>
> - Verlangen Sie unbedingt die größtmögliche Kostentransparenz. Denn bei Immobilienfonds kommen eine Menge Weichkosten dazu. Sonstige Aufwendungen wie Gutachterkosten, Honorare für Facility Management, Rechtsanwälte, Makler usw. sollten genau aufgeschlüsselt sein.

Lebensversicherungen, Rentenversicherungen

Versicherungsnehmer schließen einen Vertrag mit einem Versicherungsunternehmen ab, in dem Beginn, Ende und Höhe der zu zahlenden Prämie (einmalig oder regelmäßig) vereinbart werden. Sie fließt abzüglich der Kosten (Abschluss- und Verwaltungskosten und Abzug für den etwaigen Risikoanteil, also Todesfall, Berufsunfähigkeit und Versicherungssteuer) in die Vermögensveranlagung.

Für die Veranlagung gelten bestimmte Vorschriften:

- maximaler Aktienanteil: 30 Prozent. Tatsächlich liegt er wegen der großen Schwankungen in den Aktienerträgen aber weit darunter;
- maximaler Anteil an Immobilien: 30 Prozent;
- maximaler Anteil der Euro-Rentenpapiere: 80 Prozent.

Regeln für die Veranlagung

Die Vermögensanlagen sind den einzelnen Versicherungsnehmern nicht zugeordnet, sondern sind zusammengefasst im so genannten Deckungsstock der Versicherung.

Anspruch hat der Versicherungsnehmer auf die vertraglich fixierte Versicherungssumme und auf eine Garantieverzinsung. Den legt die Versicherungsaufsichtsbehörde fest, er liegt etwas über den Marktzinsen – etwa 2,75 Prozent Garantiezins bei 2 Prozent Leitzinsen.

Garantiezins

Abzüglich der Kosten und Versicherungssteuern sollte dann zumindest eine Verzinsung auf Höhe der Marktzinsen übrig bleiben.

Zusätzlich müssen die Versicherer 90 Prozent ihrer erzielten Überschüsse als Gewinnbeteiligung an die Kunden weitergeben. In schlechten Börsenjahren und bei vielen Versicherungsfällen wird diese Gewinnbeteiligung sehr niedrig ausfallen. Üblicherweise liegt sie in Österreich in den vergangenen Jahren zwischen 4 und 5 Prozent.

Achtung!

Behalten Sie das Datum des Ablaufens Ihrer Polizze genau im Auge und treten Sie rechtzeitig in Kontakt mit Ihrer Versicherung. Denn es könnte gut sein, dass Sie Ihr Geld sonst plötzlich wiederveranlagt in einer verlängerten Polizze wiederfinden.

Tipp

Erfragen Sie die genauen Kosten, auch im Fall eines möglichen Produktwechsels innerhalb des Versicherungsunternehmens. Sich Zeit zum Vergleichen der Angebote zu nehmen zahlt sich aus.

Vorteile und Nachteile von Lebens-(Renten-)Versicherungen	
Vorteile/Chancen	Nachteile/Risken
■ Garantieverzinsung des eingesetzten Kapitals. ■ Das Kapitalmarktrisiko trägt damit das Versicherungsunternehmen. ■ Möglichkeit zur Auszahlung als Rente. ■ Praktisch steuerfreie Auszahlung.	■ Die Rendite ist in Summe sehr bescheiden. ■ Hohe Abschluss- und Verwaltungskosten. ■ Bei vorzeitigem Austritt entsteht eine gewaltige Renditeminderung.

Fondspolizzen

Fondspolizzen sind eine Mischung aus klassischer Rentenversicherung und Investmentfonds. Der Abschluss erfolgt wie bei einer Lebensversicherung, allerdings wird das Veranlagungsrisiko zum Kunden gewälzt, der entscheiden kann, wie Sparprämie und Risikoprämie gewichtet werden und in welche Investmentfonds das Geld fließt.

Risiko liegt beim Anleger

Tipp

Wer das Anlagerisiko lieber bei der Versicherung lässt und dafür die Möglichkeit eines geringeren Ertrags in Kauf nehmen will, sollte von Fondspolizzen Abstand nehmen.

Vorteile und Nachteile von Fondspolizzen	
Vorteile/Chancen	**Nachteile/Risken**
■ Chance auf höhere Rendite: Durch die Möglichkeit, selbst den Aktienanteil zu bestimmen, ergibt sich die Chance auf mehr Ertrag. ■ Mehr Flexibilität beim Vertrag: Das Verhältnis von Risikoprämie und Ansparprämie kann frei gewählt und auch verändert werden. ■ Mit einem jährlichen Kontoauszug ist eine bessere Kontrolle der Entwicklung möglich.	■ Kein gesetzlich fixierter Garantiezins, aber: Es wird eine Vielzahl verschieden gestrickter Fondspolizzen angeboten, mit einer Bandbreite von Zinsgarantien bis zu Kapitalgarantien. Solche Sicherheitsnetze kosten immer Geld und fressen damit an den Erträgen. ■ Wenn Sie eine Fondspolizze als Tilgungsträger eines Kredites verwenden, dann gehen Sie ein besonderes Risiko ein: Sinkt der Fondswert, dann verteuert sich auch Ihr Kredit!

Briten-Polizzen

In den vergangenen drei Jahren haben auch britische Lebensversicherer ihre Produkte verstärkt auf dem österreichischen Markt angeboten. Diese Polizzen versprechen zwar mehr Ertrag als heimische Lebensversicherungen (Mitte 2003 waren das 6 Prozent vs. 4,5 bei heimischen Polizzen). Gleichzeitig ist aber das Risiko bedeutend höher.

Diese Produkte sind wirklich nur für risikofreudige Anleger geeignet. Der Aktienanteil in den britischen Lebensversicherungen beträgt nämlich bis zu 100 Prozent. Entsprechend hoch können die Verluste ausfallen!

Lange Laufzeiten Überdies sind die Laufzeiten mit 17 Jahren sehr lang. In Streitfragen wird ein solches Produkt überhaupt zum Problem, weil die meisten Gesellschaften keinen Standort in Österreich haben. Zudem ist ein Ausstieg während der Laufzeit nicht nur wegen des sehr hohen Kursrisikos teuer, sondern der Bonus wird meist erst am Laufzeitende fällig; die Rechnung geht daher (wenn überhaupt) erst am Ende der Laufzeit auf.

Secondhand-Polizzen Für kürzere Laufzeiten werden derzeit so genannte Secondhand-Polizzen verkauft. Dabei kaufen Sie über einen heimischen Makler mit gewissem Abschlag eine bestehende Polizze eines Briten. Er bleibt Versicherter, tritt aber notariell alle Rechte an Sie ab. Der Verkäufer erhält den Ablösebetrag, Sie kaufen damit die Chance auf Erträge während der Restlaufzeit. Dabei haben Sie aber zu allen anderen oben beschriebenen Produktrisiken das Währungsrisiko zwischen Euro und Pfund. Ein solches Geschäft wäre auf der Währungsseite seit Anfang 2003 deutlich zu Ihren Ungunsten ausgegangen.

US-Risikopolizzen Ähnliche Angebote kommen jetzt auch aus den USA nach Österreich. Dort verkaufen schwer kranke Menschen ihre Risikopolizzen, um schnell zu Bargeld für Behandlungen oder ihren krankheitsbedingt aufwändigeren Lebensunterhalt zu kommen.

Auch bei diesen Produkten gilt: Es handelt sich um eine sehr riskante Anlage. Zudem ist bei den US-Polizzen auch die Frage der steuerlichen Behandlung in Österreich noch nicht geklärt.

Webtipp

Neueste Angebote zu diesen Themen finden Sie auch unter **www.fondsprofessionell.at**

Die Anlageprodukte

Private Equity

Private Equity sind Anlagen in nicht börsennotierte Unternehmen, die zwecks Expansion Geld benötigen, aber noch nicht börsenreif sind. Solche Investments sind via Direktanlage oder auch via Fonds möglich, für Kleinanleger aber nicht besonders attraktiv, weil einerseits die geforderten Summen hoch sind und andererseits die Beurteilung der Güte des Unternehmens schwierig ist. Bei den angebotenen Private Equity-Fonds (Beteiligungsgesellschaften) ist die Transparenz nicht groß. Zudem sind solche Anteile schwer zu veräußern, weil kein liquider Markt besteht. Es werden zwar auch Private Equity-Fonds angeboten, da ergibt sich aber wiederum das Problem, dass Sie auf die Anlageentscheidung des Fonds keinen Einfluss nehmen können und ihm auf Gedeih und Verderb ausgeliefert sind.

Geld für den Aufbau

Meist ziehen sich die Investoren bei einem späteren Börsengang oder einer Übernahme des Unternehmens zurück oder wandeln ihre Anteile um.

Vorteile und Nachteile von Private Equity	
Vorteile/Chancen	**Nachteile/Risken**
■ Höhere Renditen als bei börsennotierten Unternehmensanteilen. ■ Kaum Abhängigkeit zur kurzfristigen Entwicklung an den Börsen.	■ Erst zum Ausstiegszeitpunkt wird der effektive Gewinn sichtbar. ■ Bei Private Equity-Fonds investiert der Anleger in einen Pool, dessen Investments er nicht kontrollieren kann. Bei Direktanlage braucht es sehr viel Einblick in das Unternehmen, seine Mitbewerber, das Management und die Chancen der Produkte. ■ Die Liquidität bei Private Equity-Fonds ist sehr gering. Oft kommt gar kein Kurs zustande, d.h., es fehlen Käufer und Verkäufer. Das macht ein Aussteigen sehr schwer. ■ Die Gefahr eines Totalverlustes ist bei Private Equity höher als bei anderen Anlageklassen.

> **Achtung!**
>
> Solche außerbörslichen Investments eignen sich nur für Anleger mit ausreichend Kapital. Als Baustein einer grundsätzlichen Vorsorge sollten sie nicht dienen.

Kapitalgarantierte Produkte

Sicherheit im Vordergrund

In den vergangenen Jahren der Börsenbaisse sind Garantieprodukte stark in Mode gekommen. Die Sicherheit hat sich beim Geldanlegen in den Vordergrund geschoben – kein Wunder, nachdem so viele Privatanleger so viel Geld wie noch nie in der Finanzgeschichte verloren hatten.

Bei diesen Produkten geben die Anbieter eine Garantie für den Erhalt des eingesetzten Kapitals ab. Sie kommt dem Sicherheitsbedürfnis der Anleger zugute, doch dieses Sicherheitsnetz kostet Geld und hemmt die Ertragschancen. Denn die Produktgeber müssen ja vorsorgen, dass die Anleger 100 Prozent des eingesetzten Kapitals zurückbekommen, selbst wenn während der Laufzeit die Börsenkurse um 40 Prozent fallen. Dafür haben die Finanzingenieure eine Menge von Absicherungsstrategien – „Hedging" – entworfen. Diese können durch Derivate, durch Kauf- und Verkaufsstrategien in den Basisprodukten oder durch eine Portfolioversicherung bei einem Dritten, etwa einer internationalen Bank, gestaltet werden.

Mehrkosten

Das verursacht natürlich Kosten, die der Produktanbieter jedoch nie auf seine Kappe nimmt, sondern immer den Kunden verrechnet. „Wer sich eine Hose mit Gürtel und Hosenträgern kauft, muss dafür mehr zahlen", lautet ein Spruch unter Skeptikern dieser boomenden Produktart. Sie meinen, dass in sowieso mageren Märkten die Kosten für Kapitalgarantien nicht zu rechtfertigen sind und am Ende viel zu wenig Ertrag bleibt, weil das magere Plus an den Märkten von den Garantiekosten gefressen werde.

Zwei Konstruktionen sind auf dem Markt: Garantieprodukte und Garantiefonds.

Garantieprodukte

Die Konstruktion der Spezies ist zweiteilig. Teil eins ist eine Null-Kupon-Anleihe, die während der Laufzeit keine Zinsen abwirft, dafür aber vom Anleger billiger (etwa 80 statt 100 Nominale) erworben und dann erst zum Ende der Laufzeit zu 100 getilgt wird.

Teil zwei besteht aus der Performance-Komponente, beinhaltet also ein Risikoprodukt, aus dem der Ertrag kommen soll. Die Anleihe garantiert das Kapital, der Risikoteil stellt Zugewinne in Aussicht.

Die Möglichkeiten für die Risikokomponente sind sehr verschieden und reichen von simplen Aktien bis zu Hedgefonds. Das gilt auch für die Prozentsätze, die dem Kunden vom Mehrgewinn zustehen. Durchschnittlich behält sich der Anbieter davon rund 30 Prozent ein.

Garantiefonds

Garantiefonds funktionieren wie Investmentfonds, rechnen aber mit bestimmten Konstruktionen ein Sicherheitsnetz für die Kapitalgarantie ein oder haben eine gestaffelte Struktur, bei der einmal erzielte Gewinne fix eingebucht und später durch mögliche Verluste nicht mehr angegriffen werden können (Floor).

Wertsicherung

Tipp

Garantieprodukte eignen sich für Anleger, die an fallende oder steigende Märkte glauben. Im ersten Fall sichern Sie Ihr Geld und behalten sich eine Chance auf kleine Gewinne vor. Im zweiten Fall sichern Sie Ihr Geld und haben trotzdem ein geringeres Risiko, das Sie in Form höherer Kosten dem Anbieter abgelten. Schlecht sind Garantieprodukte in Märkten, die sich flach, also ohne großes Auf und Ab, bewegen, denn dann fressen Spesen und die langjährige Bindung mehr auf, als in einem Sparbuch zu lukrieren wäre.

Vorteile und Nachteile von kapitalgarantierten Produkten	
Vorteile/Chancen	Nachteile/Risken
■ Das eingesetzte Kapital ist garantiert, mehr Verlust als die jährliche Geldentwertung ist also nicht möglich. ■ Die Produkte sind psychologisch angenehm und zur Gelderhaltung geeignet. ■ Gibt ein Anbieter über die Kapitalgarantie hinaus noch eine Garantie über die Mindestverzinsung ab, dann rechnet sich die Investition in das Sicherheitsnetz eher.	■ Die Kapitalgarantie wird Ihnen nicht geschenkt. Sie kostet Geld. Rund 1 bis 2 Prozent der Performance müssen dafür abgezogen werden. Das wirkt sich vor allem bei schwachen Märkten aus. ■ Garantiert ist lediglich das eingesetzte Kapital, die Inflation wird selten berücksichtigt. ■ Die Produkte haben meist eine längere Laufzeit (zehn Jahre), bei einem früheren Ausstieg fällt die Kapitalgarantie. Das Vehikel ist also nicht sehr flexibel. ■ Die Partizipation an Märkten mit steigenden Kursen ist gering und meist nicht transparent.

Webtipp

Einen Überblick über kapitalgarantierte Produkte bietet unter anderen **www.gewinn.com**

Gewinnscheine

Praktisch Eigenkapital

Gewinnscheine heißen auch Genussscheine oder Kapitalanteilscheine. Der Käufer wird dabei nicht Mitinhaber des Unternehmens, sondern hat nur Anspruch auf einen Anteil am Gewinn und bei kapitalgarantierten Gewinnscheinen auf das eingesetzte Kapital am Ende der Laufzeit. Gewinnscheininhaber sind somit praktisch Eigenkapitalgeber. Unternehmen verkaufen Ihnen Gewinnschuldverschreibungen.

Die Ausschüttungen sind unterschiedlich ausgestaltet, einige bieten bestimmte fixe prozentuelle Ausschüttung, andere machen diese von der Höhe des Unternehmensgewinnes abhängig. Anlegern wird die Kapitalertragsteuer (25 Prozent) von der Ausschüttung abgezogen. Allerdings: Ohne Unternehmensgewinn gibt es auch keine Ausschüttung.

Die seit 2003 emittierten Gewinnscheine der österreichischen Banken haben eine Besonderheit: Sie sind mit einer Kapitalgarantie der heimischen Mittelstandsförderungsgesellschaft AWS versehen. Diese neue Konstruktion wurde von den Banken gemeinsam mit der AWS gewählt, da die Historie der heimischen Genussscheine in den Jahren davor nicht besonders erfreulich, nämlich von Konkursen und Unternehmen ohne Gewinn gekennzeichnet war. Ziel der neuen Gewinnscheine ist es, kleinere Unternehmen mit Liquidität zu versehen und ihnen die Möglichkeit der Börsenreife zu geben. In Folge soll dann der Kurszettel der Wiener Börse durch diese Kandidaten und ihren erhofften Börsengang erweitert werden. Den Unternehmen fließt über diese Konstruktion Geld zu, sie können sich weiterentwickeln und sich börsenfit machen.

Garantie-Variante

Für Privatanleger bis zu einer Einlage von 20.000 Euro bedeutet die neue Variante das Recht auf 100-prozentige Kapitalgarantie zum Ende der jeweiligen Laufzeit. Institutionelle Anleger erhalten eine 50-prozentige Kapitalgarantie. Notiert sind die Gewinnscheine im dritten Segment an der Wiener Börse, dem Auction Market. Damit sind Notverkäufe möglich, weil Kurse gestellt werden müssen. Aufgrund der sehr geringen Liquidität wird ein solcher Notverkauf aber nicht lukrativ enden können.

Szenarien kapitalgarantierter Gewinnscheine

Im besten Fall kommt es zu einem schnellen „exit" des Unternehmens, also einem Börsengang. Dann wird die Nachzahlung von Gewinnanteilen fällig, oder die Anleger können zu begünstigten Konditionen mit an die Börse gehen und Aktionäre werden. Günstig ist auch eine Übernahme durch ein anderes Unternehmen, denn dann müssen den Anlegern auch bestimmte Gewinnanteile ausbezahlt werden. Das gilt auch, wenn das Unternehmen seine Gewinnschuldverschreibung kündigt. Günstig für Anleger ist bei den neuen kapitalgarantierten Produkten auch, wenn während der Laufzeit außer stetiger Gewinnentwicklung nichts passiert.

Exit

Konkurs | Schlecht ist dagegen ein Dahindümpeln des Unternehmens ohne Gewinne, denn dann wird auch nichts ausgeschüttet. Am Ende der Laufzeit bleibt dann nur – wie auch im Fall eines Konkurses – die Kapitalgarantie, allerdings muss ja die Geldentwertung während der Laufzeit abgezogen werden. Da hätte dann ein Sparbuch mehr gebracht.

Vorteile und Nachteile von Gewinnscheinen	
Vorteile/Chancen	**Nachteile/Risken**
■ Mit Kapitalgarantie und bei sorgfältiger Auswahl des Unternehmens sind gute Erträge möglich. ■ Die Kostenbelastung ist nicht sehr hoch. Für die Kapitalgarantie sollte das laufende Entgelt bei rund 0,5 Prozent liegen. Meist fallen 3 bis 5 Prozent einmalig beim Produktkauf (für Prospekt, Börsenbetreuung etc.) an.	■ Die Bedingungen sind meist individuell formuliert, daher kaum vergleichbar und nicht immer eindeutig. ■ Bei nicht kapitalgarantierten Gewinnscheinen hat der Anleger das volle Risiko des Eigenkapitalgebers (also Totalverlust), allerdings ohne besondere Informationsrechte und vor allem ohne Mitspracherecht bei der Unternehmensführung. ■ Ein Ausstieg vor der Laufzeit ist zwar wegen der Börsennotiz theoretisch möglich. Praktisch wird er aber mit hohen Abschlägen und dem Verlust der Kapitalgarantie einhergehen. ■ Thesaurierende Produkte, also solche ohne Gewinnausschüttung während der Laufzeit, sind überhaupt gefährlich. Denn damit haben Anleger jahrelang keinen Einblick in die Geschäftsgebarungen. ■ Ob das Rechenbeispiel aus dem Verkaufsprospekt weiterhin gilt, hängt von der Güte des Unternehmens und auch von den Marktgegebenheiten ab. Macht das Unternehmen keine Gewinne, dann fällt auch für die Gewinnscheine nichts ab.

> **Achtung!**
>
> Sie sollten den Prospekt von Gewinnscheinen besonders kritisch lesen.
>
> Die Klausel „Ich bestätige mit meiner Unterschrift, die Genussscheinbedingungen und insbesondere die auf der Rückseite angegebenen Auszüge aus diesen erhalten, gelesen und verstanden zu haben und die mit der Beteiligung verbundenen Risken, insbesondere das Risiko des nicht ausschließbaren Totalverlustes des gesamten Betrages zu kennen" ist de facto ein drohendes Todesurteil mit minimaler Bewährungschance für das Geld der Anleger. Entnommen ist diese Klausel einem aktuellen Genussschein.

Unternehmensbeteiligungen KEG

Bei Unternehmensbeteiligungen ist der Anleger (Kommanditist) Mitunternehmer und trägt auch das unternehmerische Risiko im Ausmaß seiner Einlage. Die Geschäfte werden von einer Komplementär-GmbH gegen Entgelt geführt.

Verkauft werden solche Unternehmensbeteiligungen meistens mit dem Argument der Steuerersparnis, da Anlaufverluste sofort geltend gemacht werden können. — *Steuerargument*

Allerdings sind solche Konstruktionen für die Geldanlage kaum geeignet. KEG-Beteiligungen haben eine umfangreiche Klags- und Prozessgeschichte bei den heimischen Gerichten. Bitte lesen Sie dazu die Beispiele der Arbeiterkammer Niederösterreich (Seite 140ff.) und des Vereins für Konsumenteninformation (Seite 194f.).

Vorteile und Nachteile von Unternehmensbeteiligungen	
Vorteile/Chancen	Nachteile/Risken
▪ Der Kommanditist hat die Hoffnung auf Partizipation am Unternehmenserfolg, ohne operativ tätig zu sein. ▪ Die (Anlauf-)Verluste können steuerlich geltend gemacht werden.	▪ Eine Steuererklärung ist zwingend – und verursacht Kosten. ▪ Ein Ausstieg ist meist erst nach zehn oder mehr Jahren möglich. ▪ Der erwartete Abschichtungserlös ist nicht gesichert.

Vorteile und Nachteile von Unternehmensbeteiligungen	
Vorteile/Chancen	Nachteile/Risiken
	■ Verkäufe der Beteiligung vor Ende der Laufzeit sind immer mit großen Abschlägen verbunden. ■ Vertragswerke sind meistens sehr umfangreich und kompliziert und selbst für Spezialisten nur schwer durchschaubar. ■ Die Kosten sind intransparent und meistens sehr hoch.

Geförderte Zukunftsvorsorge

Die dritte Säule

Die Kürzungen im staatlichen Pensionssystem haben nicht nur die so genannte zweite Säule, also die Betriebszusatzpensionen entstehen lassen, sondern mit Anfang 2003 auch ein spezielles, staatlich gefördertes Modell der dritten Säule, die private Pensionsvorsorge, gebracht. Alle anderen Förderungen (etwa Pensionsinvestmentfonds) laufen damit aus. Der Umstieg aus alten in die neuen Produkte ist möglich und muss mit dem Anbieter besprochen werden.

Boom prognostiziert

Die österreichischen Anbieter erwarten sich daraus ein gutes Geschäft, ihre Produktnamen zum „Transport" der neuen staatlichen Prämie sind ganz unterschiedlich, reichen von „Prämienpension" bis zu „Pensions-Zertifikat". Diese Pensionsvorsorge ist für Kapitalanlagegesellschaften und Versicherungen vermutlich der größte Geldsegen ihrer Geschichte: Den Prognosen aus dem Jahr 2003 zufolge werden rund fünf Millionen Verträge, das entspricht der Summe der Bausparverträge, erwartet. Mitte 2003 waren in diesem jungen Produkt bereits über 100.000 Verträge unterschrieben. Wöchentlich kommen neue Produkte mit neuen Versicherungsleistungen auf den Markt.

Angeboten werden Versicherungsvarianten mit verschiedenen Zusatzversicherungen und Laufzeiten oder reine Fondslösungen.

Die Anlageprodukte

Die Grundsteine der Zukunftsvorsorge:
- eine staatliche Prämie in Höhe von 8,5 bis 13,5 Prozent auf maximal 1851 Euro jährliche Einzahlung bis zum 65. Lebensjahr,
- Möglichkeit zur steuerfreien Auszahlung als Rente frühestens ab dem 40. Lebensjahr,
- Mindestbehaltedauer von zehn Jahren,
- eine Kapitalgarantie bei so genannter widmungsgemäßer Verwendung – also als Rente,
- Versicherungen und Kapitalanlagegesellschaften müssen dabei 40 Prozent der Gelder in Aktien der Wiener Börse anlegen, möglich ist diese Anlage auch in andere Börsen der EU, deren Kapitalisierung ähnlich niedrig ist wie jene in Wien (etwa die Beitrittskandidaten zur EU, Portugal und Griechenland),
- nach zehn Jahren kann das Angesparte im Rucksack-Prinzip wie bei der Abfertigung neu zu einem anderen Anbieter mitgenommen werden.

Versicherung oder Fonds

Achtung!
Alle schönen Renditeberechnungen in den Werbeprospekten der Zukunftsvorsorgeprodukte sind lediglich Annahmen. Die Produkte haben ja noch keine Geschichte, sind eben erst entstanden. Wird also eine erwartete Nettorendite von jährlich 4 Prozent ausgewiesen, dann ist das eine reine Rechenformel, der eine im Jahresdurchschnitt 6-prozentige Steigerung der Wiener Börse (Leitindex ATX) in den kommenden 10 Jahren zugrunde gelegt wird. Dass sich Börsenentwicklungen nicht an Prognosen halten, ist bekannt!

Tipp
Geeignet – etwa als Ansparplan – sind diese Produkte für junge Menschen, die über 20 oder mehr Jahre vorsorgen wollen, oder für Anleger, die sich zum regelmäßigen Sparen disziplinieren und die staatliche Prämie kassieren wollen. Durch die maximale Sicherheit ist mit einer nur bescheidenen Rendite (2 bis 3 Prozent netto pro Jahr) zu rechnen. Ein Vergleich der Anbieter ist wichtig: Nur wer die Kapitalgarantie auch bei Behebung des Kapitals nach zehn Jahren gibt, garantiert wirklich, dass nichts verloren geht.

Für junge Menschen

Vorteile und Nachteile der geförderten Zukunftsvorsorge	
Vorteile/Chancen	**Nachteile/Risken**
■ Durch die mindestens zehnjährige Behaltedauer und die Kapitalgarantie ist diese Vorsorgemöglichkeit sicher. Wenn Sie sich nach zehn Jahren Ihr angespartes Kapital als Einmalbetrag auszahlen lassen, kann die Kapitalgarantie allerdings wegfallen. ■ Die Möglichkeit zum Wechsel des Anbieters nach zehn Jahren räumt die Anlage beim besten Anbieter ein. ■ Die Steuerbefreiung während des Ansparens und die steuerfreie Auszahlung als Rente halten das Geld zusammen, es fällt keine Versicherungssteuer an.	■ Die Kapitalgarantie kostet Geld und frisst an den Erträgen. Denn die Anbieter müssen Ihr Geld ja absichern. Sollten während Ihres Anlagezeitraumes die Börsenkurse um 40 Prozent sinken, dann muss der Anbieter Ihnen trotzdem 100 Prozent Ihres eingesetzten Kapitals zurückzahlen. ■ Die Rendite hängt stark von der Entwicklung der Wiener Börse ab, weil 40 Prozent des Geldes dort angelegt sind. ■ Die Kosten sind sehr hoch! Bei Versicherungsvarianten kann man eine Jahresprämie den Kosten zurechnen, das heißt, es fließt noch nichts in die Veranlagung. Dazu kommen laufende jährliche Managementkosten in Höhe von 1,5 bis 2,5 Prozent und zusätzlich jährlich 0,7 bis 1,5 Prozent Kosten für die Kapitalgarantie. ■ Die Chance auf bessere Erträge sinkt damit stark, möglich, dass kaum mehr als das garantierte Kapital mit einer eher geringen Verzinsung (etwa in Sparbuchzinsenhöhe) übrig bleibt. ■ Das Produkt ist nicht flexibel, das heißt: Wer vor dem Antritt der Rente aussteigt (nach frühestens zehn Jahren möglich), muss die Erträge mit 25 Prozent nachversteuern und die halbe staatliche Prämie zurückzahlen.

Nicht geeignete Anlageprodukte

Geld auszugeben – vor allem für das Schöne – ist ja nicht schwer. Es für die Vorsorge anzulegen und kontinuierliche Erträge zu erwirtschaften ist schon bedeutend schwieriger. Für Jahrzehnte war etwa die Briefmarke das Wertpapier des kleinen Mannes. Meist haben aber die Erben feststellen müssen, dass diese Veranlagung letztlich nur einen Bruchteil des angenommenen Wertes beim Verkauf erzielte. Metalle wie Gold, Silber, Platin, Antiquitäten, Kunstgegenstände jeder Art, Oldtimer, Bücher, Weine haben alle ihren unbestrittenen Wert und ihre Wertsteigerung. Sie lassen sich auch gut vererben – für eine Veranlagung mit dem Ziel kontinuierlicher Renditen, die Sie schon fix in Ihren Lebensplan integriert haben, sind sie aber nur sehr bedingt geeignet. Denn ihre Renditen sind oft nicht in Geldeinheiten messbar und schon gar nicht in regelmäßigen. Das heißt: Die Verfügbarkeit des gewünschten Geldes ist recht fraglich und kann Sie bei Geldbedarf in die Situation von Notverkäufen bringen.

Das Schöne nur zusätzlich!

Dazu erfordert es hohen Sachverstand, Geld in solche Dinge zu investieren, und es bedarf laufender Pflege und spezieller Aufbewahrung. Nicht einmal Anlagediamanten bewähren sich für „normale" Anleger, weil ihr Rückkaufwert meist wesentlich geringer ist, ein Sekundärmarkt für Private kaum existiert.

Sollten Sie also Geld brauchen, dann können Sie solche Anlagen nur schwer und meist nur zu einem sehr viel niedrigeren Preis veräußern. Ihr steigender Wert soll den Objekten dabei nicht abgesprochen werden, auch die Anstrengung der Kunstschaffenden und Galeristen, Wert zu mehren, soll hier nicht marginalisiert werden. Sehr fraglich ist lediglich die Berechenbarkeit solcher Produkte für die Vorsorge bei Anlegern, die ihr Geld zum Leben brauchen!

Wertsteigerung

Die 10 goldenen Regeln des Interessenverbandes für Anleger (IVA) beim Geldanlegen

1. Kaufen Sie Aktien, Wertpapiere und Unternehmensbeteiligungen nie auf Kredit. Selbst bei Immobilienveranlagungen ist eine Kreditfinanzierung ab 50 Prozent des Wertes problematisch.
2. Es wird Ihnen nichts geschenkt. Jede Rendite, die über dem Wirtschaftswachstum plus der jeweiligen Inflation liegt, ist mit viel höherem Risiko verbunden.
3. Tätigen Sie nie langfristige Veranlagungen nur aus Steuergründen. Keine Gesetze werden so oft geändert wie die Steuergesetze.
4. Investieren Sie nur in Veranlagungen, bei denen Sie sich auskennen. Je länger die Vertragsbindung bei einem Produkt, desto größer sollte Ihre Skepsis sein.
5. Setzen Sie nie nur auf ein Pferd, streuen Sie Ihr Risiko.
6. Der Ertrag einer Veranlagung entscheidet sich nicht beim Einstieg, sondern beim Ausstieg. Kaufen ist viel leichter als Verkaufen, lassen Sie sich also nicht unter Druck setzen.
7. Lassen Sie sich durch „vertrauliche Tipps" nicht verleiten – wer den Stein der Weisen gefunden hat, verbreitet dieses Wissen nicht aus Nächstenliebe, sondern setzt nur auf die Begehrlichkeit seiner Zuhörer. Glauben Sie nicht alle Geschichten, die man Ihnen von Renditen und Gewinnen erzählt.
8. Nichts ist umsonst. Banken und Finanzberater leben vom Geld ihrer Kunden. Auf Ihre Kosten reich werden sollten sie aber nicht.
9. Häufiges Hin und Her bei der Geldanlage verursacht nur Spesen und bringt keinen Mehrwert.
10. Vertrauen ist eine schöne Tugend, eigene und noch besser öffentliche Kontrolle ist bei Geldangelegenheiten aber eine noch viel schönere. Ansprüche gerichtlich durchzusetzen ist in der Regel mühsam, langwierig, kostenintensiv und sehr unsicher.

2 Nichts ist umsonst – Spesen und Gebühren

Die Kosten spielen bei jeder Art von Kapitalanlage eine wichtige Rolle. Geredet wird darüber meist nicht viel – und von Anbietern und Vertriebspartnern auch höchstens auf Anfrage. Im Vordergrund der Präsentationen stehen eher die Chancen der Produkte und die künftigen – allerbesten – Erwartungen.

In fetten Ertragsjahren fällt diese gefräßige Position der Kosten, von der Anbieter und Vertrieb leben, auch nicht so auf – ob nun 14 oder 18 Prozent netto übrig bleiben, lässt sich in solchen Zeiten besser unter den Tisch kehren. In normalen Jahren mit 5, 6 Prozent Rendite fallen die Kosten schon schwer ins Gewicht, in Zeiten überwiegender Stagnation schmälern sie sogar das eingesetzte Kapital.

Gefräßige Position

Tatsache ist: Auch wenn auf den Kapitalmärkten nichts verdient wird, müssen die Anleger immer die gesamte Struktur der Investmentindustrie bezahlen, was die Verluste zusätzlich mehrt. Egal, ob das Anlageprodukt Gewinne macht oder Verluste einfährt: Sie müssen stets für die laufenden Kosten aufkommen.

Dazu fallen auch bei einem Wechsel der Bank Abschiedskosten für das Depot in Höhe von rund 0,3 Prozent an.

Abschiedskosten

Damit ist die Kostentangente ein wesentliches Kriterium bei der Produktauswahl. Macht ein Fonds etwa 4 Prozent Bruttoperformance, hat aber jährliche Kosten von 3,5 Prozent, dann bleibt gerade ein halbes Prozent für die Anleger übrig. So kann die Freude über ein kleines Plus schnell in den Ärger über ein deutliches Minus umschlagen.

Grundsätzlich gilt: Je länger der Anlagehorizont, desto stärker ist die negative Wirkung der Kosten. Und: Je indirekter gekauft wird, je länger also die Kette vom Anbieter bis zum Kunden, desto mehr Kostenpositionen summieren sich.

Längere Kette, höhere Kosten

Sparen lässt sich beim Kauf von Anlageprodukten also durch den möglichst direkten Weg – das Internet. Zwar sind dann die Depotgebühren nicht auffällig günstiger, dafür gibt es aber einen gewaltigen Unterschied bei den Transaktionsspesen. So kostet eine via Bankschalter oder Telefon erteilte Aktienorder

Billiger via Web an der Wiener Börse bei heimischen Banken rund 1,2 Prozent vom Transaktionswert, mindestens aber 36 Euro. Via Internet liegen diese Kosten nur bei 0,25 Prozent. Auch bei den Fonds ist das Internet die günstigste Variante: Ausgabeaufschläge und laufende Gebühren werden dort mit großen Reduktionen behandelt.

Webtipp

Die wichtigsten Online-Broker in Österreich
www.ecetra.com
www.raiffeisentrade.com
www.direktanlage.at
www.boerse-live.at

Grafik 5: Wertentwicklung und Kosten

> **Die Renditefresser**
> Diese Kosten summieren sich beim Aktien-, Anleihenkauf:
> - Die eigentlichen **Kaufspesen**: Abhängig vom Vertriebsweg (Discount Broker, Bank oder elektronische Order) und vom Börsenplatz der Aktie und Anleihe fallen Kaufspesen an, die sich zwischen einem halben und 1,5 Prozent, gemessen am Transaktionswert, bewegen. Meist werden auch Mindestspesen zu einem fixen Satz verrechnet. Bei Aktien sind die Spesen höher als bei Anleihen.
> - Die **Depotgebühr**: Die Wertpapiere müssen auf einem Depot gelagert werden. Dafür fallen jährlich Kosten an. Diese sind zwar verhandelbar, bewegen sich aber rund um 0,2 Prozent zuzüglich Umsatzsteuer vom Depotwert.

Kosten bei Fonds

Je komplizierter das Produkt, desto mehr Spesen fallen an. Bei Fonds kommen zu den Transaktionskosten und der Depotgebühr noch eine Menge anderer Spesenquellen dazu. Am auffälligsten ist der Ausgabeaufschlag, der einmalig zu entrichten ist und durchschnittlich zwischen drei und fünf Prozent beträgt. Da diese Gebühr nur einmal anfällt, ist sie vergleichsweise bedeutungslos. Viel wirksamer sind die jährlich wiederkehrenden Kosten. *Ausgabeaufschlag*

Sie laufen unter dem Titel „Managementgebühr" und betragen zwischen 1 und 3,5 Prozent. Bei kapitalgarantierten Produkten kommen noch die Kosten für die Garantie dazu. Oft werden auch noch Performance-abhängige Honorare an die Fondsmanager gezahlt. Es ist schwer, den Überblick zu behalten und wirklich klar zu sehen. Oft wird auch der fehlende Ausgabeaufschlag bei Fonds angepriesen – die Kosten bleiben aber dieselben und laufen unter anderen Positionen, etwa unter Rücknahmegebühren beim Verkauf. Mit diesen so genannten No-load-Fonds haben Anleger bei der Rückgabe schon ihre Wunder erlebt. *„No load"*

Dachfonds

Besonders hohe Spesenbelastungen weisen Dachfonds auf, da diese Gebühren auf zwei Ebenen – auf Dachfonds- und auf Subfondsebene – anfallen. So können sich jährliche Kosten bei Dachfonds auf bis zu 8 Prozent summieren. Bei Geldmarktfonds sind die laufenden Gebühren dagegen sehr niedrig (etwa ein halbes Prozent), die Ausgabeaufschläge bleiben unter 2 Prozent. Indexfonds sind ebenfalls in punkto Kostenstruktur wesentlich schlanker als übliche aktiv gemanagte Investmentfonds.

Total Expense Ratio

Die aussagekräftigste Kostengröße bei Fonds ist die Total Expense Ratio (TER). Leider ist sie noch nicht Usus in der heimischen Finanzindustrie, allerdings bahnt sie sich langsam den Weg aus den USA und Großbritannien. Sie sagt zwar nichts über die Güte des Fonds aus, ermöglicht aber realistischere Erwartungen der Anleger für ihre Nettorendite. Die TER fasst alle laufenden Kosten zusammen, die in einem Fonds anfallen und aus dem Rechenschaftsbericht ablesbar sind. Sie wird in Prozent des Fondsanteils angegeben und liegt bei den in Österreich zugelassenen Fonds zwischen 1,5 und 3,5 Prozent.

Tipp

Erfragen Sie immer die TER des Fonds und stellen Sie klar, ob die ausgewiesene Wertentwicklung eine Bruttorendite ist und wie hoch die Nettorendite ausfällt. Bei No-load-Fonds (ohne Ausgabeaufschlag) sind meist die laufenden Kosten und die Rücknahmegebühren beim Verkauf der Anteile höher. Transparente Darstellungen gibt es darüber aber meistens nur auf intensive Nachfrage.

Vertriebskosten

Provisionen

Wird über Wertpapierdienstleister und Finanzberater gekauft, dann fließen zusätzlich noch Provisionen. Sie betragen meist 5 bis 6 Prozent, oft kommen noch Bestandsprovisionen von 0,2 bis 0,4 Prozent dazu. Bei Versicherungsprodukten (Lebensversicherungen, staatlich geförderte Zukunftsvorsorge) summieren sich diese Posten auf durchschnittlich eine Jahresprämie. Das heißt, es fließt im ersten Jahr der Einzahlung nichts in die Veranlagung, sondern nur in die Kostendeckung.

Finanzdienstleister dürfen in Österreich auch Honorare verlangen. Diese können pauschal oder nach Zeiteinheiten (130 Euro pro Stunde exklusive Umsatzsteuer) vereinbart werden.

Honorare

Was Finanzberater verlangen dürfen

Finanzberater leben überwiegend von der Provision, die ihnen die Produktgeber zahlen. Verrechnet wird sie aber letztlich Ihnen in Form von Spesen, Ausgabeaufschlägen und anderen Gebühren. In Österreich ist es aber auch zulässig, dass Finanzberater mit ihren Kunden Honorare vereinbaren. Wichtig dabei ist immer eine schriftliche Fixierung der Honorarvereinbarung. Die Fachgruppe der Finanzdienstleister hat die Grundzüge der Honorarrichtlinien zusammengefasst:

Die Honorarsätze laut Fachverband der Finanzdienstleister:

- Für Beratungsleistungen sehen die Honorarrichtlinien einen Stundensatz von 130 Euro zuzüglich allfälliger Umsatzsteuer und Barauslagen vor.
- Die kleinste verrechenbare Einheit ist die begonnene halbe Stunde.
- Für die Beratung durch Assistenten, die fachlich geschult sind, aber noch keine Befähigungsvoraussetzungen haben, beträgt das Stundenhonorar 65 Euro zuzüglich allfälliger Umsatzsteuer und Barauslagen.
- Das Honorar kann in Form eines Ersatzes des Zeitaufwandes (Stunden) oder in pauschaler Form vereinbart werden.
- Für Leistungen, die über ausdrücklichen Wunsch des Kunden an Sonn- und Feiertagen, Samstagen oder nach 20.00 Uhr (bis längstens 6.00 Uhr) erbracht werden, gebührt ein Zuschlag von 50 Prozent.
- Fahrtkosten sind nach den üblichen steuerlich bei Dienstnehmern anerkannten Kilometersätzen zu vergüten.

Die Honorare im Einzelnen

- Sonder- und Nebenkosten sind gesondert von Kunden zu vergüten.
- Dazu gehören: die Einholung zusätzlicher Gutachten, Prüfung durch Wirtschaftsprüfer, Steuerberater, Rechtsanwälte und Unternehmensberater, Rating-Agenturen, Kreditauskunfteien oder sonstige befugte Finanzdienstleister oder Notare sowie Vervielfältigungen, Kopien, Reisen, Stempelmarken, Internetabfragen, Telefon, Telefax oder Telekommunikationsspesen, Porti etc.

Wer darf Honorare verlangen?

Ausschließlich befugte Finanzdienstleister dürfen dies. Sie müssen entweder über eine Wertpapierdienstleistungskonzession, einen Gewerbeschein oder zumindest einen Ausweis der Fachgruppe verfügen.

Honorar oder Provision?

Honorarrichtlinien sind verbindlich

Prinzipiell können Sie mit Ihrem Finanzberater selbstständig entscheiden, ob Sie eine Beratung auf Honorarbasis vereinbaren. Die Honorarrichtlinien des Fachverbandes sind nicht verbindlich und gelten subsidiär zu allen anderen gesetzlichen oder vertraglichen Vereinbarungen. Derzeit ist in Österreich sowohl das Provisionssystem als auch das Honorarsystem gültig. International ist eher das Provisionssystem üblich. Der Finanzdienstleister erhält die Provision dabei vom Produktgeber. Abgezogen wird sie aber natürlich in Form von Gebühren und Spesen Ihnen!

Wie erfahren Sie, ob ein Finanzdienstleister Honorare verrechnet?

Allgemeine Vertragsformblätter

Werden Honorare verrechnet, dann ist der Finanzdienstleister verpflichtet, Ihnen allgemeine Vertragsformblätter zu den Honorarrichtlinien vorzulegen. Er muss Sie vor Vertragsabschluss darüber informieren. Erbringt ein Finanzdienstleister seine Leistungen via Internet, dann muss er auf seiner Website einen Hinweis auf die Richtlinien haben. Das Wertpapieraufsichtsgesetz (WAG) verpflichtet Finanzdienstleister zudem, Honorarrichtlinien in ihren Geschäftslokalen auszuhängen.

Nichts ist umsonst – Spesen und Gebühren

Wann dürfen Honorare in Rechnung gestellt werden?

In der Regel nur dann, wenn Sie es zuvor mit Ihrem Finanzberater vereinbart haben. Ausnahme: Wenn Sie Ihren Finanzberater im Rahmen einer Produktvermittlung über die nötige Beratungsleistung hinaus mit umfangreichen Analysen, Auswertungen etc. beauftragen, dann darf der Finanzberater dafür ein „angemessenes" Honorar verlangen. Auch wenn dabei eine ausdrückliche Vereinbarung fehlt.

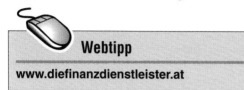

Webtipp

www.diefinanzdienstleister.at

Sonderfall Churning

Zum Thema Kosten haben in den vergangenen Jahren immer mehr Anleger unangenehme Erfahrungen gemacht: Durch besonders häufige Käufe und Verkäufe fielen sehr hohe Transaktionskosten an. Eine solche Kontoplünderung durch Spesenschinderei heißt Churning – wörtlich „bebuttern": Die Milch (das Anlagekonto) wird so oft bewegt, bis die Butter (die fetten Gebühren) abgeschöpft werden kann und den Anlegern nur mehr die Magermilch bleibt. Meist werden dabei so viele (wirtschaftlich sinnlose) Geschäfte getätigt, dass die dafür anfallenden Spesen etliches vom Kapital aufzehren. Eine Rechtsprechung, die dieser Unsitte einen Riegel vorschiebt, gibt es dafür in Österreich noch nicht.

Dauern kaufen und verkaufen

Voraussetzung für den schlimmsten Fall einer solchen Plünderung ist, dass der Anleger dem Vermittler die Kontrolle über sein Konto gibt. Es reicht oft aber auch schon eine Unmenge an provisionspflichtigen Transaktionen, von der Vermittler, Vermögensverwalter, Broker zulasten der Anleger profitieren: Hin und Her macht Taschen leer.

Dazu ein Beispiel einer Abrechnung, die aus einer Anlegerbeschwerde bei der Arbeiterkammer Niederösterreich entnommen ist:

> **Beispiel**
>
> Frau N. erhielt von der XY GmbH eine Abrechnung ihrer Geldgeschäfte, die einen positiven Saldo von 570.338,23 Schilling auswies.
>
> Sehr zufrieden pausierte Frau N. vor dem Lesen der nächsten Zeile.
>
> Dort wurden diesem Betrag nämlich Gebühren in Höhe von 636.238,12 Schilling gegenübergestellt. Damit machten die Gebühren 111,15 Prozent vom Gewinn aus.
>
> Geschehen konnte dies, weil Frau N. der Pro GmbH Verfügung über ihr Anlagekonto eingeräumt hat.

Fehlende Judikatur

Die Dokumentation von so eindeutigem Churning ist zwar für Sachverständige im Vergleich zum Nachweis anderer Delikte, etwa Insiderhandel, nicht kompliziert, trotzdem gibt es in Österreich noch keine Judikatur zu diesem Problemfeld. Bis jetzt hat sich noch kein Richter an das Churning gewagt.

Auch wenn die Prozentsätze von Gebührenschinderei nicht immer so eindrucksvoll sind wie im Fall von Frau N. – die Dunkelziffer solcher Vergehen dürfte recht hoch sein. Die Arbeiterkammer Niederösterreich beziffert den jährlichen Schaden aus Churning mit mehreren Milliarden Euro.

> **Tipp**
>
> Geben Sie Vermittlern keine Verfügungsberechtigung über Ihr Kundenkonto. Die Kontrolle und Entscheidung muss bei jeder Transaktion bei Ihnen liegen.

3 Die Vertriebswege – wo kaufen?

Nicht nur die Produkte selbst werden immer zahlreicher und immer unübersichtlicher und mit ständig neuen Wortschöpfungen angepriesen. Auch Anbieter und Vertreiber dieser Waren haben sich mittlerweile zu einer unüberschaubaren Industrie entwickelt. Und: Der Anlagemarkt ist ein Tummelplatz hungriger Haifische, die alle nur eines wollen: das Geld ihrer Kunden.

Hungrige Haie

Damit soll nicht eine ganze Branche ins schlechte Licht gerückt werden! Nur: Aus Selbstlosigkeit geschieht auf dem Geldanlagemarkt nichts.

Wer seine Geldanlageprodukte nicht selbst via Internet kauft und bereits eine gut aufgestellte Asset Allocation aufgebaut hat, ist auf Berater angewiesen.

Prinzipiell haben sie strenge Schutz- und Aufklärungspflichten gegenüber ihren Kunden: Das Wertpapieraufsichtsgesetz (WAG) legt für solche Dienstleistungen Wohlverhaltensregeln fest. (Lesen Sie Details in Kapitel 6 „Rechte und Schutz", Seite 145ff.)

Seit Jänner 2000 muss auch jeder Finanzdienstleister über eine Konzession verfügen, um überhaupt tätig sein zu dürfen. Freie Mitarbeiter solcher Unternehmen brauchen eine Vollmacht und einen Ausweis. Damit fallen diese Dienstleister unter die Kontrolle der Finanzmarktaufsicht und müssen dieser auch Rechenschaft ablegen. Permanente Kontrolle ist aber nicht möglich – meist werden Gesetzesverletzungen erst im Nachhinein ersichtlich.

Konzession erforderlich

Eine Konzession ist auch keinerlei Garantie für eine erfolgreiche Veranlagung. Über die Qualität des Beraters sagt sie überhaupt nichts aus. Sie ist lediglich ein Nachweis, keinem Anlagehai aus dem grauen Kapitalmarkt gegenüberzusitzen, der nur bestens darauf geschult ist, sämtliches Geld aus Ihnen herauszupressen und dann unterzutauchen. Die Konzession ist nur die Berechtigung, dass Finanzdienstleistungen überhaupt erbracht werden dürfen. Bei Beratung durch Mitarbei-

Geschult auf den Verkauf

ter etablierter Kreditinstitute können Anleger zwar davon ausgehen, dass die Konzession vorhanden ist. Die Qualität des Beraters ist aber auch dort ein anderes Paar Schuhe.

Und: Auch „kostenlose" Gespräche schlagen sich irgendwo für Anleger zu Buche, sei es bei Transaktionskosten der Banken oder bei der Depotgebühr. Zum puren Vorteil des Kunden geschieht in dieser Industrie gar nichts.

Super-Angebote für den Kundenfang

Das beginnt schon bei Lockangeboten für Sparbücher. Werden dabei mehr Zinsen gezahlt als allgemein auf dem Markt üblich, dann hat das nur einen Grund: Aufmerksamkeit zu erregen und so Kunden in die Filialen locken – in der Hoffnung, dass sie dann auch Finanzprodukte kaufen, an denen das Institut ordentlich verdient. Außerdem sind solche auffälligen Lockangebote meist zeitlich recht eng begrenzt und gelten eben nur in einer definierten Werbephase.

Webtipp

Die konzessionierten Finanzdienstleister

Eine Liste der konzessionierten Finanzdienstleister finden Sie unter: **www.fma.gv.at**

Dort sind auch jene Firmen und Personen aufgeführt, die bis jetzt als „schwarze Schafe" dingfest gemacht werden konnten. Auch die Homepage der Wirtschaftskammer Österreich (WKÖ) informiert, welche Art der Gewerbeberechtigung welcher Finanzdienstleister hat: **www.wko.at** (Lesen Sie mehr zur Konzession im Abschnitt „Was die Finanzmarktaufsicht für Sie tun kann", Seite 197ff.)

Wenn Sie einen Berater oder eine Beraterin suchen, bietet die Website von **www.fondsprofessionell.at** unter der Rubrik Beratersuche einen Navigator an, den Sie mit Ihren Bedürfnissen füllen und der Ihnen dann eine adäquate Beraterliste zeigt. Allerdings sind die Einträge nicht von der Finanzmarktaufsicht überprüft, es finden sich auch Berater ohne Konzession in dieser Liste.

Die Vertriebswege – wo kaufen?

Folgende Verkäufer sind unterwegs:

Einfirmenvertreter, Agenten

Sie verkaufen die Produkte einer Firma, arbeiten auf Provisionsbasis, ihre Provisionshöhe hängt vom Produkt ab. Die fachlichen Qualifikationen sind sehr unterschiedlich. Dazu gehören auch angestellte Versicherungsvertreter oder selbstständig tätige Versicherungsagenten und Bankberater.

Mehrfachagenten

Sie verkaufen die Produkte mehrerer Unternehmen, mit denen sie Verträge haben.

Der Unterschied ist wichtig

Versicherungsmakler

Sie sind auf keine bestimmten Produkte festgelegt, müssen sich laut Maklergesetz (§ 28 Z3) deklarieren und sind dem „Best advice"-Prinzip verpflichtet, das heißt, die Kunden mit besonderer Sorgfalt zu beraten.

Strukturvertrieb

Unter Strukturvertrieb versteht man meist die Verkäufer, die für Allfinanzkonzerne (bestehend aus Bank und Versicherung und Investmenthaus) direkt deren sämtliche Produkte vertreiben. Sie unterliegen den geringsten Reglementierungen, verkaufen Finanzprodukte oft nur nebenbei und sind auch meist nicht umfassend geschult, sondern lediglich auf Verkauf getrimmt. Dazu sind sie extrem provisionsabhängig, haben also allergrößtes Interesse daran, dass Sie Ihre Unterschrift unter einen Vertrag setzen, weil sie erst dann Geld sehen.

Beim Strukturvertrieb lauern laut Erfahrungen von Arbeiterkammerexperten und Konsumentenschützern die größten Gefahren für Anleger.

Tipp

Geldanlage ist Vertrauenssache. Für Sie ist es wichtig, herauszufinden, ob der Berater auch selbst etwas zu verlieren hat, wenn ihm Beratungsfehler unterlaufen. Renommierten Instituten ist ihr Ruf wichtig – sie wollen ja noch lange im Markt bleiben und dort mit guter Reputation möglichst dominant agieren.

Wichtige Fragen

Fragen Sie den Berater unbedingt

- nach seiner Konzession/seinem Ausweis,
- welche Produktpalette er anbietet. Daraus lässt sich zumindest grob ersehen, ob er ein Mehrfachagent ist, also eine große Palette von Produkten vertreibt und so das geeignetste auswählen kann, oder ob er sich auf nur einen Anbieter konzentriert;
- welche Erfahrungen und Ausbildungen er hat und wie lange er schon in diesem Beruf tätig ist;
- seit wann er die Produkte des/der Unternehmen(s) vertreibt.

4 Dubiose Vorgangsweisen

Achtung, Anlagebetrug!

Der Anlagebetrug ist auch in Österreich ein blühender Geschäftszweig. Rund drei Milliarden Euro Geldvernichtung gehen laut Schätzungen der Internationalen Handelskammer (ICC) in Wien jährlich auf das Konto von Anlagebetrügern. In Deutschland wird die jährliche Schadensumme aus Anlagebetrug auf rund 20 Milliarden Euro geschätzt.

Davon werden aber nur höchstens fünf Prozent der Fälle gemeldet. Der Grund: Das schlechte Gewissen und die Scham der Geschädigten, die oft unversteuertes Schwarzgeld bei Betrügern veranlagt haben und deswegen erpressbar sind. Dazu kommen noch die gut erprobten Praktiken der Betrüger, die eine Rechtsverfolgung mit allen Mitteln zu verhindern suchen. Als Opfer hat die ICC alle Berufsgruppen ausgemacht. Vorwiegend aber Freiberufler, Kaufleute und Großbauern, die auf Versprechen von höchster Rendite bei geringstem Risiko hereingefallen sind. **Wenig kommt ans Licht**

Meist sind es Menschen, die dringend Geld brauchen. Anlagebetrüger wittern das und versuchen zuerst so viel herauszupressen, dass für eine etwaige Rechtsverfolgung – deren Kosten ja zunächst der Geschädigte tragen muss – kein Cent mehr bleibt. **Die Opfer**

Laut ICC fließt bei Anlagebetrug das eingezahlte Kapital fast ausnahmslos ins Ausland.

Webtipp

Die ICC hält bundesweit regelmäßig Fachvorträge zur Prävention von Anlagebetrug. Infos: **www.icc-austria.org**

Die Handelskammer sammelt auch in Umlauf befindliche Einladungen zum sicheren Geldverlieren. Hauptsächlich sind das standardisierte Briefe oder E-Mails aus Nigeria, Südafrika, Großbritannien oder den Philippinen. Meist werden die Adres- **E-Mails**

Praxis-Ratgeber Anlegerschutz

"Bitte" um Ihre Hilfe

saten darin aufgefordert, gegen eine Provision in Höhe von 15 bis 30 Prozent beim Transfer von Geld oder Goldmünzen ins Ausland zu helfen. Die Summe wird entweder als „von einer internationalen Ausschreibung übrig geblieben" oder als „Bankguthaben eines Verstorbenen" ausgewiesen, der keine Erben hat. Oder es handelt sich angeblich um einen „Flüchtling", der nun sein Geld aus seinem Heimatland herausholen will.

Adressaten werden um ein blank unterschriebenes Geschäftspapier, um die Kontonummer oder den offiziellen Wortlaut des Kontos gebeten, damit das Geld überwiesen werden kann. Dann wird von den Betrügern das Blanko-Geschäftspapier ausgefüllt, die Bank angewiesen, Geld ins Ausland zu überweisen, sämtliche Daten werden für Kreditaufnahmen oder unseriöse weitere Geschäfte verwendet. Plötzlich stecken die Betrogenen dann in Schulden oder Haftungen, die sie sich in den schlimmsten Albträumen nicht vorstellen konnten.

Beispiel

Glauben Sie kein Wort!

Eine Hände-weg-Mail:
Betreff: URGENT ASSISTANCE NEEDED
Dear Friend
I was a member of the contract award committee of the republican ministry of petroleum and resources of iraq under the regime of sadam hussein. I am in search of an agent to assist us in transfer of twentyseven million five hundred thousand united state dollars ($27,500.000.00) and subsequent investment in properties in your country, you will be required to
(1) assist in the transfer of the said sum
(2) advise on lucrative area for investment
(3) assist us in purchase of properties.
If you decide to render your service to us in this regard, 20% of the total sum of the above will be for you, and 10% for any expenses incured during the process.
Please if you are interested kindly send an email to me so that i can give you the modalities. Please note this transaction should be at utmost secrecy for the safety of this transaction.
For further details in this transaction you can email me at isomasad@redmail.com and i await your immediate response as soon as possible.
Yours sincerely,
ISO MASAD

Dubiose Vorgangsweisen

Oft praktiziert sind auch Pyramidenspiele nach dem Schneeballsystem. Am Ende steht mit sehr, sehr großer Wahrscheinlichkeit der Verlust für die kleinen Anleger, die verführt werden konnten.

Pyramidenspiele

Dabei werden Sie derzeit vorwiegend via Internet zur Investition eines Betrages überredet, mit dem lukrative Geschäfte getätigt werden sollen. Die Gelder werden jedoch nicht oder nur am Anfang des Systems angelegt. Vorgetäuscht wird die Anlage im Prospekt allerdings. Wurde der Anbieter nicht geprüft (Konzession, Reputation und Track Record), dann haben solche Schneeballsysteme leichtes Spiel.

Ausschüttungen werden an Sie zwar anfänglich erstattet, diese kommen aber nicht aus der Veranlagung, sondern aus den Beiträgen der neuen Mitglieder. Solange immer neue Mitglieder investieren, funktioniert das System auch. Irgendwann aber bricht es zusammen, unweigerlich. Dann ist ein Ende mit Schrecken garantiert. Lesen Sie dazu auch die Geschichte des European King's Club, Seite 150.

Achtung!

Wenn Bankgarantien als Geldanlage angeboten werden, dann handelt es sich immer um Betrug! Bankgarantien sind Zahlungszusagen einer Bank, die gegen Entgelt gegeben werden. Sie werden als Sicherstellung für Kredite eingesetzt und sind **nicht** handelbar!

Es muss nicht gleich der Betrugsversuch sein. Seriös und nicht seriös zu unterscheiden ist auf dem weiten Feld der Vertriebsmannschaften ziemlich schwierig.

Denn gut gekleidet, wohlerzogen, zuvorkommend, verständnisvoll und voller Vertrauen erweckender Gesten sind sie alle. Zudem werden Vertriebsleute dauernd geschult, Einwände der Kunden zu marginalisieren und Zweifel augenfällig zwar einzuräumen, tatsächlich aber als absurd zu qualifizieren. Die gesamte Trickkiste der Verkaufspsychologie haben sie sich zu Eigen gemacht. Vor allem beim Bedürfnis, möglichst schnell viel Geld zu verdienen, haben sie leichtes Spiel und können geschickt die Gier schüren, die blind für Vorsicht und taub für den gesunden Menschenverstand macht.

Die Tricks der Verkäufer

Grauer Kapitalmarkt — In der Angebotskiste unseriöser Berater liegen meistens Produkte aus dem so genannten grauen Kapitalmarkt – ein Bereich, der kaum kontrolliert ist und sich schwer abgrenzen lässt. (Lesen Sie Details dazu in Kapitel 5 „Der graue Kapitalmarkt", Seite 139ff.) Meist fallen außerbörsliche Aktien, Unternehmensbeteiligungen oder Realitätengeschäfte in diesen Bereich.

Die Trickkiste der Verkäufer

Zuerst stellt der Aufreißer den Kontakt her.

Dann kommt der Durchführer mit den Verträgen.

Dann kommt der Plattmacher. Seine Aufgabe ist es, nach der von Aufreißer und Durchführer herausgefundenen Psycho-Struktur des Opfers alles Geld flüssig zu machen.

Cold Calling — Besonders häufig – und von der Finanzmarktaufsicht ständig abgemahnt – sind dabei Verkaufsversuche via Telefon. Diese als „Cold Calling" bezeichnete Praktik ist zwar verboten (§ 12 Abs. 3 WAG): Ohne vorangegangene Einladung der Kunden dürfen Finanzdienstleister diese nicht besuchen – abgesehen davon sind auch solche Türgeschäfte verboten (§ 12 Abs. 1 WAG). Als „Einladung" versteht das Gesetz aber jede Vorweg-Zustimmung, die einen Überraschungseffekt ausschließt. Da Finanzdienstleistern bei solchen Verstößen eine Geldstrafe von bis zu 20.000 Euro droht, haben sie eine Vielzahl eleganter Umgehungsvarianten überraschender Kundenkontakte gefunden. Oft wird dazu das Umfeld im Beruf, in der Freizeit, bei Vereinen und Sportclubs benützt. So kann dann ja ein Clubmitglied den Berater an ein anderes Mitglied „unverbindlich" empfohlen haben.

Adressen sammeln — In manchen Fällen mag der Druck, der auf den Verkäufern lastet, Kundenadressen und damit mögliche Einnahmen zu generieren, so groß sein, dass die geringe Wahrscheinlichkeit, bei verbotenen Annäherungsversuchen erwischt zu werden, nicht abschreckt. Wer wird denn schon einen freundlichen Menschen, der mit einem sachlichen – aber sehr aufmerksamen – Gastgeschenk sich und sein Unternehmen kurz vorstellt, anzeigen?

Finanzdienstleister müssen zu Kundenadressen gelangen und dann ein Bild vom Vermögensstand der jeweiligen Zielobjekte entwerfen können. Damit sie ihre Arbeit und ihre Einnahmen planen können, müssen sie zunächst prüfen, was der Kunde lockermachen könnte. Das wird meist mit „Service-Angeboten" erreicht, aus dem sich recht schnell die Vermögensverhältnisse ablesen lassen.

„Service-Angebote"

Wer solcherart überrascht wird, kommt meist gar nicht dazu, sich viele kritische Gedanken zu machen. Denn ist die Tür einmal geöffnet, dann rollt die gut inszenierte Verkaufsmaschinerie. Versprochen werden höchste Renditen mit geringstem Risiko – eine Kombination, die es in der Finanzwelt nicht gibt. Außerdem neigen unseriöse Anbieter dazu, ihre Kunden stark unter Druck zu setzen. Motto: Jetzt oder nie unterschreiben, weil die tollen Angebote nur jetzt gelten. Wenn dann der Anbieter, dessen Produkt in höchsten Tönen offeriert wird, auch noch im Ausland sitzt, dann sollten alle Alarmglocken läuten!

Jetzt oder „nie unterschreiben"

Häufig kopieren Finanzdienstleister auch die schon lange erfolgreichen Verkaufskniffe von Firmen, die via Busreise Pölster, Decken, Matratzen und Sonstiges an den Mann – oft an Pensionisten – bringen. In geselligem Rahmen bei Gratisessen, Musik und Vergnügen gehen dabei erfahrungsgemäß sicher einige Wärmedecken weg.

Finanzunternehmen laden gern zu gut klingenden Veranstaltungen, etwa „Neue Wege in der Vermögensplanung" oder Ähnliches ein. Fein gedruckt, auf gutem Papier kommen solche Einladungen daher und versprechen nicht nur ein gutes Essen und einen gelungenen Abend, sondern auch die wichtigste Entdeckung für die künftigen Finanzen der Geladenen.

Noble Einladungen

Was dann auf Unterschriebenes folgt, kann natürlich gut gehen. Es kann aber auch ganz schmerzhaft scheitern.

Das Strickmuster dubioser Veranlagungen

Bei der ersten Veranlagung wird ein kleiner Gewinn ausgewiesen, der das Vertrauen der Anleger stärkt und sie gierig auf mehr macht. Dann treten Verluste ein, die Kunden werden aufgefordert, Geld nachzuzahlen, damit die Investition gerettet werden kann. Meistens tun Anleger das auch in der Über-

Zuerst ein kleiner Gewinn

zeugung, dass noch alles seine Richtigkeit hat. Misstrauen entsteht erst beim zweiten oder dritten Verlust. Dann aber ist es zu spät. Das Kapital ist aufgezehrt, die Kunden haben lediglich die Beteuerungen – vielleicht gespickt mit vielen finanztechnischen Fremdworten –, dass man sich um die Verluste kümmern werde.

Hinter den Kulissen ist viel möglich. Entweder werden die Kundengelder nie veranlagt, oder es werden wertlose Wertpapiere angeschafft oder es wird ein paar Mal hin- und herverkauft, bis Spesen das Kapital aufgefressen haben.

Achtung, wenn

Vorsicht geboten

- unaufgefordert angerufen wird. Seriöse Anbieter tun das nicht;
- hohe Renditen versprochen werden. Je höher die erwartete Rendite, desto höher das Risiko – der Verlust kann bei verschiedenen Produkten (Derivate oder Unternehmensbeteiligungen) die Höhe des eingesetzten Kapitals auch übersteigen!
- der Anbieter Druck macht. Gute Anlagen sind auch morgen noch gut und müssen nicht sofort – ohne Nachdenkphase – gekauft werden;
- der Anbieter im Ausland sitzt und Sie dorthin Ihr Geld überweisen sollen;
- der Vermittler Verfügungsberechtigung über Ihr Konto verlangt;
- der Anbieter nicht in der Lage ist, Ihnen sein Produkt zu erklären oder sämtliche Einwände als lächerlich darstellt. Keine falsche Scham! Wenn Sie ein Produkt nicht verstehen, dann hat es der Berater unzureichend erklärt;
- das klein Gedruckte als Nebensache im Vertrag hingestellt wird oder der Vertrag sich über unverdaulich viele Seiten erstreckt;
- Ihre Unterschrift als „reine Formalsache" hingestellt wird;
- nach Schwarzgeld gefragt wird. Meist wird dabei darauf vertraut, dass Anleger, die Schwarzgeld veranlagen wollen, im Schadensfall vor gerichtlichen Schritten zurückschrecken. Damit wird der Anleger erpressbar.

Entstandene Schäden werden nur selten bekannt. Nur sehr wenige münden in eine Strafanzeige. Das liegt auch am Dickicht des grauen Kapitalmarktes selbst. Grundsätzlich muss der geschädigte Anleger aber zivilrechtliche Ansprüche gegen den Finanzdienstleister – unabhängig von der Finanzmarktaufsicht – via Gerichtsweg (Klagen) geltend machen. Eine langwierige Sache.

Die Finanzmarktaufsicht selbst kann zwar mittels genauer Sachverhaltsdarstellung die vorgebrachten Fälle prüfen – tätig werden darf sie aber nicht. Lediglich ein Weitervermitteln an die Staatsanwaltschaft fällt in den Bereich ihrer Möglichkeiten.

Wenig Handhabe der Aufseher

Der Ausstieg aus bestehenden Verträgen

Den Kürzeren ziehen können Anleger auch, wenn ein Berater es schafft, sie trotz bereits getätigter Veranlagung abzuwerben und zum Umsteigen auf neue Produkte zu bewegen. Grundsätzlich ist diese Praxis standeswidrig und könnte für den abwerbenden Berater eine Klage wegen unlauteren Wettbewerbs nach sich ziehen.

Standeswidrige Praxis

Für Anleger bedeutet das aber fast immer, dass sie in den alten Produkten durch einen vorzeitigen Ausstieg Verluste realisieren, sich um den Rückkaufwert bringen oder Steuernachzahlungen folgen.

Laut jüngster Verwaltungspraxis gewärtigen Anleger in solchen Fällen des Abwerbens auch unangenehme Folgen in punkto Versicherungssteuer: Wechseln Sie aufgrund eines Lockangebotes den Versicherungsanbieter, dann kann es auch sein, dass Sie dem Fiskus die Differenz zwischen 4-prozentiger Versicherungssteuer (für Verträge mit 10 Jahren Laufzeit) und der 11-prozentigen Versicherungssteuer für kürzere Vertragslaufzeiten nachzahlen müssen!

Praxis-Ratgeber Anlegerschutz

> **Wichtig!**
>
> Zahlen Sie das zu veranlagende Geld keinesfalls auf das Konto des Wertpapierdienstleisters ein. Dadurch kann das Risiko ausgeschlossen werden, dass das Geld nicht an den Anbieter/die Investmentfirma weitergeleitet wird.
>
> Laut Wertpapieraufsichtsgesetz (§ 20 Abs. 1) ist es einem Finanzdienstleister sogar verboten, Dienstleistungen zu erbringen, die das Halten von Kundengeldern, Wertpapieren oder sonstigen Instrumenten umfassen. Das gilt auch für das Einrichten von Sammeldepots!
>
> Vergewissern Sie sich, dass das Konto, auf das Ihr Geld fließt, bei einer vertrauenswürdigen Bank eröffnet wird und dass nur Sie zeichnungsberechtigt sind. Bei Überweisungen an ausländische Konten mit tollen Renditeversprechen sind schon Milliarden vernichtet worden. Oft werden solche Geldkonten und Wertpapierdepots bei Banken oder Brokern eröffnet, deren Firmenname täuschend ähnlich jenen seriöser, großer Institute ist. Daher: nachfragen und Erkundigungen einholen.

Fragen Sie nach

Seriöse Berater

Aus Nächstenliebe kommt kein Finanzberater zum Kunden. Auch kein seriöser. Natürlich wollen auch sie Geld verdienen. Natürlich können auch sie unpassende Produkte – mit zu langen Laufzeiten, zu hohem Risiko oder zu hohen Kosten – empfehlen.

So erkennen Sie seriöse Berater:

- Sie stehen nicht plötzlich vor der Tür.
- Sie drängen weder auf einen Vertragsabschluss noch haben sie bereits sämtliche unterschriftfertige Verträge beim Erstgespräch dabei.
- Sie besprechen ausführlich den persönlichen Hintergrund, Anlageziele und Anlagehorizonte.
- Sie weisen immer darauf hin, dass hohe Rendite mit hohem Risiko einhergeht, dass beste Erträge und maximale Sicherheit nicht vereinbar sind.
- Sie zögern nicht, über ihre Referenzen Auskunft zu geben und händigen Prospekte zur Ansicht und Entscheidungshilfe aus.
- Sie klären umfassend über Pro und Contra der einzelnen Produkte auf und weisen auf die Rücktrittsmöglichkeiten hin.
- Dazu lassen sie Ihnen natürlich ein paar Tage Zeit, um die Angebote zu prüfen und mit Ihren Vertrauten zu besprechen.

5 Der graue Kapitalmarkt

Unseriöse Vermittler und Anbieter finden vor allem im so genannten grauen Kapitalmarkt ein reiches Betätigungsfeld.

Dort gibt es praktisch keine Marktorganisation und daher auch keine Kontrolle. Die Produkte und deren Mechanismus sind praktisch lediglich vom individuellen Vertrag geregelt, vorgegebene Rahmen und auch Örtlichkeiten (etwa eine Börse) fehlen.

Mehr Gefahren

Zu den Produkten des grauen Kapitalmarkts gehören geschlossene Immobilienfonds (sie werden nicht gehandelt und geschlossen, sobald das vorgesehene Volumen verkauft ist), stille Unternehmensbeteiligungen, außerbörsliche Aktien, Timesharing (also der Erwerb von Wohnrechten zu einer bestimmten Zeit an einem bestimmten Urlaubsort), Kommanditbeteiligungen, diverse Termin- und Kreditgeschäfte.

Das heißt natürlich nicht, dass alle diese Produkte von vornherein unseriös sind! Sie bergen für Privatanleger nur viel mehr Gefahren: Da die Marktregelung fehlt, entsteht für Private eine Informationsasymmetrie gegenüber großen institutionellen Investoren. Diese können sich leichter, schneller und mehr Informationen zu einem geschlossenen Immobilienfonds etwa im Prager Büroimmobilienbereich direkt vom Anbieter holen, vielleicht sogar die Produktgestaltung zu ihren Gunsten mit bestimmen. Privatanleger sind dagegen dabei meist auf den Berater angewiesen und in einer schlechteren Position.

Gut für Große

Aus der Praxis

Die Arbeiterkammer Niederösterreich (AKNÖ) ist seit vielen Jahren auf Themen der Geldanlage spezialisiert und hat Beispiele gescheiterter Anlage auf dem grauen Kapitalmarkt zusammengestellt. Hier einige exemplarische Beispiele, in welche Fallen Anleger in Österreich schon getappt sind.

Fall 1:
Außerbörsliche Aktien der B-AG

Immobilienprojekte

Die Historie: 1991 wurde die B-AG gegründet und ins Firmenbuch eingetragen. Als Unternehmensgegenstand hatte sie die Entwicklung von Immobilienprojekten, die Adaptierung und Sanierung sowie den Erwerb, die Vermietung und Veräußerung von Immobilien.

Die B-AG verfügte über ein Grundkapital von 3 Millionen Schilling und über 30.000 Inhaberaktien im Nennbetrag von je 100 Schilling.

1992 führte die B-AG eine Kapitalerhöhung durch. Dazu wurde ein Prospekt erstellt, veröffentlicht und geprüft, angeboten wurden 30 Millionen Schilling mit einem Thesaurierungskonzept, das heißt, Gewinne sollten nicht ausgeschüttet werden.

Bis zur tatsächlichen Einführung an der Börse sollte die C-GmbH die Aktien treuhändisch halten.

Dieser Treuhänder erhielt dann eine Generalvollmacht bezüglich der Stimmrechte in Hauptversammlungen. Dadurch wurden die Aktionäre (im Vorhinein) ihrer Minderheitenrechte beraubt. Allein das ist schon problematisch. Im Fall der B-AG kam aber noch dazu, dass beide Vorstandsmitglieder der B-AG gleichzeitig auch Gesellschafter der C-GmbH waren und diese zu 49 Prozent besaßen.

Verkauf über Strukturvertrieb

1992 bis 1996 schließlich wurden die Aktien mit großem Erfolg via Strukturvertrieb verkauft. Anlegern wurde angeboten, entweder per Einmalerlag mit Mindestbehaltefrist von drei Jahren zu investieren oder via Ansparvertrag, wobei die Behaltefrist bis zur Erfüllung des Kaufpreises festgelegt war. Schon 1994 waren die geprüften Aktien verkauft.

1996 beschloss die B-AG eine weitere Kapitalerhöhung im Volumen von 300 Millionen Schilling. Die erforderliche Prospektprüfung fand nie statt. Der Verkauf von ungeprüften Aktien wurde hingegen vorangetrieben.

2001 musste die B-AG Konkurs anmelden. Zu einer Börsennotiz ist es nie gekommen.

Der geschätzte Schaden für Anleger: rund 120 Millionen Schilling.

Fall 2:
Stille Unternehmensbeteiligungen am Beispiel der Dr. B Beteiligung

Die Historie: 1986 wurde die Dr. B Verwaltungsgesellschaft gegründet. Ihr Unternehmensgegenstand war der Ankauf, die Errichtung und Verwaltung von Immobilien und Mobilien (z.B. Schiffe). Dazu wollte die Dr. B Verwaltungsgesellschaft mit der gewerbsmäßigen Vermietung und/oder Verwertung Gewinne machen.

1987 bis 1991 warb die Gesellschaft zwecks Finanzierung stille Gesellschafter an. Im Zentrum stand dabei ein Verlustbeteiligungsmodell mit siebenjähriger Bindefrist. Die Beteiligungshöhe belief sich auf durchschnittlich 100.000 Schilling. Eine Rendite von 7 bis 10 Prozent wurde in Aussicht gestellt, was viele Anleger veranlasste, sich einen Kredit für dieses verlockende Geschäft zu nehmen.

Stille Gesellschafter

Verkauft wurde die Beteiligung durch freie Mitarbeiter, die Beteiligungszertifikate anboten. Die Gesellschaft nutzte in der Zwischenzeit die erworbenen Objekte gewerblich, Schiffe wurden verchartert, Wohnungen vermietet. Die erzielten Verluste wurden jährlich den einzelnen Gesellschaftern – wie versprochen – zugewiesen, die sich daraus bei der Arbeitnehmerveranlagung Steuervorteile holten.

Dabei wurden jedoch Teile des Beteiligungskapitals gar nicht veranlagt, sondern zur Ausbezahlung der versprochenen Rendite an die anderen Gesellschafter verwendet. Damit waren vordergründig alle ruhig gestellt, die Geschäfte liefen unauffällig. Bis sich das Blatt wendete.

1997 kam gegen die Dr. B Verwaltungsgesellschaft ein Strafverfahren in Gang. Ein Jahr später wurde der Konkurs eröffnet. Anleger erlitten dabei sowohl einen Investitionsschaden – weil sie größtenteils das eingesetzte Kapital verloren – als auch einen Finanzierungsschaden, weil sie ja mit Kredit investiert hatten und nun auch auf dieser Seite ein Loch klaffte.

Strafverfahren und Konkurs

In der Folge wurde ihre Verlustbeteiligung auch noch als Liebhaberei qualifiziert, das heißt, die lukrierten Steuervorteile mussten an das Finanzamt zurückgezahlt werden. Dazu verlangte das Finanzamt noch die ausstehenden Umsatzsteuerzahlungen der Gesellschafter. Der Gesamtschaden wurde mit rund 51 Millionen Schilling ausgewiesen.

Fall 3:
Geschlossene Immobilienfonds am Beispiel der K-Realitäten AG

Beteiligungskapital

Die Historie: 1991 wurde die K-AG gegründet. Unternehmensgegenstand war der Erwerb, die Entwicklung und die kaufmännische Verwertung von Immobilien unter Aufnahme von Beteiligungskapital. Als Beteiligungsvolumen wurden 700 Millionen Schilling angegeben. Die Gesellschaft besteht noch.

Als Beteiligungsmöglichkeiten wurde eine atypisch stille Beteiligung offeriert, mit Beteiligung je nach Höhe der Einlage am Gewinn sowie am Vermögen bzw. an den stillen Reserven der Gesellschaft. Die Beteiligung an Verlusten war vertraglich ausgeschlossen, eine Abschichtung zum anteiligen Firmenwert inklusive stiller Reserven wurde laut Gesellschaftsvertrag ausgewiesen.

Die Beteiligung konnte sowohl in Form einer Bareinlage als auch durch Ansparen erfolgen. Für Anleger galten mit der atypisch stillen Beteiligung dadurch die Genussrechte laut § 174 Aktiengesetz: Dort kommt der vertraglichen Ausgestaltung große Bedeutung zu, Mietverwaltungs- und Kontrollrechte sind darin nicht enthalten. Anleger haben lediglich Informationsrechte und stehen außerhalb des Unternehmens. Dazu ist das Kapital auf eine lange Laufzeit – mindestens 10 Jahre – gebunden.

Vorzeitiger Ausstieg

Beim Verkauf durch den Strukturvertrieb wurden die Renditen als sicher dargestellt, Risiko und eingeschränkte Rechte der Beteiligung wurden nicht kommuniziert. Ein vorzeitiger Ausstieg ist bei solchen Konstruktionen auch nicht oder nur mit erheblichen Verlusten möglich. Probleme bei der Kündigung und Abschichtung der Beteiligung sind zu erwarten, da ja kaum ein Sekundärmarkt, also Käufer für die Verkäufer, vorhanden ist.

Dazu hatte das Projekt sehr hohe „Weichkosten" um die 20 Prozent. Darunter fallen Grunderwerbssteuer, Maklerprovision, Notar- und Grundbuchgebühren, Konzeptions- und Steuerberatung, Treuhänder, Zwischenfinanzierungskosten. In solchen Fällen fließt nur ein Teil des investierten Kapitals in die Beteiligung, weshalb der Wert der Beteiligung anfangs unter der Anlagesumme liegt.

Beispiel

Der Anleger, Herr S., zeichnete eine atypisch stille Beteiligung an der K-AG zu einer Nominale von 120.000 Schilling. Eine Einmalzahlung von 12.000 Schilling und 108 Monatsraten zu je 1000 Schilling waren zu investieren. Eine Kündigung war erstmals zum 31.12.1999 möglich.

Im Verkaufsprospekt und im Beratungsgespräch wurde ihm für diesen Zeitpunkt ein Abschichtungsguthaben von 209.400 Schilling in Aussicht gestellt.

Als Abschichtungsguthaben wurde die einbezahlte Einlage plus Anteil an den stillen Reserven des Immobilienbestandes (Bewertung zu Tagesverkehrswerten) plus Gewinnanteile definiert.

Herr S. kündigte seine Beteiligung vereinbarungsgemäß und erhielt im Juni 2000 folgende Abrechnung:

Einbezahlte Einlagen	120.000,00
Stille Reserven	20.491,71
Stille Lasten	− 27.731,58
Nicht ausbezahlte Gewinnanteile	16.580,48
Abschichtungsguthaben somit	**129.340,61**
Honorar für externen Treuhänder	− 440,77
Verwaltungskostenpauschale	− 866,67
Zwischensumme Spesen	**− 1.307,44**
20 % MwSt	− 261,49
Guthaben des Anlegers	127.771,68
Bereits akontiert	120.000,00
5 % Zinsen p.a.	524,52
Auszahlungsbetrag	**8.296,20**

Die ernüchternde Abrechnung

Das war für Herrn S. sehr erstaunlich. Hatte er doch nicht damit gerechnet, dass stille Lasten, also Wertverluste, die zum Bilanzstichtag bereits eingetreten sind, in der Bilanz aber noch nicht berücksichtigt wurden, in seiner Abrechnung enthalten sein werden. Da solche Überbewertungen nach handelsrechtlichen Vorschriften verboten sind, klagte Herr S. und – war erfolgreich.

Das Investment von Herrn S. brachte zuletzt aber trotzdem nur einen betragsmäßigen Gewinn von 36.027,78 Schilling. Das entspricht bei seiner Anlage einer Verzinsung von knapp 1,5 Prozent pro Jahr. Damit hatte er nicht einmal die Inflationsrate abgedeckt, geschweige denn war er auch nur in die Nähe von marktüblicher Verzinsung gekommen.

6 Rechte und Schutz

Ordnungsrahmen

Anlegerschutz beginnt beim Ordnungsrahmen für die Kapitalmarktteilnehmer. Primär sind dies das Wertpapieraufsichtsgesetz, das Aktienrecht und Börsegesetz.

Compliance

Ein wesentlicher Teil zur transparenten Innenorganisation von Banken, Unternehmen und Kapitalanlagegesellschaften sind der so genannte Standard Compliance Kodex, die Emittenten-Compliance-Verordnung und die Marktmissbrauchsrichtlinie. Überwacht wird deren Einhaltung von der Finanzmarktaufsicht.

Damit soll verhindert werden, dass Mitarbeiter und unternehmensnahe Personen ihr Mehrwissen, ihre Insiderinformationen, ausnützen, um sich Vorteile beim Geldanlegen zu verschaffen, und so den großen Rest der Anleger benachteiligen. Besonders wichtig ist das bei Banken, in deren Abteilungen Informationen, die das Kapitalmarktgeschehen beeinflussen können, eintreffen, noch bevor sie veröffentlicht werden und so allen Anlegern zur Verfügung stehen. Zentral ist die Compliance auch bei Unternehmen, deren Aktien an Börsen notieren. Einige Mitarbeiter wissen dort ja bereits vor der Veröffentlichung von Zahlen, wie diese aussehen.

Verantwortlich für die interne Compliance ist ein so genannter Compliance Officer. Er ist die Überwachungs- und Dokumentationsstelle des lauteren Handelns im Unternehmen. Bei ihm müssen betroffene Mitarbeiter entweder sämtliche Transaktionen offen legen oder sie werden für einen bestimmten Zeitraum sogar „gesperrt", dürfen also privat in bestimmten Wertpapieren gar keine Transaktionen durchführen.

Richtlinie gegen Marktmissbrauch

Laut EU-Marktmissbrauchsrichtlinie müssen sich auch Journalisten ab Oktober 2004 einem Compliance-Kodex unterwerfen. Da sie Zugang zu Unternehmenschefs und Bankenbossen sowie zu sämtlichen anderen „Primärinsidern" haben, gelten sie als „Sekundärinsider" und könnten womöglich durch bestimmte Artikel dem Wert ihrer privaten Geldanlage ein wenig nachhelfen, oder frühe Informationen für verschiedenste Strategien auf den Kapitalmärkten nutzen. Ein festgeschriebener Journalisten-Kodex existiert noch nicht, vermutlich müssen die Schreiber aber zumindest ihren Wertpapierbesitz einer Compliance-Stelle bekannt geben.

Webtipp

Die heimische Emittenten-Compliance-Verordnung und die EU-Marktmissbrauchsrichtlinie finden Sie unter:
www.fma.gv.at

Wer Geldanlageprodukte zum Kunden bringt, für den gelten spezifische Regeln:

Wohlverhaltensregeln für Finanzdienstleister

Das Wertpapieraufsichtsgesetz (WAG) beinhaltet einen umfangreichen Pflichtenkatalog für Anlageberater, um die anlage- und anlegergerechte Beratung der Privatkunden zu gewährleisten. Überwacht wird die Einhaltung von der Finanzmarktaufsicht.

Was Wohlverhalten bedeutet

Gefordert wird in den Wohlverhaltensregeln eine besondere Sorgfalt, Sachkenntnis und Gewissenhaftigkeit im Interesse der Kunden sowie ein Bemühen um die Vermeidung von Interessenkonflikten. Berater müssen demnach Erfahrungen der Kunden im Wertpapierbereich abfragen, ihre Anlageziele und die finanziellen Verhältnisse erkunden und sind dann verpflichtet, den Kunden alle für sie zweckdienlichen Informationen zu geben.

Die Beratung muss zudem vollständig sein, das heißt, sie muss alle wesentlichen, positiven wie negativen Einzelheiten wie etwa Konjunkturlage, Zinsniveau, Liquidität, Eigenheiten der Märkte und deren mögliche Veränderungen umfassen.

Vollständige Beratung

Natürlich wird auch die „Richtigkeit" gefordert und die Aktualität und Verständlichkeit der Darstellungen verlangt. Die Angaben der Kunden müssen in einem schriftlichen Kundenprofil festgehalten werden. Nachweisbare Verstöße lösen eine Schadenersatzpflicht aus.

Kundenprofil

Theorie und Praxis

Grundsätzlich gilt: Diese Wohlverhaltendsregeln sind richtig und gut gemeint. Wie auch anderswo ist aber die Umsetzung in die Praxis ein anderes paar Schuhe und die Überprüfung der Einhaltung ist im Detail oft sehr schwierig.

Um aber zumindest eine gewisse Kontrolle zu ermöglichen, verpflichtet der § 17 des WAG Finanzdienstleistungsunternehmen zu folgenden Aufzeichnungen:

- den Auftrag des Kunden, dazu erteilte Anweisungen sowie die Auftragsausführung;
- den Namen der Kontaktperson des Kunden bzw. unter bestimmten Voraussetzungen deren Kennnummer;
- die Uhrzeit der Erteilung und die Uhrzeit der Ausführung des Auftrages;
- die Angaben des Kunden über seine Kenntnisse im Wertpapiergeschäft, seine Anlageziele und seine finanziellen Verhältnisse.

Bestehen Sie auf einer Kopie

> **Wichtig!**
> Dem Kunden muss auf Wunsch eine Kopie dieser Aufzeichnungen ausgehändigt werden. Darauf sollten Sie unbedingt immer bestehen!

Der Geltungsbereich der Wohlverhaltensregeln (§ 11 WAG)

- Der Handel mit Wertpapieren, einschließlich in- und ausländischer Fondsanteile, Geldmarktinstrumenten, Finanz- und Zinsterminkontrakten sowie davon abgeleiteter Instrumente, also Derivate.
- Der Handel mit Verträgen über Edelmetalle und Warentermingeschäfte sowie Warenoptionsgeschäfte.
- Loroemissionsgeschäfte (Dienstleistungen bei der Wertpapieremission Dritter).
- Veranlagungen mehrerer Anleger mit Risikostreuung, über die keine Wertpapiere ausgegeben werden, dazu zählen GmbH-Anteile, Kommanditanteile oder Anteile an stillen Gesellschaften.

- Die Vermittlung von Geschäftsgelegenheiten zum Erwerb obiger Instrumente und Veranlagungen.
- Die Vermögensverwaltung und Anlageberatung.

Besondere Wohlverhaltensregeln (§ 14 WAG)

Die in § 14 WAG aufgelisteten besonderen Wohlverhaltensregeln sollen bestimmten verpönten Praktiken, die dem Kundeninteresse widersprechen, entgegenwirken, etwa die Empfehlung an einen Kunden, bestimmte Finanzinstrumente oder Veranlagungen zu kaufen oder zu verkaufen, die nicht mit dem Kundeninteresse übereinstimmt. Auch das Churning (siehe Kapitel 2 „Nichts ist umsonst – Spesen und Gebühren", Seite 125f.) ist darin erfasst.

Verboten ist auch, den Kunden den An- und Verkauf von Finanzinstrumenten zu empfehlen, um für Eigengeschäfte oder Geschäfte eines mit dem Dienstleister verbundenen Unternehmens den Preis des Produktes in eine bestimmte Richtung zu lenken. Eine solche Vorgangsweise heißt „pushing" oder „scalping". Dabei geht es darum, dass man etwa durch gezielte Empfehlungen und darauf folgende Ankäufe durch Kunden versucht, den Kurs in die Höhe zu treiben – oder ihn durch Verkäufe zu verringern.

Gegen den Eigennutzen des Verkäufers

Verboten ist überdies, Geschäfte in Kenntnis der Orderlage zum An- und Verkauf von Finanzinstrumenten abzuschließen, um sich oder einem Dritten einen Vermögensvorteil zu verschaffen. Auch darf ein Finanzdienstleister nicht unterschiedliche Kundenlimits ausnützen, um sich oder Dritten daraus einen Vorteil zu verschaffen.

Eine Verletzung dieser Regeln führt zum Schadenersatzanspruch der Anleger. Allerdings: Nachzuweisen ist die Verletzung dieser besonderen Wohlverhaltensregeln äußerst schwer.

Schadenersatzanspruch

Verschwiegenheitspflicht

Seit April 2001 sind Wertpapier-Dienstleistungsunternehmen auch der Verschwiegenheitspflicht – ähnlich dem Bankgeheimnis – unterworfen. Sie gilt aber nur bei einem Vertragsabschluss.

Wie das Bankgeheimnis

Alles, was Sie Ihrem Berater erzählt haben, ohne mit ihm dann ein Geschäft zu vereinbaren, könnte er theoretisch weitererzählen, ohne sich strafbar zu machen.

Eine Verletzung der Verschwiegenheitspflicht aber ist gerichtlich verfolgbar.

Tipp

Verlangen Sie immer eine Kopie der Aufzeichnungen und ergänzen Sie diese Dokumentation um die schriftliche Aufzeichnung aller beratungsrelevanten Gespräche, Ereignisse und Zeitabläufe. Sollten Sie jemals eine Beschwerde führen müssen oder wollen, ist ohne solche Aufzeichnungen kaum ein Schritt möglich.

Die Haftung des Anlageberaters

Berater oder Verkäufer?

Bei Ihren Anlageentscheidungen sind Sie auf Informationen, etwa aus Medien, Prospekten, Büchern angewiesen – vor allem aber auf jene Ihres Anlageberaters. Das kann Ihr Ansprechpartner bei der Hausbank sein, der Ihnen Anlageempfehlungen gibt, oder der Versicherungsangestellte, der Ihre Freundin so gut beraten hat und den sie Ihnen daher weiterempfiehlt. Oder Herr Maier von der „Werde Reich – Finanzdienstleistungs-GmbH", der Sie irgendwann einmal aufsucht. Oder auch Ihr entfernter Bekannter, der sich soeben als freier Anlageberater selbstständig gemacht hat und nun den Kontakt mit Ihnen auffrischt.

Sie alle haben meistens etwas gemeinsam: Sie nennen sich zwar „Anlageberater", in der Praxis sind sie aber selten unabhängige Berater, sondern Verkäufer. Sie müssen verkaufen, um Provisionen kassieren und davon leben zu können. Der Zwang zur eigenen Existenzsicherung durch möglichst viele provisionsträchtige Vertragsabschlüsse kann daher mit einer wirklich seriösen Beratung konkurrieren. Manche – unseriöse – Anlageberater verkaufen dann „100-prozentig risikolose" Produkte „mit einer garantierten Rendite von mindestens 17 Prozent", „jederzeit kündbar ohne jeden Verlust" und dergleichen mehr. Anlagen, bei denen sicher jeder sofort zugreifen würde – wenn es sie denn tatsächlich gäbe. In dem Vertrag, den Ihnen so ein offenbar vom Himmel gesandter Berater dann hinlegt, steht nämlich nichts mehr von derlei Segen.

Aber: Anlageberater haben ihren Kunden gegenüber vertragliche, aber auch schon vorvertragliche Schutz- und Aufklärungspflichten und haften als Sachverständige.

Schutz- und Aufklärungspflichten

> **Vorweg gilt immer:**
> Nicht blauäugig den Werbebotschaften eines Beraters glauben, sondern:
> - konkrete Fragen stellen und auf konkreten Antworten bestehen;
> - konkrete Zusagen schriftlich festhalten;
> - Unterlagen genau durchlesen.

Anlageberater müssen für die Verletzung von (vor-)vertraglichen Schutz- und Aufklärungspflichten sowie für falsche Ratschläge einstehen. Ist der Berater als Angestellter einer Bank, einer Versicherung oder einer anderen Firma tätig, so haftet diese für das Fehlverhalten des Anlageberaters. In Österreich wurde in den letzten Jahren die Haftung der Anlageberater massiv verschärft, einerseits durch einschlägige Gesetze (z.B. Wertpapieraufsichtsgesetz), andererseits durch eine „Verschärfung" der Rechtsprechung, etwa für „Gehilfen" von Anlageberatern.

Grundsätzlich haften Anlageberater für einen falschen Rat oder eine falsche Auskunft. Das gilt auch für den Fall, dass die Aufklärung über anlegerwesentliche Umstände unterlassen, also das Unangenehme tunlich verschwiegen wurde.

Falscher Rat

Der Oberste Gerichtshof hat sich unter anderem in folgenden typischen Fällen mit der Haftung von Anlageberatern befasst und sie an die Kandare genommen. Anlegern wurde Schadenersatz zugesprochen[3]:

---

[3] Die ausführliche Beschreibung dieser Fälle finden Sie in der konsumentenrechtlichen Entscheidungssammlung (KRES) des Vereins für Konsumenteninformation VKI.

Schadenersatz-anspruch laut OGH

- Der Berater stellt ein typisches Risikogeschäft als sichere Anlageform hin: Er haftet für die fehlerhafte Beratung auch dann, wenn er selbst von der Seriosität des Anlagegeschäftes überzeugt gewesen sein sollte (OGH 15.7.1997, 1 Ob 182/97i, „European King's Club", KRES 9/63).
Allerdings: Bei einer Kapitaleinlage mit einer Rendite von etwa jährlich 70 Prozent musste es nach Ansicht des Gerichts auch dem Anleger klar sein, dass diese nicht risikolos sein konnte. Es lastete ihm daher ein Mitverschulden von 50 Prozent an. Der Schadenersatzanspruch verminderte sich in diesem Fall um diesen Anteil.
Ein solches Mitverschulden ist aber erst bei einer extrem unüblichen Rendite anzunehmen. Bei in Aussicht gestellten Erträgen, die nur wenig über den marktüblichen liegen, machen sich Anleger nicht mit schuldig und haben daher Anspruch auf vollen Schadenersatz.

- Der Berater verkauft Investmentzertifikate als „risikolos, festverzinslich und mit einem jährlichen Ertrag von etwa 7 Prozent" – es kommt aber zu Kursverlusten (OGH 8.6.1993, 4 Ob 516/93, KRES 9/26).

- Ein Anleger kauft aufgrund eines „todsicheren Tipps" seines Bankberaters ein Wertpapier, das in der Folge verfällt und praktisch wertlos wird (OGH 24.2.1998 4 Ob 365/97y, KRES 9/68).

- Es ist eine allgemein bekannte Tatsache, dass der Ankauf von Aktien und vor allem von Optionen in hohem Maße risikoträchtig sein kann. Die Bank trifft jedenfalls dann eine Aufklärungspflicht über diese Risken, wenn sie auch beratend tätig war. Die eigene Sachkunde des Kunden schließt seine Schutzbedürftigkeit noch nicht aus. Die Notwendigkeit der Aufklärung hängt allerdings von der Lage des Einzelfalls ab (OGH 22.6.1995 6 Ob 518/95, KRES 9/45).

- Bei Abschluss von Aktiengeschäften geht das Interesse des Bankkunden gegenüber jenem der Bank vor. Dementsprechend ist ein strenger Maßstab an die Sorgfalt der Bank zu legen. Eigene Sachkunde des Anlegers schließt die Schutzbedürftigkeit nicht aus. Ein grundsätzlicher Hinweis der Bank auf die Risikoträchtigkeit etwa von Optionsgeschäften und deren nur geringe Empfehlung reicht aber für eine sachgerechte Beratung aus (OGH 23.11.1994 1 Ob 632/94, KRES 9/36).

- Die Bank hat auch einen fachkundigen Anleger über die Möglichkeiten einer Risikobegrenzung (z.B. Setzen eines Limits) aufzuklären. Verwendet der Kunde Fachausdrücke, so hat die Bank in Erfahrung zu bringen, ob er sich auch der Bedeutung und der Tragweite dieser Begriffe bewusst ist (OGH 15.7.1993 7 Ob 575/93, KRES 9/27).

Die hier zitierten Entscheidungen betreffen zwar überwiegend Banken, gelten aber für jede Form von Anlageberatung, also auch für Berater, hinter denen keine Bank steht.

Achtung!

Bedenken Sie immer: Die Haftung ist eine gute Sache, die Rechtsdurchsetzung eine andere:
- Sie müssen die Kosten dafür vorfinanzieren.
- Die Rechtswege sind mühsam und belasten Ihre Lebensqualität.
- Der Ausgang eines Prozesses ist nicht vorhersehbar.

Haftung und Kredit

Wer seine Anlage nicht aus Erspartem, sondern über einen Kredit bei einer Bank finanziert – was schon grundsätzlich problematisch ist –, gerät im Schadensfall in eine besonders prekäre Situation. Zum Schmerz des Verlustes kommt der finanzielle Schmerz, noch Kreditraten an die Bank zahlen zu müssen, obwohl man vom finanzierten Geschäft schon lange nichts mehr hat – etwa weil das Unternehmen, an dem man sich beteiligte, in Konkurs ging oder das Eingezahlte zweckwidrig verwendete oder mit dem Geld sonst nicht erfolgreich wirtschaftete. Wäre das Anlageunternehmen auch (Kredit-)Gläubiger, könnte der geschädigte Anleger ihm diesen Umstand entgegenhalten und ganz einfach die Zahlungen einstellen. Gegenüber der Bank ist das jedoch nicht möglich, denn die ist in der Regel unschuldig.

Doppelte Schere durch Kredite

Unschuldig ist die Bank jedenfalls dann, wenn sie nur finanziert hat und ihr auch keine Umstände bekannt waren, die ein Scheitern der Anlage erwarten ließen.

Anders verhält es sich, wenn die Bank oder eine Hilfsperson der Bank (z.B. ein mit der Bank verbundenes Beratungsunternehmen) auch als Anlageberater tätig war. Dann haftet auch sie für falsche Auskünfte, wenn ihr diese vorwerfbar sind, das heißt wenn sie bei Einhaltung gehöriger Sorgfalt hätte erkennen müssen, dass die Anlageempfehlung schlecht war. Empfiehlt also die Bank Herrn X Aktien der Kirchenmaus AG, obwohl deren finanzielle Probleme bereits absehbar sind, so braucht Herr X auch seinen dafür bei der Bank aufgenommenen Kredit nicht mehr zurückzuzahlen, wenn die Aktien wertlos geworden sind.

Haftungsausschlüsse

Die Klausel muss unterschrieben sein

Anlageberater können ihre Haftung für Schäden, die nur auf leichte Fahrlässigkeit zurückzuführen sind, ausschließen. Leichte Fahrlässigkeit ist ein minderer Grad des Versehens, wie er auch einem sonst sorgfältigen Menschen gelegentlich passieren kann. Der Haftungsausschluss muss ausdrücklich vereinbart werden. Auch Vertragsformblätter, wie sie im Anlagegeschäft üblich sind, enthalten solche Haftungsausschlüsse. Wirksam sind sie dann aber nur, wenn die Klausel über den Haftungsausschluss deutlich erkennbar hervorgehoben ist (etwa durch Fettdruck oder einen besonderen Verweis darauf) und dies auch vom Verbraucher unterschrieben ist.

Mitverschulden des Geschädigten

Eigenverantwortung und Blick für die Wirklichkeit

Ganz schuldlos und aus dem Schneider sind Sie aber nicht, wenn man Ihnen Blauäugigkeit unterstellen muss, also wenn Sie – vielleicht aus Unersättlichkeit – Verträge über Anlageprodukte mit astronomischen Renditen unterschrieben haben. Niemand darf in eigener Sache sorglos sein, sagt das Gesetz. So kann einen geschädigten Anleger ein Mitverschulden am Schaden treffen, wenn ihm z.B. die Unrichtigkeit oder Zweifelhaftigkeit des Rates hätte auffallen müssen (z.B. seriöse Anlage bei 70 Prozent Rendite jährlich!). Ein Mitverschulden kann auch darin bestehen, dass sich der Geschädigte ab Erkennbarkeit des Schadens nicht richtig verhalten hat.

Der OGH hat etwa eine Verschuldensteilung dann angenommen, wenn jedem einigermaßen vernünftigen Menschen der spekulative Charakter einer Anlage einleuchten muss und völlig nichtssagende Auskünfte auch bei einem nur durchschnittlich sorgfältigen Menschen schwere Bedenken hervorrufen müssten, die nicht ernsthaft zerstreut werden konnten (OGH 21.1.1999, 8 Ob 259/98). Also: Wer an den Weihnachtsmann glaubt, ist selber (mit) schuld. Er muss sich vom Schadensatz einen Teil (mitunter etwa die Hälfte) abziehen lassen.

Verjährung

Schadenersatz muss grundsätzlich binnen drei Jahren ab Kenntnis von Schaden und Schädiger (mit Ausnahmen, z.B. bei Prospekthaftung nach dem Kapitalmarktgesetz) bei Gericht geltend gemacht werden.

Prospekthaftung nach dem Kapitalmarktgesetz

„Prospekte" sind wesentliche Informationsquellen für Anlagegeschäfte. Das Kapitalmarktgesetz sieht für bestimmte Wertpapiere und Veranlagungen eine Prospektpflicht vor: Ein erstmaliges öffentliches Angebot von Wertpapieren oder Veranlagungen darf im Inland erst nach Veröffentlichung eines Prospektes erfolgen. Das gilt für die meisten Produkte, die Privatanlegern offeriert werden.

Farbfolder und Prospekte

Ausgenommen von der Prospektpflicht sind aber zum Beispiel Wertpapiere von Bund und Ländern, Wertpapiere über einen hohen Nennbetrag und Wertpapiere, die nur einem begrenzten Personenkreis im Rahmen von dessen beruflicher oder gewerblicher Tätigkeit angeboten werden. In allen anderen Fällen muss ein Prospekt erstellt und auf diese Prospektpflicht auch in der Werbung für die Veranlagung hingewiesen werden.

Ausnahmen

Unter „Prospekt" meint das Kapitalmarktgesetz nicht die übliche bunte Hochglanzbroschüre, mit der oft marktschreierisch zum Kauf eingeladen wird. Also nicht die Werbung.

Im Prospekt muss eine Fülle von – oft auch trockener – Information stehen. Der Prospekt muss alle Angaben enthalten, die dem Anleger ermöglichen, sich ein fundiertes Urteil über die Vermögenslage, insbesondere über die Vermögens-, Finanz- und Ertragslage des Emittenten und dessen Entwicklungsaussichten und über die mit den Wertpapieren/Veranlagungen verbundenen Rechte zu bilden. Mit „Emittent" ist derjenige (Unternehmen oder sonstige Person) gemeint, dessen Wertpapiere oder Veranlagungen Gegenstand des öffentlichen Angebotes sind.

EU bringt Vereinfachung

Mit der Anpassung des Investmentfondsgesetzes an die entsprechende EU-Richtlinie ab Februar 2004 sollte es für Anleger etwas leichter werden, mit Prospekten auch wirklich etwas anzufangen. Denn explizit wird künftig eine für Konsumenten leicht verständliche Darstellung aller Vor- und Nachteile des Produktes verlangt.

Der vollständige Inhalt des Prospekts ist zu veröffentlichen:

- im Amtsblatt zur Wiener Zeitung und in einer Zeitung mit einer Verbreitung im gesamten Bundesgebiet oder
- in einer Broschüre, die am Sitz des Emittenten und des als Zahlstelle fungierenden Kreditinstituts Interessenten in ausreichender Zahl und kostenlos zur Verfügung gestellt wird, also einer Bank mit Filialnetz oder
- auf der Homepage des Emittenten und des als Zahlstelle fungierenden Kreditinstituts.

Auch Änderungen der Verhältnisse, die eine Beurteilung der öffentlich angebotenen Wertpapiere oder Veranlagungen beeinflussen können, müssen unverzüglich veröffentlicht werden, solange das prospektpflichtige Angebot aufrecht ist. Der Prospekt muss also aktuell sein.

Grundsatz: Vertrauen

Jeder Anleger darf auf die Richtigkeit und Vollständigkeit des Prospekts vertrauen. Für einen Schaden, der dem Anleger im Vertrauen auf die Richtigkeit oder Vollständigkeit der Prospektangaben entstanden ist, haften:

- der Emittent für unrichtige oder unvollständige Prospektangaben infolge eigenen Verschuldens oder Verschuldens von Hilfspersonen, die von ihm zur Prospekterstellung herangezogen wurden,
- der Prospektkontrollor für durch grobes Verschulden verursachte unrichtige oder unvollständige Prospektkontrolle,
- die Vertriebspersonen (Vermittler, Makler etc.), wenn sie die Prospektmängel kannten oder infolge grober Fahrlässigkeit nicht kannten,

- die Abschlussprüfer unter bestimmten eingeschränkten Voraussetzungen, nämlich wenn sie in Kenntnis der Unrichtigkeit oder Unvollständigkeit der Prospektangaben einen Jahresabschluss mit einem Bestätigungsvermerk versehen haben.

Die Haftung ist grundsätzlich auf den Erwerbspreis zuzüglich Zinsen und Spesen beschränkt. Im Vorhinein ausgeschlossen oder eingeschränkt kann sie nicht werden. Schadenersatzansprüche aus Prospekthaftung verjähren binnen fünf Jahren nach Beendigung des Angebotes.

Verjährung

Neben der ausdrücklich geregelten Prospekthaftung nach dem Kapitalmarktgesetz werden in Österreich von den Gerichten ganz allgemein Grundsätze einer Prospekthaftung anerkannt – also auch bei Wertpapieren/Veranlagungen, für die nicht die Prospektpflicht nach dem Kapitalmarktgesetz gilt. Grundsätzlich dürfen Interessenten für eine Anlage darauf vertrauen, dass ein Prospekt von den hiefür Verantwortlichen mit entsprechender Sorgfalt erstellt und geprüft wurde und dass über alle Umstände aufgeklärt wurde, die für den Entschluss der Beteiligung von wesentlicher Bedeutung sind. Die für den Prospekt verantwortlichen Personen haften dem Anleger für die Verletzung von vertraglichen wie auch vorvertraglichen Schutz- und Aufklärungspflichten. Diese Schadenersatzansprüche verjähren binnen drei Jahren ab Schadenseintritt.

Allerdings ist auch diese Frist respektive der Beginn ihrer Laufzeit problematisch. Auch dazu gibt es bereits Rechtsprechung. Der Verein für Konsumenteninformation hat in seiner Konsumentenrechtlichen Entscheidungssammlung (KRES) dokumentiert, dass die Verjährungsfrist in manchen Fällen schon beim Produktkauf zu laufen beginnen kann.

Problematische Frist

Lesen Sie mehr dazu im Anhang, Seite 226ff.

Aus der Praxis

Tiroler Loden

Eine spektakuläre Entscheidung in Sachen Prospekthaftung wurde von Anlegern im Fall Tiroler Loden AG erwirkt. Die Pleite ereignete sich zwar, noch bevor Börse- und Kapitalmarktgesetz in Kraft traten. Dennoch hat der Oberste Gerichtshof (OGH) den Fall einer Prospekthaftung nach allgemeinem Zivilrecht angenommen. Die Anleger erhielten Schadenersatz.

Unrichtige Prospektangaben

Eine österreichische Bank führte für die Tiroler Loden AG sowohl die erste Aktienemission als auch die Emission anlässlich einer Kapitalerhöhung durch. Als Grundlage wurden in Zusammenarbeit zwischen Bank und AG, die das Datenmaterial zur Verfügung stellte, ein Prospekt erstellt. Bei der Emission anlässlich der Kapitalerhöhung 1988 wurden die übergebenen Daten von der Emissionsbank ungeprüft übernommen und im Emissionsprospekt sowie in einem weiteren Farbfolder als „gut angelegt" wiedergegeben. Beide Publikationen erweckten den Eindruck eines blühenden Unternehmens.

Diese Informationen waren falsch. Tatsächlich ging es der Tiroler Loden AG schlecht, 1991 wurde der Konkurs eröffnet, die Aktien waren wertlos.

Zahlreiche Anleger klagten die Emissionsbank. Sie hatten sich aufgrund der Prospektangaben, die ein blühendes Unternehmen suggerierten, zum Aktienkauf entschlossen und dann ihr Geld verloren. Das verlangten sie von der Bank zurück.

Der OGH gab ihnen letztlich Recht: Er sprach aus, dass die Bank aufgrund der unrichtigen Prospektangaben für den eingetretenen Vertrauensschaden haftet.

Ein schöner Erfolg für die Anlegerschaft, der allerdings mühsam erkämpft wurde, denn die Kosten für das Gutachten eines Buchsachverständigen mussten vorfinanziert werden!

Auch Wirtschaftsprüfer haften!
Der Fall Riegerbank-Anleihe

Dass auch Wirtschaftsprüfer haften – und das nicht bloß auf dem Papier –, zeigt der Fall der Riegerbank-Anleihe.

Zuerst eine Topempfehlung

Vielleicht erinnern Sie sich: Die Unternehmensanleihe war eine Topempfehlung in manchen Medien und wurde als besonders lukrativ bewertet, bot sie doch 7,5 Prozent Verzinsung bei einer Laufzeit von 4 Jahren zu einer Nominale von 10.000 (damals noch) Schilling.

Im April 1998 erfolgte die Emission der R-Anleihe mit riesigem Werbeaufwand und unter Applaus einiger Medien. Der Vertrieb der Anleihe erfolgte durch die Diskont Bank.

Schon im Oktober 1998 wurde das Konkursverfahren über das Vermögen der Riegerbank eröffnet. Die erreichbare Quote erschien ganz gering, das heißt: Zum Aufteilen war kaum etwas da. Der Schaden für Anleger summierte sich letztlich auf 170 Millionen Schilling abzüglich der Konkursquote.

In den folgenden Wintermonaten liefen bei der Arbeiterkammer Niederösterreich (AKNÖ) die Telefone heiß. Hunderte Geschädigte meldeten sich. Sie hatten die im Verkaufsprospekt abgedruckten und testierten (also vom Wirtschaftsprüfer bestätigten) Bilanzen als Hauptgrund für ihre Kaufentscheidung gewählt. Leider basierte der darin ausgewiesene Bilanzgewinn auf gefälschten Saldenbestätigungen der Bank.

Bank-Konkurs

Im September 1999 schließlich übernahm die AKNÖ die Klagsbetreuung inklusive allfälliger Ausfallshaftungen für die Prozesse. Beklagt wurde der Wirtschaftsprüfer, der ja die Bilanz bestätigt hatte. Im Laufe der Instanzen bestätigte schließlich der Oberste Gerichtshof (OGH) die Haftung des Wirtschaftsprüfers gegenüber Dritten (den Anlegern). Damit war ein bis dato noch nicht ausjudizierter Rechtsraum geschlossen.

Einige Verfahren zur R-Anleihe bezüglich Beraterhaftung und Amtshaftung laufen noch.

Amtshaftung der Republik

Dass auch die Amtshaftung der Republik nicht bloße Makulatur ist, beweist der jüngste Entscheid des OGH (März 2002) in der Causa BHI:

Darin bejaht der OGH eine Amtshaftung der Republik Österreich im Fall der durch betrügerisches Handeln in die Pleite geschlitterten Bank für Handel und Industrie (BHI). Die Klage hatte ein Feststellungsbegehren zum Inhalt, wonach die Republik Österreich für jene Schäden haften sollte, die den Anlegern dadurch entstehen, dass sie keine gänzliche Befriedigung ihrer im Konkurs der Bank angemeldeten und anerkannten Forderungen erhalten. Grundlage der Klage war das rechtswidrige und schuldhafte Handeln des Bankprüfers: Der

Pleite durch betrügerisches Handeln

Bankprüfer hatte ab 1987 jährlich den Bericht über die Prüfung des Jahresabschlusses und den bankenaufsichtlichen Prüfbericht an das Bundesministerium für Finanzen erstattet. Die Frage der Errichtung und Erfüllung der Prüfpflicht wurde noch im Prüfbericht 1987 mit „Nein" bzw. „erläuterungsbedürftig" beantwortet.

Haftung der Republik

Ab 1988 wurde die Ordnungsgemäßheit der internen Kontrolle jedoch vom Bankprüfer bestätigt, obwohl er deren Ordnungswidrigkeit zumindest hätte erkennen können. Durch eine ordnungsgemäß organisierte und funktionierende interne Kontrolle hätten jedoch die Unregelmäßigkeiten, welche schlussendlich zum Konkurs der BHI geführt hatten, mit „höchster Wahrscheinlichkeit" aufgedeckt werden können. Daraus ergab sich eine Haftung der Republik für die Forderungen der Anleger.

Der Konsumentenschutz bei Geldanlagegeschäften

Laut Konsumentenschutzgesetz haben Verbraucher beim Erwerb von Veranlagungen verschiedene Rechte, die sie gegen die Übermacht von Anlageunternehmen schützen.

Rechtsgeschäfte mit Unternehmern

Das Konsumentenschutzgesetz schützt Sie bei Rechtsgeschäften mit Unternehmern. Unternehmer ist dabei „jemand, für den das Geschäft zum Betrieb seines Unternehmens gehört". Das kann eine Einzelperson, eine Aktiengesellschaft, eine GmbH oder ein Verein sein. Verbraucher ist laut Gesetz jeder, „für den das nicht zutrifft", der eben kein Unternehmer ist.

Sie stehen also unter bestimmtem Schutz, wenn Sie privat eine Veranlagung kaufen. Sind Sie aber auch geschützt, wenn Sie zwar Unternehmer sind, Anlagegeschäfte aber nicht zu Ihrem Unternehmensinhalt gehören? Also wenn Sie zum Beispiel Arzt mit eigener Ordination sind? Ja.

Aus der Praxis

Eines Tages steht ein Berater unangemeldet vor Ihrer Tür. Er hat auch schon alle unterschriftsreifen Verträge in der Hand

Rechte und Schutz

und verfügt noch dazu über die legendäre Überredungskunst eines Vertreters, der einem Bauern ohne Stromanschluss eine Melkmaschine verkauft und als Anzahlung die einzige Kuh mitnimmt. Sie haben keine andere Chance und unterschreiben.

Der Berater war natürlich unseriös. Der Vertrag birgt im klein Gedruckten nur Vorteile für den Unternehmer und nicht für Sie. Er bindet Sie womöglich auch sehr lange an ein völlig unattraktives Anlageprodukt, weil Sie den Ertrag über 10, 20 oder noch mehr Jahre nicht kündigen können und kein oder ein nur sehr enger Wiederverkaufsmarkt besteht. Sie können also Ihr teuer erworbenes Produkt auch im besten Fall nur mehr um einen Teil Ihres eingesetzten Geldes weiter verkaufen.

Haustürgeschäfte

Und wenn Sie die Vertragsdauer brav und geduldig absitzen, dann stellt sich heraus, dass der erhoffte Ertrag schon von den Spesen, die das Unternehmen kontinuierlich verrechnet hat, zu einem erheblichen Teil aufgefressen und der Rest verwirtschaftet wurde.

Wenig bleibt

Was also tun?

So genannte Haustürgeschäfte – wie soeben geschildert – sind zwar bei Staubsaugern, Bettdecken und Melkmaschinen nicht grundsätzlich bedenklich. Für Unternehmer im Geldanlagebereich sind sie jedoch verboten! Finanzberater dürfen Verbraucher nur aufgrund einer Einladung aufsuchen (nach § 12 Wertpapieraufsichtsgesetz).

Gültig oder nicht?

Taucht aber dennoch ein Anlageberater ungebeten auf und Sie schließen einen Vertrag über ein Anlageprodukt ab, so ist dieser Vertrag nicht automatisch ungültig. Neben allfälligen Ansprüchen auf Schadenersatz steht Ihnen aber als Verbraucher jedenfalls ein Rücktrittsrecht (§ 3 Konsumentenschutzgesetz) und unter Umständen sogar ein erweitertes Rücktrittsrecht (§ 12 Wertpapieraufsichtsgesetz) zu.

> **Tipp**
>
> Packen Sie Reue und Einsicht schon, nachdem der Anlageberater aus Ihrer Tür gegangen ist, dann sind Sie am besten dran. Sie können ganz einfach vom Vertrag zurücktreten.
>
> Dieses Recht steht Ihnen grundsätzlich zu, allerdings mit einigen Ausnahmen:
>
> Der Vertrag darf weder in einem Geschäftsraum noch auf einem Markt- oder Messestand des Finanzberaters abgeschlossen und unterschrieben worden sein.
>
> Aber: Angenommen, der Finanzberater hat Sie zu einer Werbefahrt, einer Ausflugsfahrt oder einer ähnlichen Veranstaltung eingeladen oder durch ein persönliches Gespräch in seine Geschäftsräume gebracht, dann können Sie auch sehr einfach zurücktreten, wenn Sie unterschrieben haben.

Wer hat den Kontakt angebahnt?

Ein recht typischer Fall ist, dass ein Berater Sie privat in Ihrer Wohnung oder auch an Ihrem Arbeitsplatz aufgesucht hat – und zwar unaufgefordert. Haben Sie selbst den Kontakt angebahnt, dann billigt Ihnen zwar das Konsumentenschutzgesetz kein Rücktrittsrecht zu, wohl aber – unter bestimmten Voraussetzungen – das Wertpapieraufsichtsgesetz (siehe unten).

Als vom Verbraucher „angebahnt" gilt eine Geschäftsbeziehung dann, wenn dieser etwa nach Zusendung einer Werbebroschüre oder aufgrund einer Zeitungsanzeige beim Unternehmer anruft oder auf einer vorgedruckten Antwortkarte aus einer Werbebroschüre einen Berater zum Besuch einlädt. Die bloße Einsendung eines Informationsgutscheines oder das Ersuchen um Übersendung von Prospektmaterial allein gelten noch nicht als „Anbahnen" einer Geschäftsbeziehung.

Zurücktreten können Sie übrigens auch dann nicht mehr, wenn dem Vertrag keine Besprechung zwischen Ihnen und dem Berater vorangegangen ist. Dies dürfte aber im Bereich Anlagenvertrieb in der Praxis kaum vorkommen.

Das erweiterte Rücktrittsrecht nach § 12 Wertpapieraufsichtsgesetz

Geht es bei dem abgeschlossenen Vertrag um den Erwerb einer Veranlagung im Sinne des § 1 Abs. 1 Ziffer 3 Kapitalmarktgesetz (Schuldverschreibungen von Kreditinstituten) oder von Anteilen an Kapitalanlagefonds oder ähnlichen Einrichtungen, dann kann jeder Verbraucher auch dann zurücktreten, wenn er die Geschäftsbeziehung selbst angebahnt hat.

Hat der Verbraucher also selbst auf dem Kartenvordruck der Werbebroschüre den Berater eingeladen, so kann er dennoch vom daraus in der Folge entstandenen Vertrag zurücktreten.

Tipp

Das Wertpapieraufsichtsgesetz schützt bedauerlicherweise nicht bei allen Geschäftsabschlüssen außerhalb der Geschäftsräume eines Anlageunternehmens, die vom Verbraucher selbst angebahnt wurden. Es erstreckt sich vielmehr nur auf bestimmte Produkte. Ob daher im konkreten Fall ein erweitertes Rücktrittsrecht besteht, sollten Sie möglichst schnell von Fachleuten klären lassen. Holen Sie daher umgehend rechtlichen Rat ein, wenn Sie von einem übereilten Wertpapiergeschäft, das Sie selbst angebahnt haben, zurücktreten wollen!

Nur bestimmte Produkte

Wichtiges zum Rücktrittsrecht

Das Rücktrittsrecht ist befristet. Der Rücktritt kann nur binnen einer Woche nach Vertragsabschluss erklärt werden. Diese Frist beginnt aber erst zu laufen, wenn Ihnen eine Urkunde ausgehändigt wird, die zumindest Namen und Anschrift des Unternehmers, die zur Identifizierung des Vertrages notwendigen Angaben sowie eine Belehrung über das Rücktrittsrecht enthält.

Binnen einer Woche

Der Rücktritt muss schriftlich erfolgen. Es reicht allerdings, wenn das bei Vertragsabschluss ausgehändigte Formular mit dem Vermerk „Rücktritt" zurückgeschickt wird. Die Rücktrittserklärung ist dann rechtzeitig erfolgt, wenn sie nachweislich binnen der gesetzlichen Wochenfrist abgeschickt wird. (Nachweis: Aufgabeschein.)

Die Bestimmungen zum Rücktritt vom Vertrag gelten auch dann, wenn Verbraucher nur ein Vertragsangebot abgeschickt haben, an das sie gebunden sind. Auch in diesem Fall ist Rücktritt zu obigen Bedingungen möglich.

Tipp

Verlieren Sie keine Zeit

Wenn Ihnen nach Vertragsabschluss gleich mulmig ist, warten Sie nicht zu und zögern Sie nicht. Denn die Zeit arbeitet bei der Rücktrittsfrist gegen Sie. Treten Sie sofort schriftlich zurück und dokumentieren Sie genau, wann Sie den Rücktritt schriftlich bekannt gegeben haben.

Irrtumsrücktrittsrecht

Ein Verbraucher kann auch dann von einem Vertragsantrag oder Vertrag zurücktreten, wenn ihm vorher maßgebliche Umstände als wahrscheinlich dargestellt werden, diese aber dann nicht oder in nur erheblich geringerem Ausmaße eintreten (§ 3a Konsumentenschutzgesetz).

Beispiel

Ein Berater preist die Ausgabe eines Produktes als zur Gänze von der Steuer absetzbar an. Oder es wird ein günstiger Kredit für die Finanzierung in Aussicht gestellt, der dann aber gar nicht erlangt werden kann. Der Rücktritt kann dann ab jenem Zeitpunkt binnen einer Woche erklärt werden, ab dem für Verbraucher absehbar war, dass das Erwartete nicht oder nur in sehr geringem Maße eintrifft.

Rücktrittsrecht gemäß § 5 Kapitalmarktgesetz

Verbraucher haben auch ein Rücktrittsrecht, sofern ein prospektpflichtiges Angebot über Kapitalanlagen (im Sinne § 1

Kapitalmarktgesetz) ohne vorangegangene Veröffentlichung eines Prospektes oder bestimmter Angaben nach § 6 Kapitalmarktgesetz erfolgt ist.

Weiters steht Verbrauchern ein Rücktrittsrecht zu, wenn der Unternehmer bei Immobilienveranlagungen keine Bestätigung über den Erwerb ausgestellt hat.

Die Frist für einen solchen Rücktritt erlischt eine Woche nach dem Tag der Prospektveröffentlichung oder des Ausstellens der Bestätigung über den Erwerb. Auch in diesem Fall ist der Rücktritt schriftlich zu erklären.

Nehmen Sie rechtliche Beratung in Anspruch

Wegen der ziemlich komplizierten Materie empfiehlt es sich auch hier, rechtliche Beratung in Anspruch zu nehmen.

Geldgeschäfte via Internet

Shopping im Web ist „in", birgt aber Gefahren. Die Grenzenlosigkeit des World Wide Web hat offene Türen für alle Arten von Anbietern mit allen möglichen Motiven. Den spezifischen Erfordernissen des Konsumentenschutzes im Internet versucht das Fernabsatzgesetz gerecht zu werden. Es sieht ein zusätzliches Rücktrittsrecht vor, gilt aber leider nicht für Geschäfte im Rahmen von Finanzdienstleistungen. Da Verträge über Finanzdienstleistungen ohnehin Vertrauenssache sind und längerer Überlegung und eingehender Prüfung bedürfen, gilt für die Geldanlage – sofern Sie nicht schon mit vielen Wassern gewaschener Profi sind – prinzipiell: Hände weg von Geschäften via Internet.

Hände weg

Neue Fernabsatzrichtlinie der EU ab 2004

Allerdings sollten Konsumenten als Geldanleger via Internet spätestens ab Oktober 2004 besser gestellt und besser geschützt sein. Ab diesem Zeitpunkt muss Österreich nämlich die europäische Fernabsatzrichtlinie umgesetzt haben. Sie gilt für so genannte Fernkommunikationsmittel wie Telefon, Telefax und E-Mail, wobei Anbieter und Verbraucher nicht gleichzeitig am selben Ort zwecks Vertragsabschlusses anwesend sind.

Die Richtlinie gilt für jede Bankdienstleistung, für jede Dienstleistung der Kreditgewährung, für Versicherungen, für die

Altersvorsorge, für Zahlungen und den gesamten Bereich der Geldanlage.

Die Besonderheit für Sie dabei: Sie haben bei solcherart abgeschlossenen Geschäften ein 14-tägiges Rücktrittsrecht. Im Falle von Lebensversicherungen und Altersvorsorgeprodukten erstreckt sich dieses Rücktrittsrecht sogar auf 30 Tage.

Gilt nicht für „Trader"

Allerdings haben Sie durch diese Neuerung weiterhin kein Rücktrittsrecht bei Finanzdienstleistungen, deren Preis Schwankungen am Finanzmarkt unterliegen. Das wären zum Beispiel Devisengeschäfte oder alle Arten von Internetbroking, wobei Sie ein Wertpapier, ein Zertifikat oder Ähnliches direkt kaufen.

Tipp

Lassen Sie sich nicht überrumpeln

Beenden Sie überraschende Anrufe von irgendwelchen Finanzanbietern, die Ihnen unangenehm sind. Lassen Sie sich auf keine überraschenden Türgeschäfte ein. Zahlen Sie niemals Geld auf Auslands- oder Sammelkonten ein. Klären Sie die Seriosität des Anbieters via Konzession und auch via Reputation in der Branche ab. Erkundigen Sie sich über alle angebotenen Produkte so lange, bis alle Vor- und Nachteile klar auf dem Tisch liegen und Ihnen auch verständlich und nachvollziehbar sind. Geben Sie sich nie mit rein verbalen Versicherungen oder Versprechen zufrieden, sondern lassen Sie sich alles schriftlich geben – vor allem, welche Konsequenzen ein Ausstieg aus dem Produkt, sei es ein regulärer oder vorzeitiger, hat. Vielleicht ist ein solcher gar nicht möglich! Gerade beliebte Kapitalgarantien haben meist die Eigenschaft, bei vorzeitigem Ausstieg nicht wirksam zu werden. Darin steckt enormes Verlustpotenzial für Anleger.

Erfragen Sie die Rückgabekonditionen genau. Viele Fonds haben gewaltige Rücknahmespesen, weil sie zuvor mit Null-Ausgabeaufschlag beworben wurden.

Sprechen Sie alle Eventualitäten, etwa ein Aussetzen der Prämienzahlungen oder monatlichen Einlagen (wegen Arbeitslosigkeit, Karenz oder anderer Umstände) genau durch und halten Sie diese schriftlich fest. Lassen Sie sich die erwartete Rendite des Produktes nach allen Kosten schriftlich darlegen. Verlangen Sie regelmäßige, unaufgeforderte, schriftliche Information über den laufenden Anlageerfolg.

Rechte und Schutz

Webtipp

Aktuelles zum Verbraucherrecht finden Sie unter:
www.verbraucherrecht.at

Stolpersteine beim Vertragsabschluss

Wie bei allen Schritten der Geldanlage gilt auch für den Vertragsabschluss: Lassen Sie sich Zeit! Wie schon ein Sprichwort sagt: Die besten Geschäfte sind die schlechten, die man nicht gemacht hat.

Nehmen Sie sich genügend Zeit

Besprechen Sie das geplante Investment mit der Familie, mit Freunden oder Menschen Ihres Vertrauens. Vor einer definitiven Entscheidung sollten Sie zumindest zwei weitere Angebote eingeholt haben und sich so die Chance für Vergleiche einräumen. Oder Sie lassen unabhängige Fachleute das Angebot prüfen. Solche Dienstleistungen bieten sowohl der Verein für Konsumenteninformation als auch die Arbeiterkammern an (Adressen siehe Anhang, Seite 230ff.).

Halten Sie Rücksprache

Im Vergleich zum Verkäufer ist der Finanzkunde ja nur einmal stark, nämlich vor der Unterschrift. Alles, was Sie danach ändern oder rückgängig machen wollen, ist entweder enorm teuer oder gänzlich unmöglich (Ausnahme: Rücktrittsrecht, siehe Seite 161ff.).

Darauf sollten Sie beim Vertragsabschluss achten:

- Lesen Sie den gesamten Vertrag durch, auch wenn es mühsam und langwierig ist. Bleibt Ihnen der Inhalt unklar oder ist er in einer unverständlichen Sprache verfasst, so fragen Sie so lange nach, bis alles klar und verständlich ist. Dritte zum Gegenprüfen zu bitten schadet nie.
- Vertragswerke mit mehr als drei Seiten bei der Geldanlage sollten überhaupt nicht unterschrieben werden.
- Lesen Sie in jedem Fall das klein Gedruckte und überlegen Sie die möglichen Konsequenzen schriftlich.
- Unterschreiben Sie erst, wenn alle Unklarheiten beseitigt sind. Bleibt etwas unklar, dann unterschreiben Sie im Zweifel den Vertrag gar nicht.
- Bei Anbietern außerhalb des EWR, das gilt auch für die Schweiz und die USA, oder bei Vermittlern, die mit solchen Anbietern zusammenarbeiten, wird eine mögliche Rechtsdurchsetzung schwierig. Möglichkeiten im Krisenfall sollten genau besprochen und schriftlich festgehalten werden.

7 Ihre spezifischen Rechte

Wenn Sie mit einem Finanzberater einen Vertrag zur Geldanlage abschließen, dann haben Sie – wie das vorige Kapitel zeigt –, eine Menge Rechte, die Sie schützen.

Zwar kommen nur die wenigsten Schadensfälle zu den Gerichten – die Judikatur dazu ist bis dato in Österreich aber überwiegend zugunsten der Anleger ausgefallen.

Emittenten und Anbieter müssen auf der Grundlage des Aktiengesetzes, des Wertpapieraufsichtsgesetzes, des Bankwesengesetzes, des Investmentfondsgesetzes und anderer juristischer Rahmen agieren. Gleichzeitig werden Ihnen mit dem Erwerb eines spezifischen Wertpapiers aber auch spezifische Rechte zuteil.

Als Aktionär profitieren Sie am meisten davon – als solcher verfügen Sie auch über den direktesten Zugang zur Entscheidungsbildung im Unternehmen. Theorie und Praxis klaffen allerdings – wie so oft – auseinander. Gerade bei Aktien gilt aber: Kleine Aktionäre sind gegenüber großen im Nachteil. Allerdings nur solange sie allein und getrennt voneinander um ihre Rechte kämpfen. Dass ein gemeinsames Vorgehen Kleinanlegern bei Übernahmen schon Millionen eingebracht hat, zeigen die Erfolge des Interessenverbandes der Anleger IVA. Lesen Sie mehr dazu in Kapitel 9 „Hilfe bei der Rechtsdurchsetzung", Seite 203ff.

Kleinere Aktionäre sind im Nachteil

Ihre Rechte als Aktionär

Als Aktionär gehört Ihnen ein Teil der Aktiengesellschaft. Als solcher Eigentümer konsumieren Sie nicht nur die Produkte des Unternehmens, sondern Sie haben Mitbestimmungsrechte. Sie gestalten das Schicksal der Gesellschaft mit.

Mitbestimmungsrechte

Das klingt zwar sehr gut, in der Praxis sieht es aber anders aus und Ihre Rechte beschränken sich – wenn Sie nicht mit Nachdruck und Konsequenz darum kämpfen – auf ein (hoffentlich gutes) Büfett nach der ordentlichen Hauptversammlung. Es sei denn, Sie heißen etwa Rothschild und halten ein riesiges Aktienpaket. Ist das nicht der Fall, dann gehören Sie als Privataktionär zu einer Minderheit und heißen auch Minderheitsaktionär, vielleicht Streubesitzaktionär. Ihnen stehen in der Regel ein oder mehrere Großaktionäre gegenüber, das sind eben jene Miteigentümer mit entsprechend großen Aktienpaketen, die in der Firma das Sagen haben und durchaus auch eigene Interessen durchsetzen können.

Minderheitenschutz

Pure Willkür darf aber dennoch nicht herrschen, schließlich leben wir in einem Rechtsstaat. Das Gesetz sieht – zumindest auf dem Papier – einen gewissen Minderheitenschutz und Standardrechte für alle Aktionäre vor. Gewisse Rechte können von jedem Aktionär – ohne Rücksicht auf die Höhe seiner Beteiligung – ausgeübt werden, andere sehen eine gewisse Mindestbeteiligung vor. Dass sich Minderheitsaktionäre ihrer Rechte zunehmend bewusst werden und diese auch ausüben, hat sich in den vergangenen Jahren auch in Österreich gezeigt. Hauptversammlungen sind nicht mehr reine Büfett-Treffs, sondern Vorstände und Aufsichtsräte kommen ins Schwitzen. Wesentlichen Anteil daran hatten der Interessenverband für Anleger (IVA) und auch der Druck der Medien.

Rechte, die jeder Aktionär **ohne Rücksicht auf die Höhe seiner Beteiligung** hat, sind etwa:
- Teilnahme an der Hauptversammlung
- Fragerecht in der Hauptversammlung
- Stimmrecht (ausgenommen: stimmrechtslose Vorzugsaktien)
- Recht, gegen in der Hauptversammlung gefasste Beschlüsse Anfechtungs- und Nichtigkeitsklage zu erheben

Rechte von Aktionären, die insgesamt **mindestens 5 Prozent des Grundkapitals** der Gesellschaft repräsentieren, sind insbesondere:
- Einberufung einer Hauptversammlung
- Aufnahme eines neuen Tagesordnungspunktes in die Tagesordnung einer Hauptversammlung

> Rechte von Aktionären, die insgesamt **mindestens 10 Prozent des Grundkapitals** repräsentieren, sind u.a.:
> - Einleitung einer Sonderprüfung bestimmter Vorgänge der Geschäftsführung
> - Abberufung von entsandten Aufsichtsratsmitgliedern durch das Gericht aus wichtigem Grund

Die Hauptversammlung

„Die Aktionäre üben ihre Rechte in den Angelegenheiten der Gesellschaft in der Hauptversammlung aus, soweit das Gesetz nichts anderes bestimmt", sagt lapidar § 102 Aktiengesetz. Tatsächlich ist die Hauptversammlung die Bühne, auf der Sie auch als Kleinaktionär groß auftreten können. In der Hauptversammlung werden jene Entscheidungen getroffen oder – besser – abgesegnet, die das Schicksal der Gesellschaft bestimmen. Diese Entscheidungen fallen in Form von Beschlüssen, die zu einzelnen Tagesordnungspunkten gefasst werden. Stimmberechtigt sind alle Aktionäre, die an der Hauptversammlung teilnehmen oder sich dort vertreten lassen (ausgenommen wiederum: stimmberechtigte Vorzugsaktionäre). Beschlüsse kommen nach dem Mehrheitsprinzip zustande. In der Regel genügt die einfache Mehrheit des von den anwesenden oder vertretenen Aktionären gehaltenen Grundkapitals, für bestimmte Beschlüsse (etwa Satzungsänderungen) ist eine qualifizierte Mehrheit von zwei Dritteln oder drei Vierteln erforderlich.

Die Bühne für Kleinanleger

Vorbereitung/Einberufung der Hauptversammlung, Teilnahmerecht

Zwingend ist einmal jährlich eine ordentliche Hauptversammlung einzuberufen. Sie dient der Präsentation des vom Aufsichtsrat gebilligten und somit festgestellten Jahresabschlusses und der Berichte von Vorstand und Aufsichtsrat (die Hauptversammlung selbst stellt den Jahresabschluss nur in bestimmten Ausnahmefällen fest). Weitere Tagesordnungspunkte der ordentlichen Hauptversammlung sind: Beschlussfassung über die Gewinnverteilung (sofern Gewinn vorhanden!), also die

Die Tagesordnung

Recht auf Kopien der Vorlagen

Dividendenzahlung, Entlastung von Vorstand und Aufsichtsrat, Wahl der Abschlussprüfer für das laufende Geschäftsjahr.

Schon vor dieser ordentlichen Hauptversammlung hat jeder einzelne Aktionär standardisierte Rechte: Der Jahresabschluss und der Konzernabschluss nebst dem Bericht des Aufsichtsrates sind mindestens während der letzten 14 Tage vor dem Tag der Hauptversammlung in den Geschäftsräumen der Gesellschaft zur Einsicht der Aktionäre aufzulegen. Jeder Aktionär kann weiters verlangen, dass ihm spätestens 14 Tage vor der Versammlung Kopien der Vorlagen übergeben werden.

Hinweis

Hält sich die Gesellschaft nicht an diese Rechte, sind die zur Verteilung des Bilanzgewinns und Entlastung von Vorstand und Aufsichtsrat gefassten Beschlüsse anfechtbar.

Einberufung via Wiener Zeitung

Die Einberufung der Hauptversammlung erfolgt regelmäßig in der Wiener Zeitung, weil in Österreich die Aktionäre der Gesellschaft mit ihren Inhaberaktien ja nicht namentlich bekannt sind. Zwischen dem Tag der letzten Veröffentlichung der Einberufung und dem Tag der Hauptversammlung muss ein Zeitraum von mindestens 14 Tagen liegen. Die Ankündigung muss den Zweck der Hauptversammlung nennen, die einzelnen Tagesordnungspunkte sind zu umschreiben, wobei aber eine schlagwortartige Bezeichnung der Gegenstände in der Regel genügt. Maßstab jeder Ankündigung ist, dass die Aktionäre in die Lage versetzt werden, den Verhandlungsgegenstand deutlich zu erkennen und sich darauf vorzubereiten.

Tipp

Wollen Sie als Aktionär sichergehen, dass Sie keine Einladung zu einer Hauptversammlung versäumen? Dann hinterlegen Sie eine Aktie bei der Gesellschaft und verlangen Sie, dass Ihnen der Termin jeder Hauptversammlung und die Gegenstände der Verhandlung vorher mit eingeschriebenem Brief mitgeteilt werden.

Ihre spezifischen Rechte

Die Satzungen von Aktiengesellschaften sehen als Voraussetzung für die Teilnahme an der Hauptversammlung der Aktionäre regelmäßig vor, dass die Aktien bis zu einem bestimmten Zeitpunkt vor der Hauptversammlung bei einem inländischen Kreditinstitut oder bei einem Notar hinterlegt werden. Haben Sie Ihre Aktien auf einem Depot, so erledigt Ihre Bank die nötigen Formalitäten für Sie und händigt Ihnen auf Verlangen auch eine Stimmkarte aus. Mit der können Sie dann zur Hauptversammlung gehen. Bewahren Sie Ihre Aktien allerdings zu Hause oder anderswo auf, so müssen Sie selbst für die rechtzeitige Hinterlegung der Aktien – wie von der Satzung gefordert – und deren Nachweis sorgen. **Hinterlegung**

Sieht die Satzung einer Aktiengesellschaft – ausnahmsweise – keine derartigen Formalitäten vor, so reicht es, wenn Sie Ihre Teilnahme an der Hauptversammlung spätestens drei Tage vorher bei der Gesellschaft anmelden.

Ihre Rechte in der Hauptversammlung

In der Hauptversammlung steht Ihnen das Rede- und Fragerecht zu. Bei Behandlung eines Tagesordnungspunktes ist jeder Aktionär berechtigt, Stellung zu nehmen. Er muss sich dabei allerdings an das Sachthema halten. Selbstdarstellung in der Hauptversammlung ist nicht unbedingt erwünscht, kommt in der Praxis aber vor.

Das Fragerecht kann wohl als das persönlichste und unmittelbarste Recht des Aktionärs in der Hauptversammlung bezeichnet werden. Es steht jedem Aktionär ohne Unterschied und ohne Bedachtnahme auf Rang, Namen oder Höhe der Beteiligung zu. Das Gesetz sagt dazu: „Jedem Aktionär ist auf Verlangen in der Hauptversammlung Auskunft über Angelegenheiten der Gesellschaft zu geben, die mit dem Gegenstand der Verhandlung im Zusammenhang stehen. Die Auskunftspflicht erstreckt sich auch auf die Beziehungen zu Konzernunternehmen." (§ 112 Aktiengesetz). **Das Fragerecht**

Das Fragerecht macht den Aktionär in der Hauptversammlung sozusagen zum König. Und tatsächlich scheinen manche Aktionäre es sehr zu genießen, wenn die mächtigen Bosse ihnen geduldig Rede und Antwort stehen und auch die kniffligsten Fragen über sich ergehen lassen müssen. Denn die

Verletzung des Fragerechts macht in der Hauptversammlung gefasste Beschlüsse womöglich anfechtbar. Unrichtige Auskünfte sind zudem strafbar.

Galante Tricks

Selbstverständlich weiß auch die Gesellschaft Mittel, um allzu ausführlichem Fragen zu begegnen. Man setzt etwa die Hauptversammlung um die Mittagszeit an und öffnet rechtzeitig die Türen zu einem verführerisch duftenden Büfett. Garantiert werden dem Fragenden viele Zuhörer in Richtung Essen abhanden kommen. Wenn diese dann nicht rechtzeitig zurückkommen, um über kritische Tagesordnungspunkte mit abzustimmen, so erspart sich die Gesellschaft bei der Abstimmung womöglich auch noch einige Gegenstimmen.

> **Hinweis**
>
> Über die Anwesenheit, das An- und Abtreten der Aktionäre muss in der Hauptversammlung streng Buch geführt werden, da die jeweils aktuelle Zahl der anwesenden oder vertretenen Aktionäre den Abstimmungen zugrunde zu legen ist. Wenn Sie also die Hauptversammlung vor dem Ende verlassen, müssen Sie das melden und Ihre Stimmkarte zurückgeben. Oder besser: Sie geben Ihrem Nachbarn oder einer sonstigen anwesenden Person Ihres Vertrauens Vollmacht, auch in Ihrem Namen abzustimmen. Sie müssen das allerdings melden und die bevollmächtigte Person entsprechend instruieren.

Die Gesellschaft kann aber Auskünfte auch schlicht und einfach ganz verweigern, und das womöglich zu Recht, und zwar dann,

- wenn die gestellte Frage eine Angelegenheit betrifft, die mit dem Gegenstand der Verhandlung nicht im Zusammenhang steht (das muss aber nachprüfbar sein!),
- wenn ein Verweigerungsgrund gemäß § 112 Abs. 3 Aktiengesetz gegeben ist.

Verweigerung der Auskünfte

Gemäß § 112 Abs. 3 Aktiengesetz darf eine Auskunft insoweit verweigert werden,

- als die Angaben nach vernünftiger kaufmännischer Beurteilung geeignet sind,
- dem Unternehmen oder einem verbundenen Unternehmen einen erheblichen Nachteil zuzufügen, oder

- es die nationale Sicherheit des Bundes oder das wirtschaftliche Wohl des Bundes, der Länder oder Gemeinden/Gemeindeverbände erfordert.

Verweigert der Vorstand die Auskunft, so kann der fragende Aktionär das Auskunftsverlangen nur dann weiter verfolgen, wenn es vom Aufsichtsrat unterstützt wird. Der Aktionär muss also ausdrücklich – und im Protokoll ersichtlich – die Vorlage der Frage an den Aufsichtsrat verlangen. Unterstützt dieser das Verlangen, muss der Vorstand antworten. Unterstützt er es nicht, kann der Aktionär die in der Hauptversammlung gefassten Beschlüsse anfechten, sofern er der Meinung ist, die Auskunft sei zu Unrecht verweigert worden, und sofern ein Zusammenhang zwischen Beschluss und nicht beantworteter Frage besteht. *Anfechtung*

Jeder Beschluss der Hauptversammlung muss in einer Niederschrift festgehalten werden (Protokoll der Hauptversammlung). Aus diesem Grund werden Sie auch bei jeder Hauptversammlung einen Notar antreffen, der für das Protokoll verantwortlich ist. Für Hauptversammlungen wird auch ein Teilnehmerverzeichnis angelegt. Es enthält die angemeldeten und/oder vertretenen Aktionäre, und zwar unter Angabe von deren Namen, Wohnort, Betrag der vertretenen Aktien und Gattung sowie Angaben über Eigen- oder Fremdbesitz. Sowohl das Protokoll als auch das Teilnehmerverzeichnis sind wichtige Beweismittel, insbesondere in Anfechtungs- und Nichtigkeitsprozessen. *Das Protokoll*

Anfechtungs- und Nichtigkeitsklage

Es ist bereits angeklungen: In manchen Punkten der Hauptversammlung (so z.B. beim Fragerecht) sind die Bosse der Gesellschaft oft wohl nur deshalb so beflissen, weil das Damoklesschwert einer Anfechtungs- oder Nichtigkeitsklage über ihnen schwebt.

Eine Anfechtungsklage kann jeder Aktionär erheben, und sei er auch nur mit 0,0001 Prozent an der Gesellschaft beteiligt. Angefochten werden kann jeder Beschluss, der in der Hauptversammlung gefasst wurde. Ziel der Anfechtungsklage ist, dass der angefochtene Beschluss für ungültig (nichtig) erklärt wird. *Jeder Aktionär ist berechtigt*

Eine der Anfechtungs-Voraussetzungen ist, dass durch den Beschluss der Hauptversammlung das Gesetz oder die Satzung verletzt wurden (z.B. unbegründete Verweigerung einer Auskunft zu einer Frage wesentlicher Bedeutung, ungenaue oder nicht fristgerechte Ankündigung von Tagesordnungspunkten, sachlich nicht gerechtfertigte Ungleichbehandlung der Aktionäre etc.).

Was ist anfechtbar?

Anfechtbar ist insbesondere der Beschluss über die Verteilung des Bilanzgewinnes oder die Entlastung des Vorstands oder des Aufsichtsrates, wenn Jahres- und Konzernabschluss nebst dem Bericht des Aufsichtsrates nicht mindestens während der letzten 14 Tage vor der Hauptversammlung bei der Gesellschaft aufgelegen sind oder Aktionären auf deren Verlangen keine Abschriften erteilt wurden (§ 195 Abs. 4 Aktiengesetz).

Die Anfechtung kann auch darauf gestützt werden, dass ein Aktionär mit der Stimmrechtsausübung vorsätzlich für sich oder einen Dritten gesellschaftsfremde Sondervorteile zum Schaden der Gesellschaft oder ihrer Aktionäre zu erlangen suchte. In der Praxis ist Derartiges natürlich schwer nachweisbar.

Wer darf anfechten?

Eine weitere Voraussetzung besteht darin, dass der anfechtende Aktionär an der Hauptversammlung teilgenommen (entweder selbst oder durch einen Vertreter) und dort gegen den angefochtenen Beschluss Widerspruch zur Niederschrift des Protokolls erklärt haben muss. Ausnahmen: Bei Verdacht der Erlangung von Sondervorteilen ist jeder Aktionär anfechtungsberechtigt; anfechten kann auch der Aktionär, der nur deshalb nicht zur Hauptversammlung erschienen ist, weil er zu Unrecht nicht zugelassen oder die Versammlung oder der Gegenstand der Beschlussfassung nicht gehörig angekündigt wurde.

> **Achtung!**
>
> Sie können als Aktionär einen Hauptversammlungsbeschluss in der Regel nur dann anfechten, wenn Sie in der Hauptversammlung persönlich oder durch einen Bevollmächtigten dagegen Widerspruch zur Niederschrift erklärt haben. Dieser Widerspruch erfolgt am besten, sobald das Abstimmungsergebnis festgestellt wurde. Es genügt die einfache Erklärung: „ Ich erhebe Widerspruch", wobei unbedingt darauf zu achten ist, dass diese Erklärung auch registriert und protokolliert wird.

Ihre spezifischen Rechte

Voraussetzung ist auch, dass die Anfechtungsklage binnen einem Monat nach der Hauptversammlung bei Gericht eingebracht werden muss.

Fristen für die Klage

Für Anfechtungsklagen gilt: Keine Gesellschaft liebt sie, denn sie bereiten Unannehmlichkeiten. Das führte in unserem Nachbarland Deutschland schon dazu, dass sich Gesellschaften von „räuberischen Aktionären", die Anfechtungsklage erhoben und ihre Gesellschaft damit unter Druck setzten, ausgebeutet fühlten (und Recht bekamen). In Österreich wurde noch keine derartige Entscheidung bekannt. Für den klagenden Aktionär bedeutet eine Anfechtungsklage allerdings auch ein nicht unbeträchtliches Prozesskostenrisiko. Bei Anfechtungsklagen herrscht Anwaltszwang! Ein erfahrener Anwalt/ eine erfahrene Anwältin wird Chancen und Risiken am besten einzuschätzen wissen.

Anwaltszwang

Bei besonders schwerwiegenden Verstößen gegen Gesetz, Satzung oder die guten Sitten kann Klage auf Feststellung der Nichtigkeit eines Hauptversammlungsbeschlusses erhoben werden.

Webtipp

In jedem börsennotierten Unternehmen steht Ihnen die Investor Relations-Stelle als Informationsquelle zur Verfügung. Sollten Sie Fragen haben, zögern Sie nicht, diese Abteilung zu kontaktieren. Erfahrungsgemäß werden Anfragen via E-Mail bei den heimischen Unternehmen sehr rasch, überwiegend innerhalb von wenigen Stunden, beantwortet. Als Dachorganisation aller Investor Relations-Abteilungen fungiert in Österreich die CIRA, Cercle Investor Relations Austria: **www.cira.at**

Informationsquelle

Bei Fachfragen ist es auch möglich, sich an die Vereinigung der heimischen Finanzanalysten ÖVFA zu wenden (**www.oevfa.at**), oder den Interessenverband der Anleger IVA als Anlegerschutzorganisation zu kontaktieren (**www.iva.or.at**).

Exkurs: Corporate Governance – Die Regeln für lautere Unternehmensführung

Gegen verlorenes Vertrauen

Auch wenn Sie keine Hauptversammlungen besuchen (wollen), gibt Ihnen der Corporate Governance-Kodex ein Instrument zur Überprüfung Ihres Aktienunternehmens in die Hand. Via Internet oder via Geschäftsbericht können Sie feststellen, wie genau es Ihr Unternehmen mit den höchsten Standards in Sachen Unternehmenstransparenz, Unabhängigkeit der Führungscrew und Information der Privatanleger nimmt.

Das Schlimmste für Kapitalmärkte und die agierenden Proponenten, Unternehmen, Banken, Fondsgesellschaften und Finanzdienstleister ist, wenn ihre Kundschaft, also die Anleger, das Vertrauen verloren hat. Und das ist mit dem Platzen der Internetblase an den Börsen und der folgenden Börsenbaisse nachhaltig geschehen. Milliarden, die sich in Luft aufgelöst haben, gierige Vorstände, Bilanzfälschungen und Analysten, die gegen sämtliche Wohlverhaltensgrundsätze verstoßen haben, haben das Klima verdorben. Ohne Vertrauen und die Hoffnung auf Ertrag kauft aber kein Anleger Finanzprodukte. Um die Glaubwürdigkeit der Unternehmen wieder herzustellen, haben sich – ausgehend von den USA – in ganz Europa Regeln für die lautere Unternehmensführung und die Transparenz etabliert. Corporate Governance-Vorschriften haben sich damit durchgesetzt. Sie sollen so etwas wie erweiterte Anlegerrechte darstellen, denen sich Unternehmen freiwillig unterwerfen, um ihre Lauterkeit auf dem Börsenparkett und in den eigenen Bilanzen zu dokumentieren.

Checkliste für Investoren und Spiegel der Unternehmenskultur

Oft basieren die Regeln auf dem jeweiligen Aktienrecht, enthalten einige Zusatzbestimmungen und eine Reihe von Empfehlungen, die zwar keine Rechtswirkung haben, aber so etwas wie eine Checkliste für Investoren und Privatanleger darstellen, mit der die Ernsthaftigkeit des Unternehmens in seinem Bemühen um Transparenz und Lauterkeit überprüft werden kann. Mit diesen Kodices soll sichergestellt werden, dass alle Aktionäre in gleichem Maße Zugang zum Unternehmen haben, dass Vorstand und Aufsichtsrat keine zweifelhaften Aktiengeschäfte tätigen und befreundeten Wirtschaftsprüfern keine lukrativen Beratungsaufträge zukommen lassen und dass das Internet als schnell und leicht zugängliche Plattform

Ihre spezifischen Rechte

des Unternehmens viel stärker für die ständig aktuelle Kommunikation mit den Aktionären genutzt wird.

Allerdings: Der beste Kodex und die strikteste Befolgung seiner Vorschriften kann ordentliche Erträge nicht ersetzen!

Der österreichische Kodex

Seit Ende 2002 hat auch Österreich seinen Lauterkeitskodex. Auf dem heimischen Kapitalmarkt hat sich zwar kein Teilnehmer gegen den Kodex gestellt, wie weit die hohen Anforderungen aber erfüllt werden, bleibt noch abzuwarten. Denn ein Drittel der Regeln entspricht zwar dem geltenden Aktienrecht, der große Rest sind aber zusätzliche Auflagen, für die ein Unternehmen nicht rechtlich belangt, sondern nur von Anlegern durch Nichtkaufen der Aktie oder Fragen auf der Hauptversammlung „bestraft" werden kann.

Allgemein muss die Unterwerfung unter diese Regeln im Geschäftsbericht ausgewiesen werden und auch auf den Websites der Unternehmen klar ersichtlich sein. Wird eine Regel nicht befolgt, wenn beispielsweise der Aufsichtsrat aus 12 statt der geforderten 10 Mitgliedern besteht, dann muss es dafür zumindest eine plausible Erklärung geben. **Rechenschaft im Geschäftsbericht**

Im Zentrum der Berichterstattung über den neuen heimischen Kodex stand 2003 oft die detaillierte Veröffentlichung der Einzelgagen der Unternehmensführung der heimischen börsennotierten Gesellschaften. In Deutschland ist das bereits gängig, sogar ein entsprechendes Gesetz wird diskutiert. In Großbritannien segnet sogar die Hauptversammlung die Gagen der Führungsmitglieder ab. In den USA ist es ganz selbstverständlich, dass Anleger Einblick in die Entlohnung der Bosse haben, denen sie ihr Aktiengeld anvertrauen. **Gagen der Chefs**

Dieser Punkt der detaillierten Offenlegung ist im heimischen Kodex lediglich als Empfehlung festgeschrieben. So haben sich von allen heimischen Börsenfirmen 2003 auch nur die wenigsten dieser transparenten Darstellung unterworfen.

Das mag zwar enttäuschen und aufgrund der internationalen Standards als veraltet erscheinen. Allerdings gibt es noch eine Reihe anderer sensibler Punkte, die im heimischen Kodex

Keine Gesetzeskraft

ebenfalls keine Gesetzeskraft haben und sich auf Privatanleger wesentlich gröber auswirken können:

- Der schmerzhafte Abschlag von 15 Prozent für Privatanleger, wenn das Unternehmen übernommen wird. Innerhalb der EU gibt es eine solche Regelung nur in Österreich. Einige Unternehmen, darunter die Beteiligungen aus dem Portfolio der ÖIAG (OMV, voestalpine, VA Tech, Böhler Uddeholm) haben in ihren Hauptversammlungen diesen Abschlag für Kleinaktionäre ausgeschlossen. Ohne gesetzlichen Druck dürfte sich dieser Punkt nicht in allen Unternehmen umsetzen lassen.
- Das Gleiche gilt für die Wettbewerbsregel für Aufsichtsräte. Würde sie umgesetzt, dann müssten die Vorstände der Bank Austria Creditanstalt den Aufsichtsrat der Oberbank, der BKS und der BTV (3 Banken) sofort verlassen.
- Offenlegung der Geschäftsbeziehung der Aufsichtsräte mit der Gesellschaft.
- Vertreter des Streubesitzes, also der Privataktionäre im Aufsichtsrat. Einige Unternehmen haben dies zwar schon umgesetzt, bei anderen sind das aber Alibi-Aktionen.
- Die Bekanntgabe der Aktiengeschäfte der Vorstände und Aufsichtsräte auf der Website des Unternehmens für drei Monate.

Webtipp

Der gesamte österreichische Kodex ist unter **www.corporate-governance.at** abrufbar.

Ihre Rechte als Gläubiger bei Anleihen

Anspruch auf Zinszahlungen und Tilgung

Als Gläubiger, der via Anleihenkauf einem Staat, einem Land, einer Kommune oder einem Unternehmen Geld borgt, verfügen Sie praktisch über keine laufenden Rechte, außer Ihrem verbrieften Anspruch auf regelmäßige Zinszahlungen (Kupon) und auf die Tilgung am Ende der Laufzeit. Ausnahme: Null-Kupon-Anleihen, diese werden erst zum Laufzeitende

Ihre spezifischen Rechte

inklusive Zinsen getilgt. Dafür, dass Sie ein Darlehen gewähren, stehen Ihnen nicht einmal Informationen zu wie etwa einem Aktionär. Ebenso wenig können Sie in Unternehmensbelangen mitstimmen, und auch zu Hauptversammlungen sind Sie nicht geladen.

Im Zuge der zunehmenden Finanzierung von Unternehmen via Unternehmensanleihen beginnt sich allerdings auch in Österreich langsam die Höherschätzung der Anleiheninvestoren durchzusetzen. In den USA sind die so genannten „Debt-IR", also Investor Relations für Anleiheneigner Praxis, einige Unternehmen haben im Rahmen ihrer Investor Relation-Abteilungen bereits solche Kommunikationsstellen eingerichtet. Damit sollten Sie als Gläubiger sowohl Ansprechpersonen für Fragen zum Unternehmen als auch die Gewissheit regelmäßiger Unternehmensinfos erlangen. Bis sich Debt-IR als Standard durchsetzt, wird es wohl noch einige Zeit dauern.

Debt-IR

Tipp

Wenn Sie Informationen zum Geschäftsgang oder zu anderen für Sie als Anleiheneigentümer relevanten Daten möchten, versuchen Sie aktiv die jeweilige Investor Relations-Abteilung des Unternehmens zu kontaktieren!

Ihre Rechte als Inhaber von Fondsanteilen

Das Investmentzertifikat verbrieft einen Anteil an den Vermögenswerten eines Kapitalanlagefonds (Investmentfonds). Dadurch sind Sie nicht Miteigentümer des Fonds, es stehen Ihnen aber gewisse Rechte gegenüber der Fondsgesellschaft sowie der Depotbank zu. Die Veranlagung des investierten Kapitals in Wertpapiere sowie deren Umschichtung erfolgen durch Fondsmanager, diese treffen die entsprechenden Anlageentscheidungen.

Fondsmanager bestimmen

Die Investmentfondsgesellschaft verwaltet die im Fonds befindlichen Wertpapiere; deren Verwahrung erfolgt durch eine

Depotbank. Das Rechtsverhältnis zwischen Anleger-Investmentfondsgesellschaft und Depotbank ist einerseits durch das Gesetz (Investmentfondsgesetz) sowie – detailliert – durch die Fondsbestimmungen geregelt.

Veranlagungsvorschriften

Bei der Veranlagung müssen vom Gesetz vorgegebene Veranlagungsvorschriften eingehalten werden. Vorgeschrieben ist insbesondere:

- grundsätzlich eine entsprechende Risikostreuung;
- der Erwerb von Wertpapieren: Er darf nur unter bestimmten Bedingungen und Beschränkungen (nur an einer Börse unter bestimmten Voraussetzungen notierte oder in einem anderen funktionierenden Wertpapiermarkt gehandelte Papiere; Höchstgrenzen für Erwerb von Wertpapieren desselben Ausstellers; Sonderregelungen für Neuemissionen; Verbot des Erwerbs von Zertifikaten über Edelmetalle, etc.) erfolgen.

Die Fondsbestimmungen werden vom Vorstand der Investmentfondsgesellschaft aufgestellt und müssen vom Finanzminister genehmigt werden. Die Fondsbestimmungen müssen insbesondere folgende Angaben enthalten:

- Nach welchen Grundsätzen werden Wertpapiere ausgewählt?
- Welche Vergütungen sind für Investmentfondsgesellschaft und Depotbank vorgesehen?
- Wie werden die Veräußerungsgewinne verwendet?

Nachweis von Verstößen ist schwierig

Sie haben ein Recht auf Einhaltung dieser Bestimmungen. Verstöße – vor allem des Fondsmanagements – gegen die gesetzlichen Veranlagungsvorschriften und/oder gegen die Fondsbestimmungen zum Nachteil der Anleger berechtigen diese zum Schadenersatz. Verstöße müssen allerdings nachgewiesen werden, was in der Praxis so gut wie unmöglich ist.

Verfehlte Anlageentscheidungen und eine schlechte Performance stellen noch keinen Klagsgrund gegen das Fondsmanagement dar. Gerade hier ist das Prozesskostenrisiko in jedem Fall sehr hoch!

Ihre Rechte bei Genussscheinen

Kritiker von Genussscheinen bezeichnen diese wegen der stark beschnittenen Rechte für die Inhaber gern als „Eunuchen". In der Tat steckt in diesem Produkt auch wenig, auf das Sie sich im Problemfall stützen könnten.

Bei in Österreich am Markt befindlichen Genussscheinen handelt es sich überwiegend um:

Genussscheine im Sinne des § 174 Abs. 3 Aktiengesetz

Diese Genussscheine sind zwar auf den Finanzmärkten häufig anzutreffende Anlageformen, gesetzlich sind sie aber kaum geregelt. Sie verbriefen regelmäßig Vermögensrechte (etwa das Recht auf Gewinnbeteiligung) gegen die Gesellschaft, welche die Genussscheine ausgegeben hat.

Vermögensrechte

Diese Rechte entspringen aber nicht – wie etwa beim Aktionär – aus einem Gesellschaftsverhältnis, sondern sind lediglich Forderungen gegen die Gesellschaft. Mitspracherechte in der Gesellschaft – wie etwa beim Aktionär – hat der Genussscheininhaber nicht.

Die Ausgabe von Genussscheinen begründet ein Vertragsverhältnis mit den Genussscheinerwerbern. Diesem Vertragsverhältnis liegen regelmäßig standardisierte Vertragsbedingungen als Allgemeine Geschäftsbedingungen zugrunde, in welchen die Rechte und Pflichten der Vertragspartner festgelegt werden.

Die Bedingungen enthalten in der Regel eine Möglichkeit der Kündigung des Vertrages, wobei aber Kündigungsverzichte durch den Anleger über lange Zeiträume Standard sind. Ein Kündigungsverzicht schließt aber die so genannte außerordentliche Kündigung aus wichtigem Grund, etwa bei einem groben Verstoß der Gesellschaft gegen die Vertragsbedingungen oder bei Insolvenz, nicht aus.

Kündigung

Nach erfolgter wirksamer Kündigung muss die Gesellschaft – sofern dazu noch im Stande – Kapital zurückzahlen. Die Vertragsbedingungen regeln die Höhe der Rückzahlung (Börsenkurs, anteiliger Substanzwert, Nominale etc.).

Bedingungen genau studieren

In den letzten Jahren standen Gewinnscheine wiederholt in den – negativen – Schlagzeilen. Es empfiehlt sich jedenfalls schon vor Anschaffung von Genussscheinen ein genaues Studium der Vertragsbedingungen, am besten unter Beiziehung eines Fachmannes.

Denn: Die Vorteile beschränken sich oft auf die Steuer, da die Ausschüttungen für Unternehmen abzugsfähig und bei Anlegern nur mit 25 Prozent Kapitalertragsteuer belastet sind. Die Nachteile dagegen sind unzureichende Rechte der Anleger und ein sehr hohes Prozesskostenrisiko!

8 Kosten der Rechtsdurchsetzung

Haben Sie einen Schaden erlitten, dann haben Sie zusätzlich zu einer wesentlichen Beeinträchtigung Ihrer Lebensqualität und der Ungewissheit des Prozessausganges zunächst einmal auch die Kostenlast auf dem zivilrechtlichen Weg zum Schadenersatz zu schleppen: Bei der Durchsetzung von Ansprüchen gegen die Schuldigen (etwa vorzeitige Vertragsauflösung oder Schadenersatz) müssen Anleger einen Verstoß gegen Gesetz oder Vertrag nachweisen.

Beweislast

Ein solcher Nachweis erfordert in einem Gerichtsverfahren oft aufwändige Sachverständigengutachten, die zunächst einmal von der klagenden Partei zu bevorschussen sind. Letztlich werden sämtliche Kosten von der unterliegenden Partei getragen, aber: Der initiale Kostenaufwand und das Kostenrisiko eines Gerichtsverfahrens sind ein meist abschreckender Faktor. Zu den Sachverständigenkosten kommen noch Gerichts- und Anwaltskosten.

Gutachten erforderlich

Zivilprozess

Die Gerichtsgebühr (Kosten, die beim Gericht anfallen) zahlt vorweg die den Prozess einleitende Partei. Ihren Anwalt zahlt jede Partei selbst. Wer diese Kosten letztlich trägt, entscheidet der Prozessausgang. Die unterliegende Partei hat der obsiegenden deren Anwaltskosten zu ersetzen und auch alle Barauslagen, die im Zuge des Prozesses angefallen sind (z.B. die Gerichtsgebühr), zurückzuerstatten.

Kosten hat zunächst der Kläger

Bei teilweisem Prozessverlust oder Prozesssieg werden die Kosten aliquotiert. So werden etwa bei einem Prozessausgang im Verhältnis 50:50 die Anwaltskosten gegenseitig aufgehoben. Die Barauslagen werden 50:50 geteilt. Bei einem Prozessausgang 3:1 zahlt die mehrheitlich unterlegene Partei der anderen die Hälfte der Anwaltskosten und trägt 75 Prozent aller Barauslagen.

183

Anwaltskosten

Die Kosten für den Anwalt orientieren sich wie die Gerichtskosten am so genannten Streitwert. Dies ist etwa bei Schadenersatzprozessen der Betrag, dessen Ersatz der Kläger von der beklagten Partei einfordert.

> **Beispiel**
>
> Bei einem Streitwert von 7.250 Euro und einem durchschnittlichen Prozessaufwand ist auf jeder Seite mit Anwaltskosten von etwa 1.200 Euro zu rechnen. Dies jeweils noch zuzüglich Umsatzsteuer (20 Prozent). Dazu kommt noch die Gerichtsgebühr von 233 Euro.
>
> Im Falle des gänzlichen Prozessverlustes hat daher die unterlegene Partei folgende Kosten zu tragen:
>
> | | |
> |---|---|
> | Anwaltskosten × 2 | 2.880 Euro |
> | Gerichtsgebühr | 233 Euro |
> | **Gesamtaufwand** | **3.113 Euro** |
>
> Darin nicht enthalten sind allerdings möglicherweise notwendige Sachverständigengutachten oder Zeugengebühren (Anreisekosten von Zeugen).

Für die erste Instanz

Stehen auf einer oder beiden Seiten mehrere Prozessparteien (also mehrere klagende Anleger), dann fällt für jede Partei noch ein so genannter Streitgenossenzuschlag an. Dieser beträgt für die erste weitere Partei 10 Prozent, dann für jede weitere Partei 5 Prozent, maximal aber 50 Prozent der Bemessungsgrundlage.

Die Kosten laut obiger Kalkulation würden sich also bei einer weiteren Partei um 10 Prozent auf 3.424,30 Euro, maximal auf 4.669,50 erhöhen. Diese Kalkulation gilt nur für das Verfahren in erster Instanz. Im Fall einer Berufung fallen weitere Kosten an.

Bei einer aktienrechtlichen Anfechtungsklage bestimmt sich der Streitwert nach den Interessen der Beteiligten (klagender Aktionär und Gesellschaft). Das ist ein recht dehnbarer Begriff. In der Praxis sind Bewertungen mit etwa 50.000 Euro aufwärts solche Streitwerte.

Beispiel

Kostenkalkulation	
bei einem Streitwert von 50.000 Euro, bei durchschnittlichem Verfahrensaufwand	
Anwaltskosten pro Seite	4.300 Euro
20 % USt	860 Euro
Gerichtskosten	1.082 Euro
Aufwand gesamt	
Anwaltskosten x 2	8.600 Euro
20 % USt	1.720 Euro
Gerichtsgebühr	1.082 Euro
gesamt	**11.402 Euro**

Erhebt eine Partei gegen das Urteil Berufung, dann sind damit weitere Kosten verbunden.

Weitere Kosten für eine Berufung

Rechtsschutzversicherung

Die gerichtliche Durchsetzung von Anlegeransprüchen ist nie billig. Dazu muss immer das Risiko eines Prozessverlustes einkalkuliert werden.

Als Prävention und gleichzeitig als Hilfe, die Hemmschwelle des Gerichtsweges zu überschreiten, kann eine Rechtsschutzversicherung dienen. Versicherungsdeckung für einen Prozess in Sachen Anlagerecht ist in der Regel schon dann gegeben, wenn laut Versicherungsvertrag ein „Allgemeiner Vertrags-Rechtsschutz" besteht.

Deckung durch eine Polizze

Der Versicherungsschutz erstreckt sich dabei je nach Vereinbarung auf den Privat- und/oder Betriebsbereich und deckt regelmäßig auch die Wahrnehmung rechtlicher Interessen aus schuldrechtlichen Verträgen des Versicherungsnehmers über bewegliche Sachen. Damit sind auch Schadenersatzansprüche aus diversen Anlagegeschäften abgedeckt (Ausnahme: Immobilien, da unbewegliche Sachen).

> **Wichtig!**
>
> Die Rechtschutzversicherung muss rechtzeitig, also vor Eintritt eines Versicherungsfalles, abgeschlossen werden. Als „eingetreten" gilt der Versicherungsfall dann, wenn die in Anspruch zu nehmende Person (Firma) begonnen hat, gegen Rechtspflichten zu verstoßen oder Rechtsvorschriften zu verletzen. Zusätzlich muss oft eine entsprechende Wartezeit (etwa drei Monate nach Abschluss der Versicherung) eingehalten werden.

Hilfe bei Prozesskosten

AdvoFin — Eine andere Möglichkeit, das Kostenrisiko eines Anlegerprozesses zu minimieren – oder vielleicht sogar ganz abzuwälzen – besteht im Abschluss einer Prozessfinanzierungsvereinbarung. So gibt etwa der österreichische Prozessfinanzierer AdvoFin Prozessfinanzierungs AG Deckungszusagen für Prozesskosten gegen eine prozentuelle Beteiligung am erstrittenen Betrag zwischen 20 und 50 Prozent.

Nach Einreichung einer begründeten Darstellung des Anspruchs des potenziellen Klägers beim Finanzier prüft dieser die Erfolgschancen des Prozesses und die Bonität des Anspruchsgegners. Denn: Ein gewonnener Prozess gegen einen Gegner, von dem nichts mehr zu holen ist, verspricht höchstens emotionale Satisfaktion.

Übernimmt der Finanzier, dann werden sämtliche Kosten vom erstrittenen Betrag abgedeckt. Reicht dieser nicht aus, dann deckt der Finanzier die Differenz ab. Bei Prozessverlust entstehen dem Kläger keine Kosten – der Finanzier hat sich ja auf dieses Risiko eingelassen.

Erfolgshonorar — Der Kläger hat kein Kostenrisiko, bei Prozessgewinn muss er allerdings einen guten Teil des obsiegten Betrages an den Finanzier abführen.

> **Webtipp**
>
> Die AdvoFin Prozessfinanzierungs AG ist zu erreichen unter **www.advofin.at**

Kosten der Rechtsdurchsetzung

Prozessführung durch mehrere Kläger

Gerade im Anlegerbereich ergibt sich immer wieder die Situation, dass mehrere Geschädigte ihre im Wesentlichen gleich gelagerten Ansprüche bei Gericht durchsetzen wollen. In manchen Ländern gibt es dafür das Instrument der Sammelklage, in der eine Vielzahl von Ansprüchen verwaltungstechnisch vereinfacht geltend gemacht werden kann. In Österreich ist eine Sammelklage nicht möglich.

Statt einer Sammelklage

Als Alternativen bieten sich an:

Musterprozess

Ein ausgewählter Kläger zieht ein Musterverfahren durch alle Gerichtsinstanzen durch. Das Ergebnis soll dann für alle anderen Betroffenen auch gelten. Der Vorteil dabei ist die Begrenzung des Prozessaufwandes. Der Nachteil ist, dass Geschädigte, die nicht klagen und nur den Prozessausgang abwarten, unter Umständen leer ausgehen.

Die meisten Ansprüche, etwa auf Schadenersatz, verjähren innerhalb von drei Jahren. Ein Musterprozess bewahrt nur die Ansprüche des Klägers vor der Verjährung und kann länger als drei Jahre dauern.

Klagen anderer Betroffener sind daher meistens auch schon zwecks Abwendung nachteiliger Verjährungsfolgen unvermeidbar. Bedeutende Erfolge für den Anlegerschutz konnten sowohl der Verein für Konsumenteninformation (VKI) als auch die Arbeiterkammer in ihren Musterprozessen erringen. (Beispiele lesen Sie bitte auf Seite 193ff.)

VKI und AK

Die Trittbrettfahrer

Da erkämpfte Urteile z.B. im Aktienrecht sehr oft für alle Aktionäre – nicht nur für die Kläger, die den mühsamen Gerichtsweg beschritten haben – anzuwenden sind, entsteht bei den klagswilligen Anlegern Frust. Sie tragen ja alle Unannehmlichkeiten und Risken. Dieser Umstand bremst die Bereitschaft, um das Recht zu kämpfen. Insofern stellt der wunderbare Grundsatz der Gleichbehandlung oft eine praxisferne

Gleiches für ungleichen Einsatz

Ungleichbehandlung dar. Dies war in der Vergangenheit vor allem bei den erkämpften höheren Abfindungen bei Leykam, SCA Laakirchen und der P.S.K.-Partizipationsscheine der Fall.

Sammelverfahren

Finanzierung im Pool

Die Ansprüche vieler Kläger aus einem einzigen Anlassfall oder im Wesentlichen gleich gelagerter Fälle können auch in Österreich von einem gemeinsamen Rechtsvertreter in einer Klage geltend gemacht und in einem Gerichtsverfahren behandelt werden.

Vorteil ist die ökonomischere Prozessführung und die Kostenersparnis (Gutachterkosten fallen nur einmal an und können besser vorfinanziert werden). Allerdings sind auch solche Sammelverfahren mit hohem Verwaltungsaufwand verbunden. Für die einzelnen Kläger schränkt ein solches Sammelverfahren zudem den Spielraum für die Eigendisposition ein.

Treuhandkonstruktionen

Forderungen können auch treuhändig an eine Partei abgetreten werden, die diese dann im eigenen Namen geltend macht. Diese Variante ist eher ungebräuchlich.

9 Hilfe bei der Rechtsdurchsetzung

Ist der Schaden einmal da, dann sind Sie als Anleger in einer ungünstigen Position. Zum materiellen Schaden kommt ja immer auch eine große psychische Last, eine Mischung aus Wut, Selbstvorwürfen und Reue.

Zwar gibt es einige Stellen und Institutionen, die Ihre Beschwerden, Dokumentationen und Darstellungen Ihres Falles entgegennehmen, Ihnen vielleicht eine kostenlose Rechtsberatung zukommen lassen oder Ihren Fall sogar an die Staatsanwaltschaft weiterleiten. Jede Bank hat ihre Ombudsleute, Wertpapierdienstleister haben ebenfalls Schlichtungsstellen eingerichtet. Konsumentenschützer, Arbeiterkammer und Anlegerschützer stehen Ihnen ebenfalls zur Seite.

Ombudsstellen der Banken

Einen allfälligen Gerichtsweg müssen Sie jedoch grundsätzlich allein beschreiten. Außer Ihr Fall betrifft mehrere Anleger, der Schaden zieht also weitere Kreise, oder er ist repräsentativ und könnte durch die richterliche Entscheidung dazu als richtungsweisend für die Judikatur gelten.

Dann besteht die Möglichkeit, über den Verein für Konsumenteninformation (VKI) einen Musterprozess anzustreben. Dabei trägt das für Konsumentenschutz zuständige Ministerium die Kosten. Unter bestimmten Bedingungen haben Sie diese Möglichkeit auch via Arbeiterkammer. Das nimmt Ihnen zwar wesentliche Lasten von den Schultern, angenehm wird Ihre Situation dadurch aber nicht, auch gibt es keine Garantie für den gewünschten Prozessausgang und voraussichtlich ziehen Jahre ins Land, bevor es zu einem Ergebnis kommt.

Musterprozess des VKI

Was der Verein für Konsumenteninformation für Sie tun kann

Der Verein für Konsumenteninformation (VKI) widmet sich seit Anfang der 90er Jahre dem Schutz und der Schadenminimierung in Geldangelegenheiten Privater.

Beratungsfehler

Rund 600 Anfragen und Beschwerden im Geldanlagebereich werden jährlich analysiert und bearbeitet. Bei speziellen Fällen führt der VKI Musterprozesse durch, die vom Ministerium, das für Konsumentenschutz zuständig ist (derzeit das Sozialministerium), finanziert und von Anwälten des VKI-Vertrauens betreut werden. Damit tragen die Konsumentenschützer auch wesentlich zur Etablierung einer Judikatur in den gerichtlich meist noch schwer fassbaren Problembereichen der Geldanlage bei. Im Zentrum der Tätigkeiten stehen Beratungsfehler von Finanzdienstleistern.

Problem: Risikodefinition

Allerdings liegt dabei wie schon erwähnt die Beweislast beim Anleger, was Gerichtswege besonders kompliziert macht. Denn meistens beschweren sich Anleger erst Jahre nach Vertragsabschluss und haben oft nicht einmal mehr eine Kopie des Beratungsprotokolls, geschweige denn handschriftliche Aufzeichnungen über das Beratungsgespräch. Es fehlt also die Dokumentation. Wird der des Fehlverhaltens, also der mangelnden Aufklärung oder unrichtigen Risikoeinstufung, beschuldigte Finanzdienstleister dann vom VKI befragt, kann er überwiegend mit Beratungsprotokollen belegen, dass der jeweilige Anleger ein „dynamisches Produkt" gekauft hat, also entsprechende Punkte im Vertrag angekreuzt und unterschrieben sind. Dass die Bedeutung eines „dynamischen Produktes" in Bezug auf die Risken nicht oder nicht ausreichend erklärt wurde, lässt sich kaum beweisen. Oder der entsprechende Kunde hat „mittleres Risiko mit entsprechend hohen Ertragsschwankungen" im Vertrag akzeptiert und der Berater wäscht seine Hände wieder in Unschuld. Oder der Kunde hat zwar „niedriges Risiko", aber gleichzeitig auch „höheren Ertrag" angekreuzt. Dann kann zwar ein Sachverständigen- und Gutachterstreit toben, übrig bleibt aber meistens, dass die Beweislage für ein Verfahren schwierig ist.

Grundvoraussetzung: das Kundenprofil

Notizen aufheben

Auch der VKI rät daher dringend: Den gesamten Beratungsablauf dokumentieren und diese Notizen gut aufheben. Nichts nur mündlich vereinbaren, alles niederschreiben und besonders auf die schriftliche Erläuterung der Produktrisken achten!

Hilfe bei der Rechtsdurchsetzung

Zentrale und letztlich entscheidende Bedeutung für den Fall eines späteren Rechtsstreits hat das schriftliche Kundenprofil, das der Anbieter bzw. Berater am Beginn der Geschäftsbeziehung erstellen muss.

Darin müssen vor allem die mit der Veranlagung verfolgten Ziele des Kunden, seine Risikobereitschaft, seine finanziellen Verhältnisse und seine bisherigen Erfahrungen in Wertpapiergeschäften festgehalten werden. Dieses Kundenprofil ist bei der Beurteilung der Frage, ob Anbieter oder Berater die gesetzlichen Verpflichtungen des Wertpapieraufsichtsgesetzes eingehalten haben, von zweifacher Bedeutung: Zum einen legt es den Umfang der Aufklärungs- und Beratungspflichten fest – je unerfahrener und je weniger risikobereit Kunden sind, desto umfangreicher und sorgfältiger muss über Eigenschaften und Risken des vermittelten Produktes aufgeklärt werden. Zum anderen bildet das Kundenprofil den Maßstab dafür, ob das angebotene und vermittelte Produkt den Interessen der Kunden, also ihrem Bedarf, bestmöglich gerecht wird.

Angelpunkt Kundenprofil

Stimmt das angebotene und vermittelte Produkt mit dem Kundenprofil überein, dann können Kunden später kaum Schadenersatzansprüche geltend machen. Ist das aber nicht der Fall und findet sich ein Widerspruch, aus dem Kunden ein Schaden entstanden ist, dann haftet der Anbieter oder Berater, wenn er nicht beweisen kann, dass er die Kunden auf den Widerspruch zum Anlegerprofil hingewiesen hat, die Kunden aber trotzdem das spezifische Produkt erwerben wollten.

Widersprüche als Ansatzpunkte

Tipp

Aus all dem folgt, dass Sie Ihr Kundenprofil möglichst selbst und möglichst vollständig ausfüllen sollten. Zumindest sollten Sie dieses Kundenprofil, sofern es vom Berater ausgefüllt wird, einer ganz genauen Kontrolle unterziehen, bevor Sie unterschreiben.

Keinesfalls sollten Sie Fragen nicht beantworten, denn das entbindet den Berater teilweise von seinen Pflichten. Im Zweifel ist es besser, sich als unerfahrener und risikoaverser Anleger auszugeben, um die Schutzbedürftigkeit vor dem Gesetz nicht von vornherein zu reduzieren.

Die Prävention

Beratung vor der Unterschrift

Da Vorbeugen aber die beste Versicherung gegen Schaden ist, bietet der VKI schon vor einem Produktkauf Beratung an. Dafür ist unter der Telefonnummer 0900 940 024 werktags von 9.00 bis 15.00 eine Hotline eingerichtet. Die Gesprächsminute kostet 1,09 Euro.

Wer einen Check des Angebots möchte, kann unter der Wiener Telefonnummer 01/588 77-0 einen Termin vereinbaren. Die halbe Beratungsstunde kostet 10 Euro (Adresse siehe Anhang, Seite 233).

Webtipp

Infos unter **www.konsument.at**
E-Mail: konsument@vki.or.at

Medialer Druck

Da meist keine Unterlagen vorhanden sind, der Gerichtsweg also als nicht realistischer Erfolgspfad in Frage kommt, nützt der VKI oft den Druck der Öffentlichkeit, um dubioses Verhalten in der Finanzindustrie aufzuzeigen und damit auch zu beenden. Oft gelingt es in offensichtlichen Problemfällen allein schon durch die mediale Berichterstattung, für Konsumenten eine kostenfreie Rückabwicklung des Produktes zu erreichen oder zumindest einen Ausstieg mit minimalem Schaden zu erwirken. Immerhin haben Produktgeber und Vermittler auch etwas zu verlieren – ihren guten Ruf. Wer macht schon gerne als zweifelhafter Geschäftemacher, der sich aus der Unwissenheit der Anleger bereichert, Schlagzeilen?

Zudem sammelt der VKI in der „KRES", der Konsumentenrecht-Entscheidungssammlung, relevante Entscheidungen des Obersten Gerichtshofes zu Anlegerfragen.

Aus der Praxis

Beispiele für Mitte 2003 anhängige Musterprozesse des VKI (die Darstellungen erfolgen anonymisiert, um die beteiligten Parteien zu schützen):

Hilfe bei der Rechtsdurchsetzung

Fall 1:
Eine beklagte Bank

Die Sachverhaltsdarstellung des VKI: Eine Konsumentin zeichnete im Jahr 1987 eine Immobilienbeteiligung an der X. Die Vertragssumme betrug 120.000 Schilling (8.720,74 Euro). Sie sollte im Rahmen eines Ansparplanes innerhalb von 20 Jahren aufgebracht werden. Im Jahr 1999 erhielt die Konsumentin ein Schreiben von der Vermögenstreuhandgesellschaft, in dem ihr mitgeteilt wurde, dass die gegnerische Bank ihre Beteiligung zu besonders günstigen Konditionen übernehmen wolle und sich ein Mitarbeiter der Gegenseite mit ihr in Verbindung setzen werde.

Immobilienbeteiligung

In der Folge wurde die Konsumentin von einem Mitarbeiter der gegnerischen Bank aufgesucht, der erklärte, dass die alte Immobilienbeteiligung auslaufe, jedoch der bis jetzt angesparte Betrag zu besonders günstigen Konditionen in eine neue Anlageform übertragen werden könne. Diese zeichne sich durch die gleiche Sicherheit wie die alte Immobilienbeteiligung aus und sei im Prinzip das gleiche Produkt. Der besondere Vorteil liege darin, dass die neue Veranlagung – im Gegensatz zur bisherigen – jederzeit verfügbar sei.

Die Konsumentin erteilte in weiterer Folge der Gegenseite einen Vermögensverwaltungsauftrag, wobei sie zusätzlich zu dem aus der Auflösung der Immobilienbeteiligung realisierten Betrag einen weiteren Betrag von rund 100.000 Schilling (7.267,28 Euro) zur Verfügung stellte. Insgesamt betrug die Veranlagung somit 200.000 Schilling (14.534,57 Euro).

Vermögensverwaltungsauftrag

Zusätzlich hatte die Konsumentin eine Vermittlungsprovision von 8.000 Schilling (531,38) Euro zu zahlen.

Nach den Bestimmungen des Vermögensverwaltungsauftrages sollten mit dem zu veranlagenden Betrag Investmentfonds nach Wahl der Gegenseite erworben werden. Es war vertraglich nicht festgelegt, um welche Art von Fonds es sich handeln sollte.

Die Gegenseite hat in der Folge ausschließlich Aktienfonds erworben, die naturgemäß mit einem erheblichen Risiko behaftet sind. Tatsächlich kam es auch alsbald zu erheblichen Kursverlusten. Im Juni 2002 kündigte die Konsumentin schließlich den Vermögensverwaltungsauftrag, da sie das Geld brauchte, zudem weitere Verluste vermeiden wollte und auch keinerlei Vertrauen mehr in die Vermögensverwaltung der Gegenseite hatte.

Nur die Hälfte

Mit Schreiben vom 23.9.2002 wurde der Konsumentin mitgeteilt, dass sie lediglich einen Betrag von 7.462,99 Euro (rund die Hälfte des investierten Kapitals) rückerstattet erhält. Die Gegenseite lehnt die Haftung unter Verweis auf das von der Kundin unterschriebene Anlegerprofil ab.

In diesem Fall beruft sich die beklagte Bank auf das von der Konsumentin im Bogen „Persönliches Anlageprofil" angekreuzte gewünschte „mittlere Risiko".

In der Ausdeutung der Fachsprache der Finanzindustrie heißt das, dass für die hohen Ertragschancen auch höhere Verlustrisken in Kauf genommen werden, sich daher eine mittlere Wertschwankung der Anlage ergibt. Das Geld ist dabei prinzipiell jederzeit verfügbar, ein niedrigerer Preis ist aber möglich. Als Produkte mit „mittlerem Risiko" gelten gemischte Investmentfonds oder Aktienfonds, abhängig von der Veranlagungsdauer und von der Fondszusammensetzung.

Verletzung der Sorgfaltspflicht

> **Die Strategie des VKI**
>
> Der VKI verfolgt folgende Strategie gegen die Bank: Er argumentiert mit der Verletzung der Sorgfaltspflichten der Bank gegenüber einer unerfahrenen Anlegerin und führt den Wunsch nach kurzer Veranlagungsdauer ins Treffen, wobei Aktienfonds ein erhöhtes Risiko aufweisen, weil sie kurzfristig sehr stark Schwanken können. In einem Musterprozess soll nun die Haftung der Bank gemäß § 15 WAG geklärt werden.

**Fall 2:
Ein beklagter Vermögensberater**

Die Sachverhaltsdarstellung des VKI: 1993 unterfertigte der Konsument auf Empfehlung eines Beraters einen Zeichnungsschein zur Vermittlung einer Kommanditbeteiligung an der Y KEG, wobei er sich verpflichtete, die übernommene Einlage

Hilfe bei der Rechtsdurchsetzung

von 240.000 Schilling (17.441,78 Euro) für die Dauer von zehn Jahren zu leisten.

Anlässlich des Beratungsgespräches wurde der Konsument nicht über das Risiko der gegenständlichen Unternehmensbeteiligung (Kapitalverlust) aufgeklärt. Der Berater stellte die Beteiligung als sicher und ertragreich dar, da das eingesetzte Kapital in Immobilien investiert werden würde. Der Berater errechnete hohe Erträge anhand von Modellrechnungen und stellte diese den erheblich geringeren Erträgen aus einer Lebensversicherung oder einem Bausparvertrag gegenüber. Bei einer Vertragssumme von 240.000 Schilling wurde ein Gewinn von 147.000 Schilling (10.682,91 Euro) zugesichert. Aufgrund dieser Zusicherung ließ sich der Konsument zum Vertragsabschluss überreden.

Keine Aufklärung

Nach Ablauf der vereinbarten Vertragsdauer (zehn Jahre) wurde dem Konsumenten in einem Schreiben mitgeteilt, dass das Auseinandersetzungsguthaben nur 78,46 Prozent des eingesetzten Kapitals betragen würde. Wäre der Konsument über das Risiko dieser Unternehmensbeteiligung richtig aufgeklärt worden, hätte er sich nicht dafür entschieden.

Die Strategie des VKI

Die Strategie des VKI richtet sich auf Schadenersatz des Vermögensberaters, weil dieser seine Aufklärungs- und Informationspflichten nicht erfüllt hat.

Fall 3:
Unverkäufliche Gewinnscheine

Die Sachverhaltsdarstellung des VKI: Im Sommer 1993 wurde der Konsument von einem Anlageberater der Firma A aufgesucht und auf eine sichere Veranlagungsmöglichkeit angesprochen. Da der Konsument zunächst nicht interessiert war, rief der Anlageberater wiederholt an, um ihn zum Vertragsabschluss zu bewegen.

Der Konsument erteilte schließlich einen Vermittlungsauftrag zum Ankauf von Gewinnscheinen der X (Erstbeklagte). Die Firma A, über deren Vermögen im Jahr 2000 das Konkurs-

Vermittlungsauftrag

verfahren eröffnet wurde, war im Auftrag der XXX (Zweitbeklagte) tätig. Diese wiederum hatte die Vermittlung des Verkaufs von Gewinnscheinen der X (Erstbeklagte) übernommen, die von der ZZ emittiert worden waren.

Vermögensaufbauplan

Die Vertragssumme von 120.000 Schilling (8.720,74 Euro) wurde vom Konsumenten nach einem Vermögensaufbauplan durch regelmäßig wiederkehrende Zahlungen über eine Vertragsdauer von letztlich rund neun Jahren vollständig bezahlt, wobei der Konsument allein bei Vertragsabschluss eine Bearbeitungsgebühr von 6000 Schilling (436,04 Euro) zu entrichten hatte.

Dem Konsumenten wurde bei Vertragsabschluss sowohl mündlich als auch schriftlich zugesichert, dass die Gewinnscheine jederzeit zu ihrem Kurswert verfügbar seien.

Diese Verfügbarkeit war nach Angaben des Konsumenten der Grund, weshalb er sich zum Erwerb dieser Gewinnscheine überreden ließ. Tatsächlich wurden die Gewinnscheine nie an der Börse gehandelt. Weiters stellte der Berater die Gewinnscheine im Beratungsgespräch als besonders sichere Anlageform dar, da es sich um eine Investition in Sachwerte handle, die sehr wertbeständig seien.

Hohes Risiko

Mit dem Erwerb der Gewinnscheine war jedoch von vornherein ein sehr hohes Risiko verbunden. Die Gewinnscheine notierten weder an der Börse noch sind diese Papiere in den geregelten Freiverkehr eingezogen. Bei diesen Beteiligungen ist es 1999 zu einem Wertverlust von 40 Prozent gekommen, der möglicherweise auf eine betrügerische Vorgangsweise (ein Strafverfahren dazu ist anhängig) zurückzuführen ist.

Im März 2001 diente der Konsument der beklagten Partei die Gewinnscheine zum Rückkauf an. Diese verwies auf die geltenden Fondsbedingungen, wonach die Gewinnscheine nur bei entsprechender Nachfrage weitervermittelt werden können. Es bestand jedoch keine Nachfrage, weshalb das Ansinnen des Konsumenten auch zu keinem späteren Zeitpunkt erfüllt wurde.

In einem Schreiben teilte die Gegenseite dem Konsumenten mit, dass die Weitervermittlung seiner Gewinnscheine aufgrund nicht vorhandener Nachfrage auf unbestimmte Zeit unmöglich wäre.

Im Übrigen argumentierte die Gegenseite, dass es sich um eine langfristige Veranlagung in Immobilien handle und nach den Fondsbedingungen ein Kündigungsverzicht bis in das Jahr 2025 vereinbart sei. Die betreffenden Fondsbedingungen waren dem Konsumenten bei Vertragsabschluss allerdings nicht zur Kenntnis gebracht worden.

> **Die Strategie des VKI**
> In einem Musterprozess soll nun die Haftung von Emittent und Vermittler dieser Gewinnscheine geklärt werden.

Klärung der Haftung

Was die Finanzmarktaufsicht für Sie tun kann

Die Finanzmarktaufsicht (FMA) ist die österreichische Börsenpolizei. Sie ist eine unabhängige Gesellschaft öffentlichen Rechts. Als integrierte Behörde mit rund 170 Mitarbeitern fällt aber nicht nur die Überwachung der Wertpapiergeschäfte in ihren Zuständigkeitsbereich, sondern auch die gesamte Bankenaufsicht, die Versicherungsaufsicht und die Pensionskassenaufsicht. Dazu analysiert die Wertpapieraufsicht neue Produkte, die auf den Markt kommen, und prüft dabei, ob sie mit den Anlegerschutzbestimmungen im Wertpapieraufsichtsgesetz im Einklang stehen.

Börsenpolizei und Aufsicht für Banken und Versicherungen

Zunehmend baut die FMA auch das Beschwerdemanagement für Anleger als Serviceleistung aus. Dabei vermittelt sie zwischen den beiden Parteien, Anlegern und Emittenten oder Produktanbietern oder Geldmanagern und sucht nach einem (außergerichtlichen) Ausgleich.

Aus Privatanlegersicht wird die FMA oft als „zahnloser Tiger" bezeichnet. Das kommt daher, dass zwar Verwaltungsstrafen in ihrem Kompetenzbereich liegen, sie aber strafrechtlich nicht tätig werden kann. Dies liegt in den Händen der Staatsanwaltschaft. Die Ausnahme davon ist der so genannte Insiderhandel (bedroht mit bis zu zwei Jahren Haft). In einem solchen Fall kann die FMA bei der Staatsanwaltschaft Anzeige erstatten. Damit endet aber ihr Wirkungsbereich.

Kompetenz: Verwaltungsrecht

Für Sie als Privatanleger bedeutet das aber in jedem Fall, dass Sie keine zivilrechtlichen Ansprüche an die FMA abtreten können, sie Ihnen das Erstreiten Ihres Rechtes also nicht abnimmt. Auch wenn Sie der FMA einen Fall übermitteln und diese ein Verwaltungsstrafverfahren einleitet, haben Sie keine Parteienstellung und somit keine Akteneinsicht.

Überwachung der Finanzindustrie

Konzession für Wertpapierdienstleister

Die Funktion der FMA für den Anlegerschutz beschränkt sich einerseits auf die Überwachung und andererseits auf die Ahndung von Vergehen in der Finanzindustrie selbst, vornehmlich im Wertpapiergeschäft und bei Finanzdienstleistern. Diese müssen etwa bei der FMA ihre Konzession erwerben und regelmäßig Rechenschaftsberichte ablegen. Damit sollen etwaige finanzielle Schwierigkeiten dieser Unternehmen absehbar werden. Anfang 2003 hatten 339 Wertpapierdienstleistungsunternehmen eine erforderliche Konzession der FMA. Diese beschäftigten insgesamt mehr als 10.000 freie Mitarbeiter, denen es erlaubt ist, Finanzdienstleistungen zu erbringen. Die Unternehmen müssen Zu- und Abgänge von freien Mitarbeitern sofort via Internet an die FMA melden. Dadurch haben Sie immer die Möglichkeit, sich via Homepage der FMA über Ihren Finanzberater zu informieren.

251 Fälle in einem Jahr

Wie wichtig das ist, zeigt die Statistik der Behörde: 251 Fälle wurden 2002 untersucht, bei denen der Verdacht bestand, es sei ohne Konzession gearbeitet worden. Dabei wurden einige Unternehmen zum Einholen einer Konzession angeleitet, in einigen Fällen, in denen Anleger bereits zu Schaden gekommen waren, wurde Anzeige bei der Staatsanwaltschaft erstattet. Bei jenen Unternehmen, die zwar keinen Anlegerschaden verursacht hatten, aber dennoch außerhalb der Konzession tätig waren, kam es zu Verwaltungsstrafverfahren und damit in der Folge zu Geldstrafen.

Im Wertpapiergeschäft verfügt die FMA auch über bestimmte Instrumente, die im Kampf gegen Insiderhandel, Marktmissbrauch oder Kursmanipulation wirksam sind. Zudem darf sie unangemeldet vor Ort Prüfungen durchführen und hat damit das Recht, in alle Dokumente einzusehen.

Wird der FMA etwa die auffällige Kursbewegung einer Aktie an der Wiener Börse gemeldet, dann recherchiert sie diese Situation und kann bei den Ermittlungen auch mit der Wirtschaftspolizei, den Staatsanwaltschaften und anderen Behörden kooperieren. Sollten Sie als Privatanleger der FMA eine solche Meldung erstatten, dann tragen Sie vielleicht dazu bei, einigen schwarzen Schafen das Handwerk zu legen. Entschädigung erhalten Sie aber keine. Sie werden nicht einmal über den Stand der Ermittlungen informiert. Das ist der FMA verboten, für sie gilt die Amtsverschwiegenheit in solchen Verwaltungsverfahren.

Amtsverschwiegenheit

Im Jahr 2002 bearbeitete die FMA im Bankenbereich 140 Beschwerden und Kundenanfragen, im Versicherungsbereich 52 und bei den Pensionskassen 33. 28 Anlegerbeschwerden betrafen Wertpapierdienstleister. Der häufigste Beschwerdegrund: Empfehlungen zum Kauf oder Verkauf von Wertpapieren gegen das Kundeninteresse, mangelhafte Risikoaufklärung und verspätete Durchführung von Wertpapierorders. In einigen Fällen wurden Verstöße gegen die Wohlverhaltensregeln der Branche mit Verwaltungsstrafverfahren geahndet.

Beschwerdemanagement

Was die einzelnen Abteilungen des Bereiches Wertpapier tun:

Markt- und Börsenaufsicht

Diese Truppe soll die Transparenz und Integrität des Wertpapierhandels in Österreich sicherstellen. Dazu überwacht sie, ob die börsennotierten Unternehmen ihren Publizitätspflichten nachkommen, also sämtliche Zahlen, Daten, Fakten, Bilanzen und kursrelevante Mitteilungen auch rechtzeitig und in der vom Gesetz geforderten Form veröffentlichen. Zusätzlich prüft diese Abteilung das Handelssystem, mit dem Banken und Broker an der Wiener Börse Aktien kaufen und verkaufen. Die FMA kann dazu umfangreiche Einsicht in das Orderbuch nehmen, das alle Transaktionen enthält. Laut Wertpapieraufsichtsgesetz hat die FMA in diesem Bereich zahlreiche Auskunftsrechte und Kooperationsmöglichkeiten mit der Wirtschaftspolizei, die ihrerseits dann etwa verdächtige Händler einvernimmt oder Telefonprotokolle liest.

Einsicht in das Orderbuch

Die häufigsten Verdachtsmomente richten sich in diesem Bereich gegen Insiderhandel, Frontrunning und Preismanipulation.

Insiderhandel

Insiderhandel liegt dann vor, wenn etwa ein Unternehmensvorstand in Kenntnis anstehender mieser Bilanzzahlen sein Aktienpaket verkauft oder wenn ein Händler den Preis eines bevorstehenden Übernahmeangebots exklusiv erfahren hat und daraus Vorteile für seine Handelstätigkeiten zieht. Der Verdacht eines Insiderhandels ergibt sich aus den bereits erwähnten auffälligen Kursbewegungen: etwa durch eine große Verkaufsorder zwei Tage vor einer überraschenden Bekanntgabe schlechter Finanzdaten eines bestimmten Unternehmens, die einen Crash in der Aktie verursacht.

Auffällige Kursbewegung

Dann schauen sich die FMA-Experten an, ob die Kursbewegung aufgrund irgendwelcher Veröffentlichungen oder fundamentaler Nachrichten erklärlich ist. Anschließend wird analysiert, ob es in den Transaktionsdaten oder in den von der Wiener Börse AG übermittelten Handelsdaten Hinweise auf Transaktionen von Seiten des Unternehmens vor der Veröffentlichung der schlechten Zahlen gegeben hat. Zusätzlich erfolgt eine Analyse der Wirtschaftsberichterstattung in den Medien. Vielleicht war ja bereits in einer Zeitung zu lesen, dass „vertrauliche Quellen" katastrophale Zahlen voraussagen.

Untersuchung

Eine Insideruntersuchung wird dann eingeleitet, wenn sich bei den Analysen bezüglich Kursverläufe und Umsätze dieser betroffenen Aktie die Hinweise auf mögliche Verstöße verdichtet haben. Im angenommenen Fall: riesige Verkaufsorder zwei Tage vor schlechten Zahlen, keine Kenntnis der Öffentlichkeit von der anstehenden Bilanznachricht, keine Erklärung für die Kursbewegungen.

Detaillierte Recherche

Zunächst wird ein Auskunftsersuchen an das betroffene Unternehmen gerichtet, um den Sachverhalt aufzuklären und den Kreis der Personen einzugrenzen, die Kenntnis von dieser Insidertatsache hatten, die in diesem Fall also wussten, dass überraschend schlechte Zahlen veröffentlicht werden müssen. Das könnte etwa der Finanzvorstand gemeinsam mit dem Vorstand, aber auch eine Person aus dem Aufsichtsrat sein. Dann werden alle Transaktionsdaten bei den Banken eingeholt, die mit dieser Causa in Zusammenhang stehen könnten, also: Welche Bank hat zu welchem Zeitpunkt in wessen Auftrag wie viele Stück verkauft usw. Erhärtet sich der Verdacht, dass z.B. der Finanzvorstand X der Bank Y einen großen Verkaufsauftrag zwei Tage vor Veröffentlichung der schlechten Zahlen erteilt hat, dann erstattet die FMA Anzeige bei der Staatsanwaltschaft. Ihr Auftrag ist damit allerdings beendet. Ob Schuldige tatsächlich zur Verantwortung gezogen, also zu Strafzahlungen oder vielleicht sogar zu Haftstrafen verurteilt werden, liegt dann bei den Gerichten. Überwiegend werden diese Verfahren allerdings eingestellt.

Wenn die EU-Marktmissbrauchsrichtlinie ab Oktober 2004 auch für Journalisten als „sekundäre Insider" in nationales Recht umgesetzt wird, dann kontrolliert die FMA auch die Medienleute, die über Geldanlagen schreiben. Ein entsprechender Kodex der Wohlverhaltensregeln für Journalisten wird derzeit gerade ausgearbeitet (siehe auch Seite 144).

Strenge Regeln auch für Journalisten

Frontrunning

Andere Verstöße gegen die Ordnungsmäßigkeit des Wertpapiergeschäftes sind das so genannte Frontrunning und Preismanipulation. Schiebt etwa ein Händler ein Aktienpaket zwischen ihm und seinem Sitznachbarn so lange hin und her, bis der Preis wunschgemäß höher ist, dann hat er manipuliert. Setzt er das Wissen um anstehende Kauf- und Verkaufsaufträge im Orderbuch zum eigenen oder zum Nutzen Dritter um, dann ist er ein Frontrunner. Sieht er etwa bei der Aktie U, die gegenwärtig von 55 auf 54 Euro gesunken ist, dass bei 50 weitere riesige Verkaufsorders anstehen, und ruft er daraufhin seinen Freund, den Fondsmanager Y, an, dessen größte Position im Fonds just diese Aktie ist, und rät ihm zum Verkauf, bevor die Aktie weiter sinkt, dann ist er ein Frontrunner.

Preismanipulation

Nachweise für solches Vergehen sind allerdings noch schwieriger zu erbringen als beim Insiderhandel.

Schwierig nachzuweisen

Meldepflicht

Grundlage der Tätigkeiten der FMA ist eine umfangreiche Meldepflicht aller Wertpapiertransaktionen an der Wiener Börse. Da es in Österreich keinen Börsenzwang gibt, also Banken Wertpapiergeschäfte auch untereinander (OTC, Over the Counter) machen dürfen, müssen auch diese Transaktionen (anonym) gemeldet werden. Veröffentlicht werden sie zwecks größerer Transparenz auf dem Finanzplatz – leider erst im jeweiligen Folgemonat – auf der Homepage der Wiener Börse (siehe Webtipp).

Ad-hoc-Mitteilungen

Unternehmen im Amtlichen Handel und im Geregelten Freiverkehr sind zu so genannten Ad-hoc-Mitteilungen via Homepage und Verteileragenturen verpflichtet, wenn kursrelevante Neuigkeiten vorliegen. Damit soll gewährleistet werden, dass alle Aktionäre zur selben Zeit die möglichst gleichen Informationen erhalten. Das betrifft etwa Gewinnwarnungen – wenn das Unternehmen absieht, dass sich die Ergebnisse entgegen den Prognosen verschlechtern, wenn eigene Aktienrückkäufe anstehen oder wenn sich Aktionärsstrukturen im Unternehmen ändern.

Webtipp

Die FMA hat auf **www.fma.gv.at** unter Wertpapieraufsicht/Spezifisches/Emittenten eine ständig aktualisierte Liste der Beteiligungsverhältnisse der Börsenunternehmen eingerichtet.

Die Meldungen der Wertpapiertransaktionen an der Wiener Börse:

Die Homepage der Wiener Börse:
www.wienerborse.at/cms/1/18/1016

Beschwerdemanagement

Mediation

Die Behörde verfügt zwar für spezifische Anliegen und Beschwerden von Privatanlegern über kein rechtliches Instrumentarium, nach und nach etabliert sie sich aber als Vermittlerin zwischen Anlegern und Emittenten oder Produktanbietern. Mehrere hundert Anfragen im Jahr – Tendenz steigend – betreffend den Handlungsbereich der Finanzdienstleister oder Interpretationen bestimmter Rechtsgeschäfte werden bearbeitet. Dann versucht die FMA als Mediator einen Ausgleich zu schaffen.

Hilfe bei der Rechtsdurchsetzung

> **Beispiel**
>
> Sie sind bei der Pensionskasse X leistungsberechtigt und Ihre Auszahlungen werden um 8 Prozent gekürzt. Sie lesen zwar von Anlageproblemen der heimischen Pensionskassen mit daraus folgenden Kürzungen verschiedenster Größenordnung, können aber die Reduktion in Ihrem Fall nicht nachvollziehen. Schicken Sie Ihre Anfrage mit allen Unterlagen an die FMA, bemüht sich diese für Sie bei der Pensionskasse um Aufklärung. Vielleicht liegt ja doch ein Berechnungsfehler vor. Kosten entstehen Ihnen dabei nicht.

Was der Interessenverband für Anleger für Sie tun kann

Muss sich der Vorstand bei der Hauptversammlung unangenehmen Fragen stellen, rücken fragwürdige Praktiken bei Firmenübernahmen auf die Wirtschaftsseiten der heimischen Medien und wird über grobe Verbesserungswünsche zu gesetzlichen Rahmenbedingungen der Geldanlage berichtet, dann steckt in Österreich meistens ein Verband dahinter: der Interessenverband für Anleger (IVA). Entstanden aus einem Leserforum des *Börsen-Kurier*, hat sich der IVA hier zu Lande zur Plattform der Interessen der Privatanleger entwickelt. Mitgliedsbeiträge werden nicht eingehoben. *(Plattform für Private)*

Der IVA ist in Kapitalmarktfragen die zentrale Ansprechstelle für Medien geworden und hat sich Platz in allen kapitalmarktrelevanten Komitees verschafft. Der Verband arbeitet im Interesse von Privatanlegern inhaltlich in diversen Fachgremien, etwa dem Investorenbeirat der Wiener Börse oder in der Arbeitsgruppe zur Corporate Governance, mit und bringt dort die Bedürfnisse der Kleinanleger ein. Da alle relevanten Hauptversammlungen der heimischen börsennotierte Unternehmen besucht und die Firmen selbst kritisch beleuchtet werden, übernimmt der IVA auch Stimmrechtsvertretungen für Privatanleger. (Siehe auch Abschnitt „Ihre Rechte als Aktionär", Seite 167ff.) Obwohl – oder vielleicht weil – für etablierte Strukturen unangenehm, hat sich der IVA Respekt bei Emittenten, Großanlegern und zuständigen Gremien des Kapitalmarktes verschafft. *(Stimmrechtsvertretung)*

Praxis-Ratgeber Anlegerschutz

Ziel des IVA ist es, ein Korrektiv zu Fehlentwicklungen zu sein und den machtlosen einzelnen Privatanleger gegen die mächtigen Großstrukturen der Kapitalmärkte zu unterstützen, um damit einen Beitrag zum nachhaltigen Funktionieren des Kapitalmarktsystems zu leisten. Für Privatpersonen hat das zuletzt oft bedeutet, etwa im Zusammenhang mit Übernahmeangeboten nicht mit geringen Beträgen abgespeist zu werden.

Höhere Abfindung beim Abgang von der Börse

Durch zähes Verhandeln gelang es dem IVA z.B. bei der Übernahme des Papierriesen Leykam durch einen schwedischen Konzern, den Abfindungspreis für Privatanleger um 100 Prozent des ursprünglichen Angebots zu erhöhen. Auch bei der Übernahme von Steyr durch Magna oder bei Jenbacher durch General Electric wurden signifikante Verbesserungen für die Privatanleger erreicht.

Es kommt ja immer wieder vor, dass sich Unternehmen von der Börse zurückziehen und die restlichen Streuaktionäre abfinden müssen. Die Anleger sollen mit dem Urteil eines vom Gericht bestellten Prüfers, der die Angemessenheit des Abfindungsangebotes feststellt, beeindruckt werden. Es soll der Eindruck entstehen, dass alles seine Ordnung hat. Aber: Auch Unternehmensbewertungen sind keine Punktlandungen, das Ergebnis hängt vielmehr von den gewählten Prämissen wie Zinssatz, zukünftige Erträge, Kosten und dem Rechenverfahren selbst ab. So kann bestenfalls eine Bandbreite festgestellt werden, auch wenn der Eindruck vermittelt wird, als könnte der Wert einer Aktie auf den Cent genau ermittelt werden.

Dokumentation dubioser Geschäfte

Der IVA stellt dann oft fest, dass den vom Gericht beauftragten Prüfern ein Vorschlag vom Unternehmen selbst vorangegangen ist und zudem nur allzu oft ein Naheverhältnis der Prüfer zum Unternehmen besteht. Daher überrascht es nicht, dass diese Berechnungen – theoretisch zwar richtig und in den meisten Punkten auch argumentierbar – eher dem Standpunkt des Unternehmens und seiner Hauptaktionäre entsprechen. Durch das Hinterfragen dieser vorgelegten Bewertungen kann der IVA bessere Preise für Privataktionäre erzielen.

Aus den zahllosen Beschwerden von Anlegern hat der IVA mittlerweile auch eine recht umfangreiche Dokumentation dubioser Geldanlagegeschäfte und fragwürdiger Praktiken von Finanzdienstleistern gesammelt. Häufen sich in einem bestimmten Fall Beschwerden und Anfragen, wird der IVA auch als Mediator tätig und organisiert Gesprächsrunden mit den betroffenen Parteien. Dazu muss noch gar kein gravierender Schaden eingetreten sein.

Mediator

Zwei aktuelle Beispiele dazu:

Aus der Praxis

Auch „Immobilien" schützen nicht vor Schaden

Immobilien genießen einen guten Ruf bei Anlegern. Sie stellen einen materiellen Wert dar, dass sie – wie Geld – einfach dahinschmelzen, scheint unmöglich. Immobilien sind immer sicher, konservativ und beinhalten kein Risiko, glauben viele Anleger.

Ein aktueller Fall in Österreich zeigte das Gegenteil: Wieder war ein Strukturvertrieb eingeschaltet. Verkauft wurde – so glaubten die Anleger – eine Beteiligung an Immobilien. Kellner, Hausarbeiter, Krankenschwestern unterschrieben meistens bei ihnen persönlich bekannten Personen einen Zeichnungsschein, der die Beauftragung eines Vermittlers für eine Kommanditbeteiligung vorsah. Der Treuhand- und Verwaltungsvertrag wurde im selben Konzern gestioniert. Die Anleger unterschrieben weiters, dass sie vom „Treuhand- und Verwaltungsvertrag vollinhaltlich Kenntnis" genommen und „ein Exemplar ausgefolgt erhalten" hatten.

Strukturvertrieb

Jeder, der dieses umfangreiche, fast 100 Seiten starke und ebenso komplizierte wie intransparente Vertragswerk verstanden hätte, hätte festgestellt, dass jedes erdenkliche Risiko auf die Anleger abgewälzt wurde, extrem hohe Kosten für verschiedenste „Leistungen" verrechnet werden durften und die Betreiber weitgehend freie Hand bei der Gestion hatten. Dieser Vertrag für eine „Immobilienbeteiligung" erlaubte eine Veranlagung in hochspekulative argentinische Staatsanleihen ebenso wie die fast ausschließliche Veranlagung in konzerneigene Liegenschaften und den Ankauf von börsennotierten Immobilienaktien.

100-Seiten-Vertrag

> **Das Fazit des IVA**
>
> Das Ergebnis im Jahr 2003 für Anleger nach zehn Jahren in diesem Produkt: Keine Verzinsung, aber dafür ein Kapitalverlust von 25 Prozent. Der schwache, dafür aber umso zynischere Trost der vertraglich bestens abgesicherten Verantwortlichen: Am Frankfurter Neuen Markt haben die Anleger noch mehr verloren. Ein kleines Detail dieses Produktes: Rund 30 Prozent der Einlagen gingen allein für die für Vertrieb und Verwaltung verrechneten Kosten auf.

Wie sich die Finanzwirtschaft bei Jugendlichen ins schlechte Licht rückt

Strukturvertrieb

Die Versicherung X hatte eine wunderbare Idee: Jugendlichen, die bereits volljährig sind, sollte ein Vorsorgeprodukt verkauft werden. Dazu brauchte diese Versicherung nur mehr eine Vertriebsorganisation, die sich bestens in den Reihen der Maturanten und Studenten auskennt. Der Strukturvertrieb war schnell gefunden: Studenten wurden als Produktvermittler angeworben, ein Super-Zusatzverdienst machte ihnen den Mund wässrig. Nach kurzer, allerdings besonders intensiver und einseitiger Einschulung wurden die neuen „Berater" zu ihren Freunden, Kommilitonen und zu ihren Familien geschickt.

Sie sollten eine fondsgebundene Lebensversicherung mit 35 Jahren Laufzeit und einer monatlichen Prämie von 53 Euro verkaufen, die jährlich um 5 Prozent erhöht wird. Unverbindlich versprochener Gewinn nach 35 Jahren: 44.000 Euro, voraussichtliches Kapital nach 35 Jahren: 150.000 Euro.

Für jeden, der die Effekte der Zinseszins- und Rentenrechnung nicht beherrscht, ist das ein attraktives Angebot, denn es klingt nach viel Geld. Rechnet man aber richtig, dann ist das voraussichtliche Kapital von 150.000 Euro sehr dürftig!

Volles Risiko

Gemäß den Bedingungen ist eine Kündigung bei diesem Produkt zudem erst frühestens nach drei Jahren möglich, da abzüglich der Kosten erst nach diesem Zeitraum mit einem positiven Liquidationswert gerechnet werden kann! Das Risiko liegt bei solchen Fondspolizzen voll beim Anleger, in diesem Fall beim sehr jungen Anleger. Die Performance der eingesetzten Fonds ist schwach.

Hilfe bei der Rechtsdurchsetzung

> **Das Fazit des IVA**
> Finger weg von Produkten mit so langer Bindungsdauer und vollem Risiko beim Anleger. Finger weg vom Vertrieb solcher Produkte im Freundeskreis. Übrig bleiben dabei meist zwar einige tausend Euro Provision, dafür aber der Verlust der Freunde, die Enttäuschung der Bekannten und eine Menge Probleme in den Familien.

Achtung bei solchen Produkten

Wenn Kleinanleger nicht allein kämpfen

Der IVA konnte in den letzten Jahren einige signifikante Erfolge erzielen:

Prospekthaftung Tiroler Loden

Die Tiroler Loden AG, von der damaligen Länderbank kreditfinanziert, erhöhte Ende der 80er Jahre ihr Eigenkapital durch eine von der Länderbank geführte steuerbegünstigte Emission. Man konnte damals junge Aktien im Rahmen abzugsfähiger Sonderausgaben bis zu 40.000 Schilling (2.907 Euro) pro Person erwerben. Eine Prospektpflicht gab es damals noch nicht und auch keine sondergesetzlich geregelte Haftung für Mängel im Prospekt.

Noch keine Prospektpflicht

Zwei Jahre nach der Emission – nachdem der IVA nachhaltig die Gestion des Unternehmens kritisiert hatte – war die Tiroler Loden AG bankrott, und es stellte sich die nahe liegende Frage nach der Verantwortlichkeit.

Es gelang dem IVA, für die kostenaufwändige und selbstverständlich auch risikoreiche Prozessführung mehr als 300 Aktionäre zu koordinieren, die Unterstützung von Rechtsschutzversicherungen zu gewinnen und in der Koordinierung der Anspruchswerber zu erreichen, dass diese nach einem rund neun Jahre dauernden Prozess für die verlorene Investition schadlos gehalten wurden.

Koordinierung von 300 Aktionären

Es hatte sich gezeigt, dass überhöhte Lagerbewertungen, Scheinfakturierungen, willkürliche Plangestaltungen, falsche Prognoserechnungen und Unvollständigkeiten im damals verwendeten Werbeprospekt feststellbar waren; dazu kam, dass das System, Neuemissionen steuerlich zu begünstigen, wettbewerbsverzerrende und das Publikum gefährdende Elemente enthält, weil das Publikum dazu verführt wird, nicht die Qualität der Emission kritisch zu beachten, sondern bloß den Steuervorteil zu kaufen.

Wettbewerbsverzerrend

Dieses Verfahren – es war der erste Prospekthaftungsprozess in Österreich – hat zweifellos Spuren beim Gesetzgeber hinterlassen, der in der Folge eine inhaltlich definierte Prospektpflicht für Emissionen verankerte, ausdrücklich eine Prospekthaftung normierte und auch die wenig sinnvolle Steuerbegünstigung junger Aktien gestrichen hat.

Umwandlung Montana AG

Anfang der 90er Jahre (damals war noch das Umwandlungsrecht aus dem Jahre 1954 in Kraft, welches eine 10-prozentige Aktionärsminderheit in Squeeze-out-Fällen, das heißt beim Hinausdrängen einer Minderheit auf gesetzlicher Basis, praktisch rechtlos stellte) beschloss die erfolgreich agierende Montana AG eine Umwandlung der notierenden Aktien zugunsten ihres 90-prozentigen Hauptgesellschafters und bot der Minderheit eine Abfindung von 70.000 Schilling (5.087 Euro) pro Aktie, das war etwas mehr als der Kurs.

Umwandlungsbeschluss bekämpft

Eine vom IVA organisierte Gruppe von sechs Aktionären bekämpfte den Umwandlungsbeschluss mit einer Anfechtungsklage und relativierte in der Berufung gegen das klagsabweisende Urteil die Verfassungswidrigkeit des damals bestehenden Umwandlungsrechtes, welches den ausgeschlossenen Aktionären kein faires Wertüberprüfungsverfahren bot.

Die Sache konnte für die Kläger zufrieden stellend geregelt werden, ohne dass der Verfassungsgerichtshof mit der Prüfung dieser interessanten Frage befasst worden wäre.

Unter dem Eindruck dieses Verfahrens wurde das Thema des unzureichenden Rechtsschutzes für Aktionäre, die im Rahmen eines so genannten Squeeze-out ihre Beteiligung verlieren, verstärkt wahrgenommen. Im Rahmen rechtsfortbildender Bemühungen und rechtswissenschaftlicher Aktivitäten fand das Thema gebührende Beachtung, was schließlich im Zuge

Hilfe bei der Rechtsdurchsetzung

der europäischen Rechtsanpassung im Jahre 1996 (EU-Gesellschaftsrechtsänderungsgesetz) zu einer ausgewogenen Lösung führte. In zahlreichen während der letzten Jahre geführten Verfahren erwies sich die nun gegebene Überprüfungsmöglichkeit der Angemessenheit der im Rahmen von Fusionen, Übernahmen und Spaltungen gebotenen Austauschverhältnisse bzw. Abfindungen als praktisch.

Squeeze-out Steyr-Daimler-Puch – Magna

Das Squeeze-out der Minderheitsaktionäre der Steyr-Daimler-Puch bot erstmals Gelegenheit, das mit dem EU-GesRÄG eingeführte Überprüfungsverfahren zu testen.

Im Vorfeld der Hauptversammlung stellte der IVA die für eine Überprüfung erforderliche Mindestbeteiligungsquote von einer Nominale von 1 Million Schilling auf die Beine – es waren dies 33 Aktionäre – und erwirkte über die Hauptversammlung ein Überprüfungsverfahren. Schließlich gelang es, die gebotene Abfindung praktisch zu verdoppeln; für die übrigen, nicht vom IVA koordinierten Aktionäre gab es nur eine geringe Erhöhung.

Überprüfungsverfahren

Squeeze-out SCA Laakirchen AG

Nachdem der IVA mittlerweile in einer Reihe von anderen Squeeze-out-Fällen Verbesserungen durchsetzen konnte, wurde im Fall der Laakirchen AG durch seine Führung im gerichtlichen Verfahren eine Erhöhung von 8.800 Schilling (640 Euro) pro Aktie auf 13.407 Schilling (974 Euro) erreicht. In diesem Fall betraf die Erhöhung sämtliche Aktionäre des Streubesitzes, also auch jene, die sich am Verfahren gar nicht beteiligt hatten. Das ist ein interessanter Effekt des neuen Squeeze-out-Rechtes bei Umwandlung, das auch die nicht verfahrensbeteiligten Personen begünstigt.

Sämtliche Aktionäre

Zwangsabfindung der P.S.K-Partizipationsscheine

Die P.S.K. entschloss sich im Vorfeld ihres Verkaufes an die BAWAG, die von ihr in den 80er und 90er Jahren ausgegebenen 268.000 Partizipationsscheine einzuziehen. Die meisten Inhaber nahmen das Angebot zur Abfindung der Genussscheine zu je 190 Euro an. Ein harter Kern verweigerte.

Diese restlichen Partizipationsscheine zog die P.S.K. um einen Abfindungspreis von je 184,5 Euro zwangsweise ein. Das Bankwesengesetz machte diese Zwangsabfindung möglich. Auch der Preis war gesetzlich – als Durchschnittskurs der letzten 20 Tage – völlig korrekt.

Unangemessener Preis

Dennoch erachteten die verbliebenen Inhaber den Preis als unangemessen. Allerdings verwehrte ihnen das Bankwesengesetz, diese Zwangsabfindung von einer neutralen Stelle überprüfen zu lassen. §102a Abs. 4 Bankwesengesetz ermöglichte zwar eine gerichtliche Überprüfung der Angemessenheit einer Abfindung – allerdings bis dahin nur für nicht börsennotiertes Partizipationskapital. Für börsennotierte Genussscheine bestand diese Möglichkeit nicht. Dennoch stellten die Inhaber der verbliebenen 4000 Scheine mithilfe des IVA beim Handelsgericht in Wien einen Antrag auf Überprüfung und Auszahlung eines angemesseneren Preises. Sie beriefen sich dabei auf die Verfassungswidrigkeit des Paragrafen 102a Abs. 4. Dieses Gericht und in der Folge auch das Oberlandesgericht Wien wiesen die Klage ab. Erst der Oberste Gerichtshof als angerufene höchste Instanz teilte die Bedenken der Anleger und legte den Antrag dem Verfassungsgerichtshof vor. Dieser hob die Einschränkungen des Paragrafen auf. Damit wurde der Weg für die gerichtliche Überprüfung der Angemessenheit der Abfindung auch für börsennotiertes Partizipationskapital frei. Ein Erfolg, der sogar ein tendenziell anlegerfeindliches Gesetz zu Fall brachte.

Dienstnehmerstiftung Flughafen AG

Die Flughafen AG, die im Rahmen der Privatisierungsbemühungen von der ÖIAG 10 Prozent als eigene Aktien erworben hatte, schlug der Hauptversammlung vor, die Einbringung dieser Aktien in eine Dienstnehmerstiftung zu genehmigen. Die Stiftung sollte diese Aktien im Interesse der Belegschaft verwalten und den Dividendenertrag im Wege von Zuwendungen an die Dienstnehmer, die als Stiftungsbegünstigte eingesetzt waren, ausschütten. Dagegen sollten die Dienstnehmer eine Reduktion von Prämien hinnehmen. Das 10-Prozent-Pa-

Dividenden an Dienstnehmer

ket würde als stabiler Kernaktionär lokale und Dienstnehmerinteressen wahren, und gleichzeitig wäre dies auch ein beispielgebendes Mitarbeiterbeteiligungsmodell, das die Dienstnehmer stärker an die Unternehmensinteressen binden würde.

Der IVA vertrat zu diesem Thema eine pointierte Gegenmeinung: Die Übertragung einer 10-prozentigen Beteiligung an eine Stiftung käme der unentgeltlichen Hingabe eines Vermögenswertes – hier rund 1,4 Milliarden Schilling (101,74 Millionen Euro) – gleich, der keine äquivalente Gegenleistung gegenüberstehe. Das von der Flughafen AG gebrauchte Argument, es würden dadurch 5 Prozent der Lohnkosten eingespart werden, sei völlig unplausibel, schließlich hätte man mit diesem Argument die ganze Firma herschenken können und sich dann 50 Prozent der Lohnkosten erspart! Es handelte sich dabei auch nicht um eine wirkliche Mitarbeiterbeteiligung, da der einzelne Mitarbeiter keine konkrete Eigentümerposition hinsichtlich der auf ihn entfallenden Aktien gehabt hätte; lediglich als Begünstigten wäre ihm eine – rechtlich nicht durchsetzbare – Erwartungsposition zugekommen, die ihn darauf hätte hoffen lassen, als Begünstigter bedacht zu werden.

Pointierte Gegenmeinung des IVA

In Wahrheit wurde auch mit diesem Vorgang kein Akt der Privatisierung verwirklicht, sondern die Kollektivierung eines 10-prozentigen Anteils an der Flughafen AG.

Der diese Stiftungslösung genehmigende Beschluss der Hauptversammlung wurde vom IVA angefochten, die Unhaltbarkeit dieser Transaktion öffentlich kommuniziert und schließlich – nachdem klar geworden war, dass diese als Vorbild für andere börsennotierte Unternehmungen mit ÖIAG-Beteiligung angedachte Lösung unakzeptabel war – der Anfechtungsprozess im Wege eines Vergleichs beendet. Die Flughafen AG behielt zwar die Stiftung, im Ergebnis wurde die dortige Stiftungsidee jedoch nicht weiter verfolgt.

Unhaltbarkeit der Transaktionen

Die Voestalpine AG z.B. beschritt mit ihrer Dienstnehmerstiftung daraufhin den richtigen Weg: Den Dienstnehmern blieb das konkrete Eigentumsrecht an den ihnen gehörigen Aktien erhalten und lediglich die Verwaltung der Belegschaftsaktien wurde auf die Dauer der Mitarbeitereigenschaft der Dienstnehmerstiftung übertragen. Insofern konnte mit der Klage gegen die Flughafen AG einem verfehlten Konzept Einhalt geboten werden.

Libro AG

Sonderprüfung

Im Fall der Libro AG gelang es dem IVA, die Abhaltung einer Hauptversammlung zum Thema des Berichtes des Verlustes von mehr als der Hälfte des Grundkapitals zu erzwingen und bei dieser Gelegenheit eine Sonderprüfung durchzusetzen. Diese Sonderprüfung zeigte im hohen Maße bedenkliche und von Wirtschaftsprüfern bestätigte Bewertungsvorgänge, die noch Gegenstand strafrechtlicher Untersuchungen sind.

Vertretung des Streubesitzes im Aufsichtsrat

Schon lange vor dem Kodex

Im Zuge der einsetzenden Privatisierungsbemühungen Ende der 80er Jahre – also lange vor dem Corporate Governance Kodex – wurden Bemühungen entfaltet, Kernaktionäre – im Wesentlichen die Banken und die ÖIAG – davon zu überzeugen, unabhängige und fachlich qualifizierte Personen, die der Interessenlage des privaten Anlegerpublikums nahe stehen, in Aufsichtsräte von börsennotierten Gesellschaften zu wählen. Dies ging Hand in Hand mit der Bemühung, die damals üblichen, überwiegend parteipolitischen Besetzungen in den Aufsichtsräten staatsnaher Gesellschaften zurückzudrängen. Dem IVA und dem Österreichischen Schutzverband der Wertpapierbesitzer, einer seit den 50er Jahren bestehenden Einrichtung, die die Interessen institutioneller Anleger vertritt, ist es gelungen, dass in einer Reihe von börsennotierten Gesellschaften Vertreter des Streubesitzes in den Aufsichtsrat gewählt wurden (z.B. Böhler-Uddeholm, OMV, Voestalpine, AUA u.a.).

Webtipp

Die Plattform des IVA im Web finden Sie unter **www.anlegerschutz.at**.
Die Homepage: **www.iva.or.at**
E-Mail: **rasinger@iva.or.at**
Wenn ausländische Aktien betroffen sind, dann leitet Sie der IVA als Mitglied der Dachorganisation European Shareholders Association an die entsprechenden Schutzorganisationen in den jeweiligen Ländern weiter.

Hilfe bei der Rechtsdurchsetzung

Was die Arbeiterkammer Niederösterreich für Sie tun kann

Die Arbeiterkammer Niederösterreich (AKNÖ) hat sich in den vergangenen zehn Jahren einen guten Ruf in Geldanlage-Angelegenheiten erworben. Kostenlos berät und interveniert sie zwar nur für Mitglieder, also für Niederösterreicher (kostenlose Hotline für Mitglieder: 0800 232323). Allerdings verweisen aufgrund der Expertise auch die anderen Länderkammern Beschwerden von Anlegern oft zu den Niederösterreichern. Die Beratung ist dann immer noch gratis, Rechtsschutz für etwaige Gerichtswege besteht in diesem Fall allerdings nicht.

Hotline

Die AKNÖ agiert nach dem Prinzip „Anleger haben Rechte, aber sind sie auch durchsetzbar?" und bemüht sich um jegliche Hilfestellung bei der Durchsetzung bis zur Prozessführung. Als Spezialgebiet hat sich bei den AKNÖ-Experten der graue Kapitalmarkt herauskristallisiert. Zudem bietet die Interessenvertretung immer wieder Vorträge, Seminare und aktuelle Broschüren zum Thema Geldanlegen an (Adresse siehe Anhang, Seite 230).

Rechtsdurchsetzung

Webtipp

Kontakt: **www.aknoe.at**

Lieber gemeinsam als einsam: Investmentclubs zwecks Übung des Anlegens

Wenn Sie nicht ganz allein mit dem Geldanlegen beginnen möchten, dann bieten sich (kostenlose) Investmentclubs an, in denen Sie Erfahrung sammeln, im Trockenen trainieren, Fachvorträge hören und mit Gleichgesinnten diskutieren können.

Mit Gleichgesinnten

Seit rund drei Jahrzehnten ist die Idee der Investmentclubs in Österreich umgesetzt, die Anstöße dazu kamen aus den USA, wo es ähnliche Gemeinschaften schon seit den 50er Jahren

Angesiedelt bei Banken

gibt. Die Aufgabe der Zweckgemeinschaften übernehmen jedoch in Österreich wie auch in Deutschland heimische Kreditinstitute. 38 aktive Klubs mit insgesamt 15.000 Mitgliedern gibt es derzeit in Österreich, vor allem Ober- und Niederösterreich.

Organisiert sind die Klubs nach dem Vereinsrecht, alle erforderlichen Rahmenbedingungen wie Räumlichkeiten, Betreuung durch Fachleute, Erstellen von Unterlagen deckt die betreuende Bank ab. Dazu gehören auch Kosten wie Portospesen für Einladungsschreiben und der Aufwand für die Bestandsführung und Bewertungen. Aus purer Nächstenliebe tun die Banken das nicht, sie haben ja auch etwas davon: Sie gewinnen dadurch Kunden, Konten, Depots und Handelsgebühren. Und dazu noch die Aussicht, dass die Klubmitglieder auch ihre ganz privaten Geldgeschäfte über ihre Klub-Bank abwickeln.

Das Trockentraining

Erst virtuell, dann real

Wenn die Mitglieder des Investmentclubs das Basisprogramm, den so genannten Dispositionsabend, absolviert haben und über die neuesten Kommentare zu den wichtigsten Börsen- und Zinsentwicklungen, Wirtschaftswachstum und Inflation in den wichtigsten Anlageländern in Kenntnis gesetzt worden sind, beginnt das „Spiel": Dem tatsächlichen Investment gehen nämlich Trockentrainings voraus. Der Klub soll nach dem Motto „Was wäre passiert, wenn" üben.

Die Mitglieder der Anlagegruppen, zumeist beträgt die Anzahl zwischen zehn und 20 Anleger, deren Starteinzahlungen und laufende monatliche Beiträge das Kapital der Anlagegruppe bereitstellt, entscheiden sich dann völlig autark für die ihnen am günstigsten erscheinenden Anlageformen. Die Höhe der monatlichen Beiträge wird in den meisten Fällen gering gehalten, üblich sind im Schnitt zwischen 25 und 35 Euro. Die Starteinzahlung beträgt zwischen 220 und 360 Euro.

Welche Aktien dann gekauft oder wieder verkauft werden, wird durch einen Mehrheitsbeschluss festgelegt, Differenzen gibt es angeblich kaum, da sich ohnehin meist Personen in einer Gruppe zusammenfinden, die nach ähnlichen Prinzipien, das heißt mehr oder weniger spekulativ, mit höheren oder niedrigen Beiträgen, mehr oder weniger Streuung auf verschiedene Anlageformen, ihre Investments tätigen wollen. Für jede Anlagegruppe wird ein eigenes Wertpapierdepot und ein dazugehörendes Verrechnungskonto eröffnet, im Falle von monatlichen Einzahlungen eröffnen die Gruppenmitglieder entsprechende Daueraufträge zugunsten des Anlagekontos der Gruppe.

Zusätzliche Aktivitäten

Investmentclubs haben einen starken Aufschwung erlebt – selbst die Börsenbaisse der vergangenen drei Jahre konnte ihnen kaum etwas anhaben. Damit das auch so bleibt, wird das Vereinsleben durch mannigfaltige Aktivitäten wie Firmenbesuche und Börsenreisen, die auch schon mal nach Hongkong oder in die USA führen können, bereichert.

Firmenbesuche

Als weiteren Ansporn, um ernsthaft bei der Sache zu bleiben, wird einmal jährlich nach der so genannten „Olympischen Methode" bei der jährlichen Vollversammlung die Anlagegruppe mit der höchsten Performance mit Pokalen belohnt.

Jüngst haben Banken auch die Frauen als spezifische Anlagegruppe erkannt. Die Erste Bank weist unter Führung von Fondsmanagerinnen Studentinnen- und Frauengruppen den Weg zu den Kapitalmärkten (Adresse siehe Anhang, Seite 234).

Frauenklub

Frauen sind ja Studien zufolge (Gallup/Karmasin) die besseren Anleger, verfügen über einen langen Atem und sind sowieso die „Finanzminister" in den Familien. Das Interesse sei besonders groß, sagen die Veranstalter. Und bieten Investmentabende, die über bestimmte Anlageprodukte informieren, Diskussionen ermöglichen und – weil es so üblich ist – den Abend bei einem gemeinsamen Imbiss ausklingen lassen.

Rahmenprogramm

Vorteile und Nachteile der Investmentclubs	
Vorteile/Chancen	**Nachteile/Risken**
■ Weniger Kapitaleinsatz pro Person nötig als für Solo-Anleger. ■ Zeitersparnis, weil die Recherche auf mehrere Personen verteilt wird. ■ Risikosplitting durch Diversifizierung. ■ Leichterer Zugang zu Recherchematerial und zu Experten. ■ Soziale Kontakte. ■ Geteiltes Leid bei Börsentiefs.	■ Langsamere Entscheidungsfindung, weil eine Mehrheit zustimmen muss. ■ Meinungsverschiedenheiten und mühsame Diskussionen über Strategien. ■ Teilen der Kursgewinne.

> **Webtipp**
>
> Informationen zu den heimischen Investmentclubs und wie Sie von diesen Informations- und Anlegerpools profitieren können, finden Sie im Internet unter **www.investmentclubs.at**.
>
> Dort finden Sie auch eine Landkarte, die via Klick die bestehenden Clubs in Ihrem Bundesland sowie alle Kontaktpersonen anzeigen.
>
> Einen spezifischen, kostenlosen und lediglich informationsorientierten Investmentclub für Frauen hat die Erste Bank über ihre Internet-Tochtergesellschaft Ecetra eingerichtet: **www.ecetra.com**.

Entschädigungseinrichtungen

Im Zuge der Umsetzung der EG-Anlegerentschädigungsrichtlinie wurde 1999 in Österreich eine Entschädigungseinrichtung gegründet. Sie schützt die Ansprüche von Anlegern im

Im Konkursfall — Fall eines Konkurses des Wertpapierdienstleistungsunternehmens und ist verpflichtet, einen Betrag in maximaler Höhe von 20.000 Euro auszubezahlen. Dieser Entschädigungsfall

Hilfe bei der Rechtsdurchsetzung

tritt aber nur dann ein, wenn über einen Vermögensverwalter der Konkurs eröffnet wird. Die Kundendepots werden dann nach dem Depotgesetz geschützt.

Wenn einem Vermögensverwalter ein Fehler bei der Erbringung seiner Dienstleistung unterläuft, dann ist das kein Entschädigungsfall für diese Einrichtung. Leider sind aber genau solche Beratungsfehler das tägliche Brot in den Beschwerdestellen. Bis jetzt wurde nur ein Konkursfall abgewickelt (Adresse siehe Anhang, Seite 230).

Webtipp

Die E-Mail-Adresse zur Kontaktaufnahme:
anlegerentschädigung@gmx.at

Freiwillige Anlegerentschädigungseinrichtung FAE

Die Fachgruppe der Finanzdienstleister hat gemeinsam mit dem Versicherer Lloyd's eine freiwillige Entschädigungseinrichtung entwickelt. Sie soll die Risken für Anleger einschränken und gleichzeitig die wirtschaftliche Existenzgefährdung der Berater durch Haftungen mindern.

Einrichtung der Fachgruppe

Die Deckung der Schäden umfasst auch jene, die von so genannten Vertrauenspersonen verursacht wurden, dazu zählen Arbeitnehmer der Unternehmen wie Aushilfen, Praktikanten und sogar Geschäftsführer.

Im Schadensfall können sich Konsumenten direkt an die FAE wenden. Allerdings: versichert sind nur Mitglieder der FAE, diese aber bis zu einer Schadenssumme von 20.000 Euro pro Kunde und bis zu einer Versicherungssumme von 5 Mio. Euro.

Wichtig: Diese Einrichtung ist gut, aber nur die wenigsten Wertpapierdienstleistungsunternehmen sind Mitglied in der FAE!

Webtipp

Infos: **www.diefinanzdienstleister.at**

Einlagensicherung der Banken

In Österreich haben alle Banken, zusammengefasst in ihren Sektoren, Einlagensicherungen laut Bankwesengesetz eingerichtet.

Bei Pleiten

Diese werden schlagend, wenn ein Institut in Konkurs geht und Kundengelder zu sichern sind. Das geschieht bis zu einer maximalen Höhe von 20.000 Euro. Abgewickelt wurden bis jetzt von der Einlagensicherung der Banken und Bankiers die BHI-Pleite, die Riegerbank- und die Diskontbankpleite sowie aktuell die Trigon Bank-Pleite.

Volksanwalt

Zusätzlich haben alle Banken Ombudsstellen eingerichtet und auch miteinander in einem Netzwerk verbunden. Diese haben zwar keine Entscheidungsbefugnis, können aber zwischen den Parteien vermitteln und stehen Ihnen für Auskünfte zur Verfügung. Dorthin vermittelt auch die Volksanwaltschaft Rückfragen und Beschwerden von Konsumenten und kümmert sich darum, dass diese nicht in der „Rundablage" verschwinden. (Alle Adressen siehe Anhang, Seite 230ff.)

Webtipp

Einlagensicherung der Banken und Bankiers:
www.einlagensicherung.at

Auf der Website der Wirtschaftskammer Österreich finden Sie Links zu den sektoralen Einlagensicherungen:
www.wko.at/Bundessparte Banken und Versicherungen.

Ombudsstellen der Banken: **www.voebb.at**

Volksanwaltschaft: **www.volksanw.gv.at**

Hilfe vom Ombudsmann der Finanzdienstleister

Sollte es mit Finanzdienstleistern Probleme geben, dann können Sie sich auch an die Ombudsstellen oder Geschäftsleitungen der jeweiligen Landesstellen der Fachgruppe der Finanzdienstleister in der Wirtschaftskammer wenden (Adresse siehe Anhang, Seite 231f.).

10 Behavioural Finance

Ehe Sie sich zu einer Unterschrift entschließen, sollten Sie mittels psychologischer Erkenntnisse Ihre Anlageentscheidung noch einmal hinterfragen.

An der Börse, sagte der berühmte Ökonom John Maynard Keynes 1936, geht es nicht darum, die schönste Teilnehmerin auszuwählen, sondern darum, zu erraten, wen die anderen für die Schönste halten.

Keynes und die Psychologie

Keynes war selbst erfolgreicher Spekulant – dass die Märkte nach wirtschaftlichen Prinzipien, nach Vernunft und Rationalität funktionieren, glaubte er allerdings nie.

Denn verschiedenste Kapitalmarkttheorien modellieren zwar die perfekte Welt und bieten eine Menge von Formeln an, um diese zu beschreiben. Mit der Wirklichkeit hat das aber nur sehr wenig zu tun. 90 Prozent des Börsengeschehens seien Psychologie, attestierte auch Börsenaltmeister André Kostolany, zehn Prozent Wirtschaft.

Kostolany

In den vergangenen Jahren ist das Aufspüren und Beschreiben der psychologischen Mechanismen, also des Menschlichen bei der Geldanlage, sehr populär geworden. Unter dem Titel „Behavioural Finance" können Sie mittlerweile auf umfangreiche Literatur zurückgreifen. Solche Bücher (Sie finden eine Liste im Anhang, Seite 235) sind auch deswegen recht brauchbar, weil sie zwingen, sich mit den eigenen Funktionsweisen auseinander zu setzen.

Die Konzepte stellen einen Gegensatz zur klassischen Entscheidungstheorie dar, nach der der Mensch als rationales Individuum gesehen wird und Marktteilnehmer risikoavers seien. Das bedeutet, dass Menschen sich bei gleicher Ertragserwartung lieber für das sichere als für das unsichere Investment entscheiden. Dazu wird von den Klassikern noch die These vertreten, dass Menschen ihre Anlageentscheidungen im Kontext ihres Gesamtportfolios treffen.

Gegensatz zur klassichen Entscheidungstheorie

Die Anhänger der Behavioural Finance bezweifeln all das massiv und holen sich Belegmaterial aus der Psychologie. Dazu bedarf es eigentlich nicht sehr vieler und sehr komplizierter Wissenschaftsbegriffe.

Die Abwehr des Unangenehmen

Struktur der Wahrnehmung

Erinnern Sie sich einfach einmal an den letzten Horrorfilm, den Sie im Fernsehen gesehen haben. Vermutlich konnten Sie bei den blutrünstigsten Szenen nicht hinschauen. Psychologen nennen dieses Verhalten „verdeckte" oder „unbewusste Wahrnehmungsabwehr". Sehr unangenehme, tabuisierte oder bedrohliche Ereignisse fallen demnach in unserer Wahrnehmung – zumindest einer teilweisen – Abwehr zum Opfer. Wir wollen uns einfach schützen.

Das wäre eine durchaus nachvollziehbare Erklärung, warum Kleinanleger lange bei ihren verlustträchtigen Produkten bleiben und sie nicht abstoßen, sondern den Kopf in den Sand stecken und auf Besserung hoffen.

Schließlich funktionieren wir ja nach positiven Mechanismen: Wunschgerechte und emotional befriedigende Inhalte werden allgemein im Denken bevorzugt[4]. Ist etwas wünschenswert oder mit besonders hohem Nutzen verbunden, dann wird ihm in unserem Denken eine höhere Wahrscheinlichkeit des Eintretens zugeschrieben.

Die Gegenbewegung

Zudem treffen Anleger ihre Entscheidungen nicht aus rein logisch geprüften Überlegungen heraus, sondern richten sich dabei extrem stark nach der Stimmung in ihrem Umfeld und den Berichten in den Medien.

Kontraindikator

Erfahrene Börsianer werten mittlerweile die Tatsache, dass etwa in allen Medien zu lesen ist, wie lukrativ und reich machend Internetaktien doch seien, als absoluten Kontra-Indikator. Das heißt: Reden einmal alle einheitlich für – oder auch gegen – eine Bewegung auf dem Kapitalmarkt, dann steht bereits eine krasse Gegenbewegung bevor. Demnach hat sich in den vergangenen Jahrzehnten auch gezeigt, dass der Zeitpunkt,

---

[4] Vergleiche: Meyer, W.-U., Reisenzein, R., Schützwohl, A.: *Einführung in die Emotionspsychologie* (Band I). Verlag Hans Huber, Uni Bielefeld 2002

an dem die Öffentlichkeit am Tiefpunkt einer Baisse nur mehr pessimistisch ist und das Ende jedes Geldanlegens gekommen sieht, schon wieder günstig für einen Einstieg war. Der lässt sich aber natürlich immer erst im Nachhinein beurteilen. Wer weiß schon, ob tatsächlich der überwiegende Teil der Marktteilnehmer schon „kapituliert" hat, wie die Experten sagen, oder nicht? Als Anlagetipp dürfen solche psychologischen Muster nicht verstanden werden.

Kein Anlagetipp

Bestätigt werden sie aber auch durch den jüngsten Crash, dem Platzen der Internetblase an den internationalen Börsen. Genau zu dem Zeitpunkt, als zahlreiche Menschen, die noch nie zuvor Aktien besessen hatten, in vermeintlich wunderbare und extrem teure Technologieaktien investierten – Ende 1999, Anfang 2000 –, folgte der Absturz. Bis Mitte 2003 wurden dadurch 7 Billionen Dollar Börsenvermögen in den USA und noch einmal halb so viel in Europa ausgelöscht. Das entspricht rund der halben Börsenkapitalisierung vor dem März 2000. Schon damals hatten einige Stimmen vor einer „Milchmädchenhausse" oder „Hausfrauenhausse" gewarnt. Das klingt zwar abfällig (und sexistisch), gemeint war aber: Achtung! Bekanntlich stürzen die Märkte dann ab, wenn sich ganz viele Kleinanleger darin tummeln! Denn kaum sind diese Massen auf den Zug aufgesprungen, ziehen sich die großen Investoren zurück – und machen Kasse. Die Kassandren des Jahres 1999 blieben ebenso weitgehend ungehört wie ihre Vorgängerin und Namenspatronin einige tausend Jahre davor.

Platzen der Internetblase

Massen-Hausse

Dass dieses Phänomen nicht neu ist, beweist auch ein Blick in die Annalen der Börsencrashs:

Die Crashs

Berühmt ist der holländische Börsencrash 1636, auch als Tulpomanie bekannt. Im Zuge einer andauernden Höherbewertung von Tulpenzwiebeln hatte die Spekulationswelle auf ihrem Höhepunkt dazu geführt, dass für zwei oder drei seltene Tulpenzwiebeln eine riesige Brauerei oder ein großes Anwesen inklusive Stallungen getauscht wurden. Bekannt ist auch die Südsee-Seifenblase in England 1720. Eine Spekulationswelle, verursacht von der Fantasie exotisch-wunderbarer Geschäfte, trieb den Aktienkurs der Südseegesellschaft von 100

Tulpomanie

auf 1050, obwohl es die Gesellschaft tatsächlich nie zu nennenswerten Geschäften gebracht hatte.

Im Nachhinein scheinen diese extremen Bewegungen absurd und vermitteln das Gefühl, so etwas könne nicht noch einmal passieren.

Es konnte.

Tech-Mania Die Tech-Mania der späten 90er Jahre hat es gezeigt. Die Blase wurde stetig und mächtig mit völlig überzogenen Erwartungen gefüllt, bis sie platzen musste. Dagegen konnte auch der Chef der US-Notenbank Alan Greenspan nichts tun, der wiederholt vor einer „irrational exuberance", also vor irrationaler Übertreibung gewarnt hatte. Wieder waren zigtausende Kleinanleger ihrer Psychologie erlegen, hatten aufgrund von Stimmungen, Wahrnehmungsmustern und Wunschdenken veranlagt – ohne ökonomische Prüfungen oder Plausibilitätsfragen. Unschön formuliert lässt sich dieses Phänomen wohl auch als Gier bezeichnen.

Geschürte Gier Allerdings: Die Gier wird auch geschürt. Nicht nur, aber vorwiegend von den nicht seriösen Teilnehmern der Investmentindustrie. Diese Leute wissen sehr genau, wo sie zupacken müssen und wie sehr ihnen die Psychologie dabei zu Hilfe kommt.

Der Homo oeconomicus

Dass sich die meisten Privatanleger bei ihren Anlagegeschäften nicht wie der „Homo oeconomicus" aus dem Lehrbuch verhalten (können), zeigt sich dauernd, denn abseits von Massenphänomenen ist doch jeder mit seinem individuellen Hintergrund, seinen Rezeptionsmustern und seinen festgeschriebenen Erfahrungen ausgestattet. Der Börsenexperte Wolfgang Pinner, lange für die Bank Austria tätig und jetzt im Pensionskassenmanagement, hat in seinem Buch „Die verrückte Börse" eine Darstellung des Kapitalmarktparketts mit den tatsächlichen Akteuren angefertigt:

Spieler, Zocker, Kriminelle Seiner Überzeugung nach handelt es sich dabei hauptsächlich um den „Homo emotionalis" und den „Homo irrationalis". Dazu gesellen sich noch der „Homo ludens", also der Spieler, und der „Homo criminalis". Dazwischen tummelt sich der

"Homo psychologicus", der sich seine eigene Welt konstruiert, die auf seinen Wünschen, Einstellungen und Motiven basiert. Auch den "Homo heuristicus" hat Pinner beobachten können. Dessen Spezialität: Er richtet sich gerne nach Faustregeln, Lehrsätzen, eben nach urteilsheuristischen Grundsätzen.

Der Verlust schmerzt

Den wichtigsten Erkenntnissen der Behavioural Finance zufolge sind Anleger nur dann risikoavers, wenn sie sich auf der Gewinnerseite befinden. Stehen sie aber auf der Verliererseite, dann sind sie bereit, ein noch größeres Risiko einzugehen, um ihre Verluste wettzumachen. Nach diesem Ansatz ist der Mensch nicht risikoavers, sondern verlustavers.

Nicht risiko-, sondern verlustavers

Dazu gehört auch, dass Menschen Verluste offenbar schwerwiegender empfinden als Gewinne: Über 1000 Euro Verlust ist die Mehrheit untersuchter "Studienobjekte" zerknirschter, als sie über 1000 Euro Gewinn erfreut ist.

Diesem verhaltensbasierten Ansatz zufolge wird auch bezweifelt, dass Anleger ihre Investitionen im Kontext ihres Gesamtportfolios sehen und tätigen. Vielmehr würden Investitionen isoliert betrachtet und auf geistige Konten abgelegt. Gewinne und Verluste auf dem einen Konto werden ganz anders betrachtet als Gewinne und Verluste auf einem anderen.

Dies kann dazu führen, dass Marktteilnehmer falsche Entscheidungen treffen, indem sie etwa eine Aktie nicht kaufen, weil sie damit in der Vergangenheit bereits Verluste erlitten haben, sich diese Aktie also auf ihrem geistigen Verlustkonto befindet. Und das, obwohl zu einem anderen Zeitpunkt genau mit diesem Papier ein sehr hohes Kurssteigerungspotenzial möglich wäre.

Ursache für falsche Entscheidungen

Ähnlich verhält es sich mit Dividenden und Kurssteigerungen: In vielen Ländern sind Dividenden höher besteuert als Kursgewinne. Eigentlich sollten Anleger dann daran interessiert sein, dass keine Dividenden ausgezahlt werden, sondern dem Kurspotenzial zugute kommen. Tatsächlich hat die Mehrheit aber immer die Dividendenzahlungen im Blickwinkel und gibt diese für Konsumzwecke aus, während Kursgewinne fast nie angetastet werden.

Der Kontext ist wichtig

Im Kontext des Portfolios

Diese isolierte Betrachtungsweise von Wertpapierinvestitionen macht sich auch darin bemerkbar, dass meist ein Wertpapierengagement zu einem bestimmten Referenzzeitpunkt betrachtet wird und nicht der Portfolio-Kontext. Der Referenzzeitpunkt ist meist der Kaufpreis. Danach wird dann isoliert vom restlichen Portfolio evaluiert, ob es sich um ein Verlust- oder Gewinngeschäft handelt. So kommt es, dass oft nicht Wertpapiere mit möglichst wenig Korrelation in der Kursentwicklung angekauft werden, das Portfolio also nicht komponiert wird, wie die Fachleute sagen.

Die Wirkung des Namens

Von diesen psychologischen Zwängen sind aber auch Fondsmanager nicht frei. Sie neigen dazu, gute Unternehmen und nicht gute Aktien ins Portfolio des Fonds aufzunehmen, also Unternehmen, von denen jeder spricht und deren Kurse sich in der Vergangenheit gut entwickelt haben, eher den Vorzug zu geben als solchen, die das größte Potenzial haben. Falls der Wert des Portfolios fällt, verzeihen Anleger nämlich den Absturz eines Unternehmens mit gutem Namen eher als einem unbekannten.

Obwohl zahllose Studien beweisen, dass Aktien von schlechten Unternehmen sich langfristig besser entwickeln als von guten, weil Kurse zur Übertreibung nach unten bzw. nach oben infolge von schlechten bzw. infolge von guten Unternehmensnachrichten neigen, wird damit die schlechtere Anlageentscheidung getroffen.

Die heißen Tipps

Zügel für die Gier

Diese Massenphänomene können auch helfen, die große Gefahr von „heißen Tipps" zu erkennen. Für dergleichen Empfehlungen gilt immer: Wer wirklich einen ganz tollen Tipp hat, der erzählt ihn sicher nicht weiter, sondern wendet ihn für sich selber nutzbringend an. Wer sein Wissen an die große Glocke hängt, verfolgt ganz andere Interessen oder will sich bestimmte psychologische Phänomene und Motive zunutze machen. Menschenfreundlichkeit steckt ganz bestimmt nie dahinter.

Eine Portion Misstrauen, Zügel für die Gier und ein paar Einblicke in die Psychologie, somit in die verhaltensbasierten

Ansätze finanzieller Entscheidungen, sind sicher gute Ratgeber in Ihrem Gepäck als Anlegerin und Anleger.

Tipp

Griechische Philosophen lehrten drei Grundsätze der Weisheit:
1. Sei du selbst.
2. Wähle immer die Mitte.
3. Erkenne dich selbst.

Auf die Geldanlage übertragen bedeutet das:
1. Wählen Sie eine Finanzstrategie, die zu Ihnen passt, und befolgen Sie diese.
2. Kopieren Sie nicht unbesehen Tipps, die Sie irgendwo aufsammeln, die aus dem Zusammenhang gerissen wurden und auch gar nicht zum Wohl Dritter gedacht waren.
3. Meiden Sie extreme Formen der Geldanlage, seien sie zu konservativ oder zu spekulativ. Weder der Optimist noch der Pessimist sehen die Realität richtig. Schlagen Sie den Mittelweg ein.
4. Erkennen Sie Ihre finanzielle Situation.
5. Fragen Sie sich, was passieren kann und wie Sie sich dagegen schützen könnten. Spielen Sie nicht den großzügigen Aktieninvestor, der vielleicht noch einen Kredit nimmt, beim ersten Kursrückgang aber alles verkaufen muss, weil er seine finanzielle Kraft nur aus der Sicht guter Tage kennt. Seien Sie aber auch kein Tiefstapler, wenn es um die Einschätzung Ihrer Situation geht.

Die Grundsätze der Weisheit

Anhang

Rechtsprechung zu Anlagefragen in Österreich

Wichtige Entscheidungen

Der Verein für Konsumenteninformation hat in seiner Sammlung konsumentenrechtlicher Entscheidungen (KRES) wichtige Entscheidungen zum Thema Anlegerschutz zusammengestellt. Sie können gegen Gebühr beim VKI ausgehoben werden.

Insgesamt haben die Obersten Richter bis jetzt sehr konsumentenfreundlich entschieden. Gelangt ein Fall bis zum OGH, dann gilt bis jetzt das Prinzip: pro Anleger. Es zeigt sich, dass die Sorgfaltspflichten in der Anlegerberatung sehr ernst genommen werden.

Fall 1:
Risikolose Veranlagung gewünscht, Recht erhalten

Leitsatz:

Übliche Bedeutung maßgeblich

1. Wenn der Anleger sein Kapital „risikolos" zu veranlagen wünscht, dann darf dieser Begriff keinesfalls nach dem Sprachgebrauch von Fachkreisen verstanden werden. Maßgeblich ist vielmehr die übliche Bedeutung dieses Ausdrucks, wonach damit nicht nur das Risiko, der Emittent könnte zahlungsunfähig werden, sondern jedes mit der Anschaffung von Wertpapieren verbundene Risiko gemeint ist.

2. Der Schaden des Anlegers aus einer falschen Anlageberatung ist nach der Differenzmethode zu ermitteln. Das zu leistende Interesse besteht in der Differenz zwischen der Vermögenslage des Geschädigten, wie sie sich im Beurteilungszeitpunkt ohne schädigendes Ereignis darstellen würde, und dem tatsächlichen Vermögensstand nach dem schädigenden Ereignis (KRES 9/26, OGH 8.6.1993).

Fall 2:
Die richtige Verjährung bei falscher Beratung

Leitsatz:

1. Wird ein Wertpapier, welches Kursschwankungen unterliegt, mit der Zusicherung gekauft, das Papier sei „risiko-

los", dann liegt schon im Erwerb des Papiers selbst der eingetretene Schaden. Die Verjährungsfrist läuft dann bereits ab diesem Zeitpunkt.

2. Steht wegen dieser Kursschwankungen der geringere Wert des Papiers und damit der Schaden nicht fest, muss der Erwerber des Papiers, um die Verjährungsfrist zu wahren, Feststellungsklage erheben (KRES 9/67, OGH 3.12.1997). — *Feststellungsklage*

Fall 3:
Kündbare Kommunalbriefe

Leitsatz:

1. Der Kunde darf darauf vertrauen, dass ihn die Bank bei Abschluss und Durchführung eines Wertpapiergeschäftes umfassend berät. Daran ändert auch eine allfällige Sachkundigkeit nichts. — *Umfassende Beratung*

2. Die Bank verletzt ihre Aufklärungspflicht, wenn sie die Risikoträchtigkeit der Veranlagungsform, nämlich die Kündigungsmöglichkeit der Bank und die damit verbundene Reduzierung des Zinssatzes, nicht erwähnt (KRES 10/119, BGHS Wien 10.3.2000).

Fall 4:
Der blauäugige Anleger

Leitsatz:

1. Ein Anlageberater ist grundsätzlich gemäß § 1313a ABGB als Erfüllungsgehilfe seinem Geschäftsherrn zuzurechnen.

2. Er wird aber in eigener Person schadenersatzpflichtig, wenn sein Verhalten einem Geschäftsherrn nicht zugerechnet werden kann, wenn er im Verhältnis zum Dritten (Anleger) ein ausgeprägtes eigenes wirtschaftliches Interesse am Zustandekommen des Vertrages hat oder wenn er bei den Vertragsverhandlungen persönliches Vertrauen in einem besonderen Maß in Anspruch genommen hat. — *Eigenes wirtschaftliches Interesse*

3. Der Anlageberater ist zur Aufklärung seiner Kunden über die Risikoträchtigkeit der in Aussicht genommenen Anlage verpflichtet. Stellt er ein typisches Risikogeschäft als sichere Anlageform dar, dann haftet er für die fehlerhafte Beratung auch dann, wenn er selbst von der Seriosität des Anlagegeschäftes

überzeugt gewesen sein sollte. Wenn die Umstände des Falles bei Bedachtnahme auf die Verkehrsauffassung und die Bedürfnisse des Rechtsverkehrs den Schluss rechtfertigen, dass beide Teile (Anlageberater und Anleger) die Auskunft zum Gegenstand vertraglicher Rechte und Pflichten machen, ist der stillschweigende Abschluss eines Auskunftsvertrages anzunehmen. Dann muss der Anlageberater (und auch der Anlagevermittler) besonders differenziert und fundiert beraten.

Richtige und vollständige Information

4. Diese vertragliche Haftung gilt auch für den selbstständigen Anlagevermittler. Der schlüssig zustande kommende Vertrag beschränkt sich auf die Auskunftserteilung und verpflichtet den Vermittler zu richtiger und vollständiger Information über jene tatsächlichen Umstände, die für den Anlageentschluss von besonderer Bedeutung sind.

5. Bei einer Kapitalanlage mit einer Rendite von 70 Prozent muss es dem Anleger aber klar sein, dass diese nicht risikolos sein kann. Im vorliegenden Fall war dem Anleger daher ein 50-prozentiges Mitverschulden anzulasten, welches seinen Anspruch nach § 1304 ABGB mindert (KRES 9/63, OGH 15.7.1997).

Fall 5:
Der heiße Tipp

Leitsatz:

Sorgfaltspflichten

1. Die im Vorfeld eines Wertpapiergeschäftes erbrachte Beratung wird der Bank üblicherweise nicht gesondert abgegolten. Die Bank erhält ihr Entgelt regelmäßig über die Kommissionen und die Spesen, die sie dem Kunden für die Beschaffung des Papiers verrechnet. Dementsprechend treffen die Bank bei der Beratung des Kunden für ein Wertpapiergeschäft vorvertragliche Sorgfaltspflichten.

2. Zu den Voraussetzungen der Anscheinsvollmacht bei Anlageberatung (KRES 9/68, OGH 24.2.1998).

Fall 6:
Anonymes Wertpapierkonto

Leitsatz:

1. Es ist eine allgemein bekannte Tatsache, dass der Ankauf von Aktien und vor allem von Optionen in hohem Maße

risikoträchtig sein kann. Die Bank trifft jedenfalls dann eine Aufklärungspflicht über dieses allgemeine Risiko, wenn sie auch beratend tätig war. Die eigene Sachkunde des Kunden schließt seine Schutzbedürftigkeit noch nicht aus. Die Notwendigkeit zur Aufklärung hängt allerdings von der Lage des Einzelfalls ab.

Sachkunde schließt Schutzbedürftigkeit nicht aus

2. Der OGH hat schon mehrfach ausgesprochen, dass Effektengeschäfte im Wege der Einkaufs- und Verkaufskommission auch unter Verwendung anonymer Konten vorgenommen werden können. Ist der Bank der Kontoinhaber persönlich bekannt und wird ihm eine Überziehungsmöglichkeit zum Ankauf von Wertpapieren eingeräumt, so herrscht eine Personalhaftung des Verfügungsberechtigten für den entstandenen Debetsaldo des Verrechnungskontos (KRES 9/45, OGH 22.6.1995).

Wichtige Adressen

Aktienforum
1031 Wien
Lothringerstraße 12
☎ 01/711 35-0
www.aktienforum.org

Anlegerentschädigung der WPDLU GmbH
1011 Wien
Postfach 632
☎ 0664/524 81 49, Mag. Andreas Pascher
E-Mail: **anlegerentschädigung@gmx.at**

Arbeiterkammer Niederösterreich
1060 Wien
Windmühlgasse 21
☎ 01/588 83-0
Kostenlose Hotline für Mitglieder: ☎ 0800 232323
www.aknoe.at

Bankenverband in der Wirtschaftskammer
WKO
1040 Wien
Wiedner Hauptstraße 63
☎ 01/501050

Einlagensicherung der Banken und Bankiers
1013 Wien
Börsegasse 11
☎ 01/533 98 03-0
www.einlagensicherung.at

Fachgruppe Finanzdienstleister
WKO
1040 Wien
Wiedner Hauptstraße 63
☎ 01/501050
www.diefinanzdienstleister.at

Anhang

Ombudsstellen oder Geschäftsleitungen der jeweiligen Landesstellen der Fachgruppe der Finanzdienstleister in der Wirtschaftskammer

Wien
1041 Wien
Schwarzenbergplatz 14
☎ 01/514 50 2192, Geschäftsführer Georg Plesnik
www.diefinanzdienstleister.at

Niederösterreich
1014 Wien
Herrengasse 10
☎ 01/534 66 1232
E-Mail: **martin.kofler@noe.wk.or.at**

Oberösterreich
4010 Linz
Hessenplatz 3
☎ 0732/7800 225
E-Mail: **ic2@wkooe.at**

Salzburg
5027 Salzburg
Julius-Raab-Platz 1
☎ 0662/8888 285
E-Mail: **ascherm@sbg.wk.or.at**

Tirol
6021 Innsbruck
Meinhardstraße 14
☎ 0512/5310 1323
E-Mail: **thomas.goeller@wktirol.at**

Vorarlberg
6800 Feldkirch
Wichnergasse 9
☎ 05522/305 235
E-Mail: **kessler.juergen@wkv.at**

Kärnten
9021 Klagenfurt
Bahnhofstraße 40-42
☎ 0463/5868 160
E-Mail: **kurt.wolf@wkk.or.at**

Steiermark
8021 Graz
Körblergasse 111-113
☎ 0316/601 436
E-Mail: **Sonja.weinlaender@wkstmk.at**

Burgenland
7001 Eisenstadt
Robert Graf Platz 1
☎ 02682/695 470
E-Mail: **gerald.rammesmayr@wkbgld.at**

Finanzmarktaufsicht FMA
1020 Wien
Praterstraße 2
☎ 01/249 59-0
www.fma.gv.at

Internationale Fondsratingagenturen

Standard & Poor's Fund Service GmbH
D-65719 Hofheim
Nordring 33
☎ 0049/6933/999 223
www.standardandpoors.com
Kostenlose Fondsinfos: **www.fonds-sp.de**

Morningstar Deutschland
D-81675 München
Prinzregentenstraße 64
☎ 0049/6117/14 6826
www.morningstarfonds.de

FERI Trust GmbH
D-61348 Bad Homburg
Rathausplatz 8-10
☎ 0049/6172/916 3100
www.feri-trust.de

Internationale Handelskammer ICC
1040 Wien
Wiedner Hauptstraße 61
☎ 01/501050
www.icc-austria.org

Interessenverband für Anleger IVA
1130 Wien
Feldmühlgasse 22/4
☎ 01/876 33 43-0
www.anlegerschutz.at
www.iva.or.at
E-Mail: **rasinger@iva.or.at**
Der IVA vertritt Österreich auch im Komitee der Euroshareholders, den Anlegerschützern auf europäischer Ebene.

Verband der Ausländischen Investmentfondsgesellschaften VAIÖ
1010 Wien
Graben 13/50
☎ 01/512 91 98
www.vaioe.at

Verband der Österreichischen Investmentfondsgesellschaften VÖIG
1010 Wien
Schubertring 9-11, Top 33
☎ 01/718 83 33
www.voeig.at

Verbraucherleitfaden
bei Geldanlagegeschäften auf europäischer Ebene
www.europa.eu.at/comm/

Verein für Konsumenteninformation VKI
1060 Wien
Mariahilferstraße 61
☎ 01/588 77-0
Hotline: ☎ 0900 940 024 (0,91 bis 1,09 Euro pro Minute)
Fax: 01/588 77-73
E-Mail: **konsument@vki.or.at**
www.konsument.at

Volksanwaltschaft
1015 Wien
Singerstraße 17
Postfach 20
☎ 01/51505-0
Kostenlose Servicehotline: ☎ 0800 223 223
www.volksanw.gv.at

Wiener Börse
1014 Wien
Wallnerstraße 8
☎ 01/531 65-0
www.wienerboerse.at

Woman Investment Club
Neutorgasse 2
1010 Wien
☎ 050100
www.ecetra.com

Anhang

Literaturhinweise, weiterführende Literatur

Auckenthaler, Ch.: *Theorie und Praxis des Investmentbankings.* Paul Haupt, Bern 2001

Elder, A.: *Die Formel für Ihren Börsenerfolg.* FinanzBuch Verlag München 2003

Goldberg, J, v. Nitzsch R.: *Behavioural Finance*, FinanzBuch Verlag München 1999

Handbuch Corporate Governance, Eigenverlag Aktienforum, Wien 2003

Jungblut, M.: *Aktien, Fonds, Futures: Eine Einführung in die Börse.* Ueberreuter Wirtschaft, Wien 2000

Kolba, P., Resetarits, P.: *Mein großer Rechts-Berater.* Linde Verlag, Wien 2003

Kirchhoff, K., Piwinger, M.: *Die Praxis der Investor Relations.* Luchterhand, Neuwied 2001

Kostolany, A.: *Kostolany's Börsenseminar.* Econ, Düsseldorf 1987

Kostolany, A.: *Kostolany's Notizbuch.* Seewald, Stuttgart 1986

Meyer, W.-U., Reisenzein, R., Schützwohl, A.: *Einführung in die Emotionspsychologie* (Band I). Verlag Hans Huber, Uni Bielefeld 2003

Pinner, W.: *Die verrückte Börse: Eine Einführung in die Börsenpsychologie.* Econ, Düsseldorf 1997

Spremann, K.: *Wirtschaft, Investition und Finanzierung.* Oldenburg, München, Wien 1996

Springer, W.: *Factbook Vermögensveranlagung in Österreich.* Manz, Wien 2002

Steiner, P.: *Finanzierung, Finanztitel und Bewertung. Struktur- und Begriffswandel.* In: Meilensteine im Management, Band IV. Schäffer-Verlag, Stuttgart 1994

Swietly, E.: *Der Versicherungs-Berater.* Linde Verlag, Wien 2003

Glossar

Absicherung: Auch Hedging genannt; die Risikobegrenzung für bestehende Wertpapierpositionen z.b. durch den Kauf oder Verkauf von Optionen oder Optionsscheinen oder durch andere Methoden und Instrumente des Hedgings. Hat mit Hedgefonds grundsätzlich nichts zu tun, diese können aber zur Absicherung anderer Wertpapieranlagen verwendet werden.

Agio: Wertpapier-Aufgeld. Differenz zwischen niedrigem Nennwert und höherem Ausgabepreis von neuen Wertpapieren. Bei Optionsscheinen die Differenz zwischen innerem Wert und Kurswert, falls dieser höher ist. Auch das Fonds-Aufgeld heißt Agio.

Aktie: Lateinisch *actio* = Anteilsrecht. Urkunde, die ihrem Besitzer einen Anteil am Gesamtvermögen einer Aktiengesellschaft verbrieft. Der Aktieninhaber (Aktionär) ist am Grundkapital der AG mit einem bestimmten Anteil beteiligt. Seine Rechte sind im Aktiengesetz geschützt.

Aktienanalyse: Verfahren zur Beurteilung von Unternehmen oder Aktien.

Aktienfonds: Investmentfonds, die überwiegend oder ausschließlich in Aktien anlegen. Risikoreicher, aber auch ertragreicher als Rentenfonds.

Aktienteilung: Auch Split (Splitting), eine in den USA nicht seltene und mittlerweile auch in Europa beliebte Maßnahme für eine höhere Aktienstückzahl und einen der Spaltung entsprechend niedrigeren Kurs, der aus psychologischen Gründen meist zum Kauf anregt.

Aktienumtausch (Stockswap): Erfolgt eventuell nach einer Verschmelzung (Umtausch von Aktien der aufgenommenen AG in solche der aufnehmenden AG), gegebenenfalls bei einer Kapitalherabsetzung oder aus anderen Gründen. Nach Umtauschfrist-Ablauf erklärt die AG die Aktie für kraftlos. Die Aufforderung zum Umtausch ist in den Gesellschaftsblättern und bei Börsenwerten in mindestens einem Pflichtblatt pro beteiligter Börse zu veröffentlichen.

Analystenschätzungen: Gehen u.a. aus Analystenkonferenzen und Unternehmensbewertungen hervor. Sie entscheiden unter Umständen über den Wert der Firma an der Börse.

Anlagegrenzen (Fonds): Fonds müssen verschiedene Anlagen beinhalten, damit das Risiko gestreut und Verluste begrenzt werden. Deshalb dürfen die einzelnen Werte überwiegend nur 5 bis maximal 10 Prozent Gewichtung im Fonds haben.

Anleihe: Gehört, wie der Pfandbrief, die Unternehmensanleihe oder die Obligation, zu den festverzinslichen Wertpapieren. Anleihen verbriefen ein Gläu-

Anhang

bigerrecht. Meist garantieren sie ihrem Inhaber gleich bleibende Zinsen und die Rückzahlung eines bestimmten Betrages.

Anteilschein (Investmentzertifikat): Wertpapier, in dem die Anlegerrechte verbrieft sind. Ein Anteilschein umfasst beispielsweise 1, 10, 100, 500 oder 1.000 Anteile. Anteilschein und Investmentzertifikat beschreiben den Anteil am gesamten Fondsvermögen.

Anteilwert/Inventarwert (Fonds): Fondsvermögens-Wert geteilt durch die Summe der vorhandenen Anteilscheine. Der Anteilwert wird börsentäglich ermittelt und ist zugleich der Rücknahmepreis, zu dem der Anleger seine Anteile verkaufen kann.

Antizyklisches Anlageverhalten: Gekauft wird, wenn alle verkaufen, und umgekehrt – entgegen der Marktstimmung. Damit können unter Umständen höhere Gewinne erzielt werden.

Arbitrage: Geschäft, das Preisunterschiede für dasselbe Objekt an verschiedenen Märkten – vor allem Börsen – zur Gewinnerzielung ausnutzt. Voraussetzung ist schnelle Nachrichtenübermittlung sowie eine Kursdifferenz, die höher ist als die anfallenden Kosten. Arbitrage erfolgt als Ausgleichsarbitrage und Differenzarbitrage. Diese Geschäfte bewirken global eine Angleichung der Kurse und Preise.

Ask: Kurs, zu dem Sie Wertpapiere, Valuta oder Edelmetalle ankaufen können.

Asset Allocation: Aufteilung des Kapitals auf verschiedene Anlagemöglichkeiten (Assetklassen, Währungen, Regionen) mit dem Ziel, Rendite und Risiko eines Portefeuilles zu optimieren.

ATX: Leitindex der Wiener Börse mit 22 Titeln.

Auction Market: Bezeichnet das 3. Börsensegment im Wiener Markt, in dem im Gegensatz zum ATX und zum Prime Market weniger liquide Titel mit geringeren Anforderungen für eine Notiz gehandelt werden.

Aufgeld: Prozentsatz, um den der indirekte Erwerb des Basiswertes durch Erwerb und Ausübung des Optionsscheines teurer ist als der unmittelbare Erwerb des Basiswertes. Das Aufgeld entspricht auch dem Abstand zwischen dem aktuellen Kurs des Basiswertes und der Gewinnschwelle (in Prozent).

Ausgabeaufschlag (Fonds): Einmalgebühr (in Prozent), die Anleger beim Fondskauf für Vertriebs- und Ausgabekosten zahlen. Manche Investmentgesellschaften/Banken verlangen keinen Ausgabeaufschlag.

Ausgabepreis (Fonds): Kosten für einen Fondsanteil, bestehend aus Anteilwert und Ausgabeaufschlag.

Ausschüttung (Fonds): Ausgabe der erwirtschafteten Erträge an die Anleger nach einem Fondsgeschäftsjahr. Das sind ordentliche Beträge (Zinsen, Dividenden), aber auch außerordentliche Beträge (realisierte Gewinne). Nachzulesen sind Ausschüttungen im Rechenschaftsbericht und in der Tagespresse. Es gibt auch Fonds, die eine ausschüttende Tranche (A-Anteile) und eine thesaurierenden Tranche (B-Anteile) haben.

Auszahlplan, Entnahmeplan (Fonds): mit der KAG vereinbarte (monatliche) Zahlungen an einen Anleger, finanziert durch Anteilverkäufe bzw. Ausschüttungen; wird meistens für die Altersvorsorge praktiziert. Man lässt sich beispielsweise nur die regelmäßig erwirtschafteten Erträge auszahlen (ohne Kapitalverzehr), oder man verbraucht das Investmentvermögen nach und nach (mit Kapitalverzehr).

„**b**" (Kurszusatz): „Brief", d.h. nur limitierte Verkaufsaufträge – keine Umsätze.

Bärenfalle: Ein charttechnisches Verkaufssignal, welches sich im Nachhinein als Fehlsignal entpuppt. Der Kurs bricht aus einer Handelsspanne nach unten aus und generiert ein Verkaufssignal. Danach folgt jedoch ein scharfer Richtungswechsel, der das Wertpapier wieder über den Ausbruchspunkt hebt (vgl. Bullenfalle).

Baisse: Starke Kursrückgänge über einen längeren Zeitraum. Gegenteil: Hausse.

Balkenchart: Die charttechnische Darstellung eines Kursverlaufes. Eine vertikale Linie (Balken) stellt den Höchst- und Tiefstkurs in einen bestimmten Zeitabschnitt dar. Dieser wird durch eine kleine horizontale Linie links (Eröffnung) und rechts (Schluss) ergänzt.

Barreserve (Liquidität/Kasse): „Flüssige" Mittel (Bankguthaben bzw. Geldmarktpapiere, höchstens 49 Prozent des Gesamtwertes) eines Investmentfonds, die nicht in Wertpapiere investiert sind. Vorteil: Anteilrückgaben können jederzeit geleistet und Anlagechancen genutzt werden.

Basket: Aktienkorb, der in einer bestimmten Art und Weise und meistens nur mit Aktien aus einem Sektor zusammengesetzt ist.

„**bB**" (Kurszusatz): „Bezahlt Brief": Angebotsüberhang; nicht alle zum Kurs limitierten Verkaufsaufträge konnten ausgeführt werden.

Beherrschungsvertrag: Mit diesem Vertrag unterstellt eine AG die Leitung ihrer Unternehmung einer anderen Unternehmung. Sind die Unternehmen unabhängig voneinander gewesen, bleiben sie es auch trotz einheitlicher Leitung nach dem Abschluss dieses Vertrages.

Beige Book: Zusammenstellung der wirtschaftlichen Bedingungen aus allen zwölf US-Notenbank-Distrikten. Das Beige Book wird immer vor einem Treffen des Offenmarktausschusses vorgelegt.

Benchmark (Vergleichsindex, -Maßstab): Maßstab, an dem der Anlageerfolg gemessen wird. Bei einem Aktienfonds kann das z.B. der Aktienindex ATX sein.

Berichtigungsaktien (Gratisaktien): Werden ausgegeben, wenn eine Aktiengesellschaft offene Rücklagen in Grundkapital umwandelt. Die Eigenmittel der Gesellschaft werden dadurch nicht verändert.

Bezugsverhältnis: Beschreibt das Verhältnis, zu dem etwa junge Aktien im Vergleich zu bereits im Umlauf befindlichen Altaktien im Zuge einer Kapitalerhöhung garantiert bezogen werden können. Bei Optionsscheinen beschreibt das Bezugsverhältnis die Menge der Aktien (Basiswert), die mit einem Optionsschein bewegt wird.

„bG" (Kurszusatz): „Bezahlt Geld", Nachfrageüberhang; nicht alle zum Kurs limitierten Kaufaufträge konnten ausgeführt werden.

Bid: Nachfrage (Geld). Kurs, zu dem Sie Ihr Wertpapier verkaufen können. Gegensatz zu Ask (Angebot, Brief).

Blue Chips (Standardwerte): Bezeichnung für Aktien der größten, international bekannten Unternehmen mit hohem Anteil am Börsenumsatz. Erstklassige Bonität, gute Wachstumsperspektiven und regelmäßige Dividendenzahlungen zeichnen Blue Chips aus.

Bond: Eine Anleihe, ein festverzinsliches Wertpapier.

Bonität: Zahlungsfähigkeit und Kreditwürdigkeit eines Schuldners bzw. Emittenten.

Book-Building-Verfahren: Phase der Preisbildung für die Aktie des zu emittierenden Unternehmens, bevor sie an die Anleger bzw. Institutionen zur Neuemission zugeteilt wird.

Börsenkapitalisierung: Bezeichnet den Wert eines Unternehmens an der Börse. Sie wird errechnet, indem alle Aktien mit deren aktuellem Kurswert multipliziert werden. Als Marktkapitalisierung wird die Börsenkapitalisierung aller an der Börse notierten Unternehmen bezeichnet.

Börsensegment: Art des Marktes, an dem Wertpapiere gehandelt werden.

Bottom-up (Fonds), Bottom-up approach: Das Management sucht interessante Einzeltitel aus, ohne auf die Länderquote zu achten. Vor allem Small Cap-Fonds werden nach dem Bottom-up-Ansatz gemanagt. Ziel: Der Fonds soll den Index übertreffen.

„Brief" (Kurszusatz): „Brief" (Angebot). Steht hinter dem veröffentlichten Kurs eines Wertpapiers der Zusatz B, bedeutet dieser, dass das Papier zum Verkauf angeboten wurde, sich aber zum genannten Kurs kein Käufer fand.

Branchenfonds: Fonds, die in spezielle Branchen (Telekommunikation, Biotechnologie, Rohstoffe ...) anlegen.

Bullenfalle: Ein charttechnisches Kaufsignal, welches sich im Nachhinein als Fehlsignal entpuppt. Der Kurs bricht aus einer Handelsspanne nach oben aus und generiert ein Kaufsignal. Das lockt jene, die an einen weiteren Aufschwung glauben, an. Danach folgt aber ein scharfer Richtungswechsel, der die Aktie wieder unter den Ausbruchspunkt fallen lässt. Die Bullen sitzen in der Falle (vgl. Bärenfalle).

Call: Kaufoption. Der Käufer zahlt an den Verkäufer eine Prämie (Optionspreis), die Ersteren berechtigt, innerhalb der Laufzeit jederzeit (amerikanische Optionen) oder am Laufzeitende (europäische Optionen) eine bestimmte Anzahl Aktien zum vorweg vereinbarten Preis zu erwerben. Der Verkäufer muss zu diesem Preis liefern. Gegensatz: Put (Verkaufsoption).

Cap: Ein Anleger profitiert von der Differenz zwischen Ausübungspreis und Marktpreis. Ein Cap ist die Bezeichnung für die Obergrenze dieser Differenz.

CEO: Chief Executive Officer (Abk.) – entspricht dem Vorstandsvorsitzenden einer AG.

Chart: Graphische Darstellung von beobachteten Kursverläufen und Umsatzvolumina einzelner Wertpapiere oder auch Börsen- und Branchenindices. Je nach Beobachtungszeitraum werden Tageszahlen oder längerfristige Datenreihen in einfachen Diagrammen oder Kurven abgebildet.

Closed-End-Funds: Geschlossene Fonds.

Cost Averaging/Cost Average-Effekt, Durchschnittskosten-Effekt (Fonds): Der Anleger erwirbt regelmäßig für den gleichen Betrag Investmentfondsanteile. So kauft er bei niedrigen Kursen mehr Anteile und bei höheren Kursen weniger. Damit ist sein Durchschnittseinsatz geringer, als wenn er regelmäßig die gleiche Anzahl von Anteilen kaufen würde.

CPI (Konsumentenpreisindex, Verbraucherpreisindex): Ein Inflationsindex, der die Preisentwicklung eines Warenkorbes für Fertigprodukte und Dienstleistungen misst. Ein Anstieg der Inflation bewirkt meist einen Fall der Bond-Preise.

Crash: Plötzlicher, heftiger Kurseinbruch an der Börse um mindestens rund 5 Prozent.

Anhang

Dachfonds: Investmentfonds, deren Vermögen ganz oder vorwiegend in Anteilen anderer Investmentfonds angelegt ist.

Dax: Abkürzung für Deutschen Aktienindex. Er besteht aus den 30 wichtigsten deutschen Aktien und ist der aussagekräftigste (deutsche) Indikator für die Gesamtmarkt-Entwicklung.

Depotbank/-vergütung/-gebühr: Das Vermögen einer KAG muss von einer unabhängigen Depotbank in einem Depot (Sammelstelle für Wertpapiere) verwahrt werden, um das Fondsvermögen vom KAG-Vermögen zu trennen. Depotbankaufgaben: Ausgabe und Rücknahme von Anteilscheinen, Prüfung der von der KAG ermittelten börsentäglichen Ausgabe- und Rücknahmepreise, Durchführung der Ausschüttung an die Anteilinhaber und Abwicklung des Fondsvermögens bei Fonds-Auflösung. Dafür bekommt die Depotbank eine Vergütung (Depotbankvergütung) – nicht zu verwechseln mit der

Depotgebühr: Gebühr, die die KAG vom Anleger für die Fonds-Verwaltung bekommt.

Derivate: z.B. Optionen, Futures oder Swaps – Wertpapiere, deren Preis sich aus dem Kurs von anderen Wertpapieren oder Finanzprodukten (Basiswerte oder Underlyings) ableitet.

Direktbanken: Banken ohne Schalter. Über Internet, Telefon oder Fax werden die Geschäfte deutlich länger als bei Filialbanken angenommen: Der Haken: meistens keine Beratung. Dafür sind die Konditionen der Direktbanken günstiger und bieten z.B. Rabatte auf Ausgabeaufschläge.

Disagio/Wertpapierabgeld: Wertpapierpreis unter dem Nennwert. Differenz zwischen innerem Wert und Börsenkurs.

Diskontsatz: Zinssatz, zu dem die Nationalbank Wechsel von Kreditinstituten ankauft.

Diversifikation: Vermögensstreuung auf verschiedene Anlageformen und -werte. Ziel: hohe Rendite, geringes Risiko.

Dividende: Anteil am Gewinn einer AG (GmbH, Genossenschaft ...), der auf einen einzelnen Anteilschein entfällt. Die Höhe legt die Hauptversammlung fest. Bei schlechtem Ertrag kann sie schwanken oder gar ausfallen, da sie abhängig vom Bilanzgewinn des Unternehmens ist.

Dow Jones Industrial: Weltweit meistbeachteter Aktienindex, da er ein Barometer für die US-Wirtschaft ist. Der DOW errechnet sich durch Addition der 30 bedeutendsten US-Unternehmenskurse (Aktienwerte wie z.B: Coca-Cola, Disney, McDonald's und Johnson und Johnson und seit 1. November 1999 auch mit zwei Werten aus dem Technologieindex NASDAQ: Microsoft und Intel).

Dreieck (Charttechnik): Eine charttechnische Dreiecksformation kann entweder symmetrisch, steigend oder fallend verlaufen. In allen Fällen spitzen sich jedoch die Kurse zu und fordern damit zwangsweise einen Kursausbruch. Dem symmetrischen Dreieck folgt für gewöhnlich eine Fortsetzung des Haupttrends, der vorher das Marktgeschehen bestimmt hat. Beim fallenden und steigenden Dreieck erfolgt der Ausbruch in der Regel in Richtung der „Spitze" des Dreiecks. Der Ausbruch erfolgt meistens mit deutlich ansteigender Volatilität und Volumen.

Duration: Bezeichnet den aus Rendite und Kurswert ermittelten Zeitpunkt, zu dem Anleiheneigentümer während der Laufzeit ihrer Anleihe das eingesetzte Kapital wieder zurückerhalten können.

„ebB" (Kurszusatz): „Etwas bezahlt Brief"; nur ein (kleiner) Teil der Verkaufsaufträge konnte ausgeführt werden.

„ebG" (Kurszusatz): „Etwas bezahlt Geld"; nur ein (kleiner) Teil der Kaufaufträge konnte ausgeführt werden.

EBIT/EBIT(DA): Abkürzungen für: Earnings Before Interest, Taxes, Depreciation – Gewinn vor Abzug von Zinsen, Steuern und Abschreibung. Das EBIT(DA) dient dazu, die Gewinne von Unternehmen ohne die zum Teil stark unterschiedlichen (internationalen) Abschreibungsmethoden oder Besteuerungsvorschriften vergleichen zu können.

Einzahlplan (Fonds): Regelmäßige Anlage einer Fixsumme auf ein Investmentkonto unter Ausnutzung des Cost Average-Effekts (Durchschnittspreiseffekt).

EK/Eigenkapital: Der Kapitalbestand eines Unternehmens kann aus zwei Quellen kommen: 1. aus dem Vermögen der Eigentümer durch Einzahlung der Unternehmer oder durch Einbehaltung der Gewinne (Selbstfinanzierung). Und 2. aus dem Vermögen Dritter. Eigenkapital sind sämtliche den Gläubigern eines Unternehmens gehörende Mittel wie das Privatvermögen eines voll haftenden Gesellschafters.

Elliott Waves (Charttechnik): Die Elliott-Wellen-Theorie beruht auf der Dow-Theorie und den natürlichen Zyklen der Natur, denen das menschliche Verhalten unterliegt.

Emerging Markets (Schwellenländer): Junge Börsen der Entwicklungs- und Schwellenländer und der ehemaligen Ostblockstaaten. Sie haben meist höhere Wachstumsraten als die Kapitalmärkte der Industrieländer. Durch ihre geringere Liquidität können größere Wertpapierorders den Kurs beeinflussen, die Investments sind risikoreicher.

Anhang

Emission: Ausgabe neuer Wertpapiere (Aktien, Anleihen, Genussscheine etc.). Sie dient dem Emittenten zur Beschaffung von Kapital und erfolgt meist durch öffentliche Ausschreibung. Alle Wertpapiere, die zu einer Emission gehören, werden Emissionsvolumen oder kurz Emission genannt.

Emissionspreis: Kurs, zu dem eine Emission zur Zeichnung aufgelegt wird.

Emittent: Juristische Person des Privatrechts (z.b. AG), die Wertpapiere ausgibt. Emittent ist der Antragsteller der Wertpapiere – bei Aktien z.B. die Aktiengesellschaft (AG).

Entnahmeplan: Auszahlplan.

Erstnotiz (erste Notierung): Erster Kurs bei Neueinführung von Wertpapieren an der Börse. Bezeichnet auch den Termin der Emission am Markt.

Erzeugerpreisindex/PPI/Produzentenpreisindex: Inflationsindikator, der die Preisentwicklung eines Warenkorbes für Produktionsvorprodukte misst. Während einer Wachstumsphase in der Wirtschaft werden oft Zuwächse im PPI vor einem ähnlichen Anstieg beim Konsumentenpreisindex bemerkt. Daher gilt der PPI als ein Frühindikator.

exD/exDiv/ex Dividende/Dividendenabschlag: Die Aktie wird ohne Dividendenanspruch für das abgelaufene Jahr gehandelt.

exB/exBR/exBez/Bezugsrechtsabschlag: ausschließliches Bezugsrecht ohne Anspruch auf Bezug junger Aktien.

Federal Reserve System „FED": Die Zentralbank der Vereinigten Staaten, 1913 gegründet mit dem Ziel, der Nation ein sichereres, flexibleres und stabileres Geld- und Finanzsystem zu bieten.

Fee: Managementgebühr der Kapitalanlagegesellschaft, berechnet als jährlicher Prozentsatz.

Festverzinsliches Wertpapier: Auch Rente oder Anleihe genannt. Bei diesem Wertpapier bleibt die Verzinsung gleich und der Nennwert wird zum Laufzeitende zurückgezahlt.

Flagge (Charttechnik): Eine Flagge verläuft meistens antizyklisch zum Haupttrend und weist auf eine Fortsetzung des Haupttrends hin.

FOMC (Federal Open Market Committee): Der Offenmarktausschuss der US-Notenbank hat in der Weltwirtschaft ein hohes Gewicht.

Fondsgebundene Lebensversicherung: Der Sparanteil in der Versicherungssumme wird nicht für Deckung des Todesfallrisikos und der Kosten verwendet, sondern geht direkt in Fondsanteile über.

Fondsmanagement: Gremium, das die Investmententscheidung für einen Fonds trifft.

Fondspicking: Eine Vermögensverwaltung wählt die vielversprechendsten Fonds aus.

Fondsrating: Die besten Ratingagenturen (z.B. „Moody's Investors Service Inc." und „Standard & Poors Inc.") teilen die Fonds nach Gruppen auf. Dabei sind Bonität und Marktrisiko ausschlaggebend. So wird das gesamte Risiko der Fondslage beurteilt. Performance-Rankings treffen Aussagen über Fondsrenditen, losgelöst von ihrem Risiko.

Fondsshops: Haben verschiedene Fonds unterschiedlicher KAGs zur Auswahl und beraten bankunabhängig.

Fondsvermögen: Alle Einlagen (Vermögensgegenstände) in einen Investmentfonds.

Fonds-Vermögensverwaltung: Geldanlage in verschieden Fonds (Depotarten: ertragsorientiert, chancenorientiert oder wachstumsorientiert). Angeboten von Banken, Versicherungen oder unabhängigen Vermögensverwaltern.

Fondsvertrieb: Fonds werden durch Banken, Versicherungsunternehmen, Strukturvertriebe, Fondsshops sowie freie Vermögensberater vertrieben.

Fondswechsel/-hopping/-switchen: Wechsel des Fonds innerhalb einer KAG; dabei wird der Ausgabeaufschlag reduziert oder ganz gestrichen (meist nur bei Umbrella-Fonds).

Fractions: Bruchteilnotierung: frühere Form der Kursnotierung an vielen US-amerikanischen Börsen. Dabei stellten die Kurse in (Sechzehntel-)Intervallen den bei Bruchteilnotierungen üblichen Abstand dar.

Frontrunning: Bezeichnet ein Kapitalmarktdelikt, bei dem etwa ein Händler ihm zugängliche Vorabinformationen ausnützt, um sich oder mit ihm verbundene Personen zu bereichern.

FT-SE 100: Von der Londoner Börse, der *Financial Times* und dem Verband der Versicherungsmathematiker entwickelter Aktienkursindex, der die Kurse der 100 größten an der Londoner Börse notierten Aktiengesellschaften umfasst.

Futures: Zusammenfassende Bezeichnung für die Terminkontrakte.

Futures-Fonds: Fonds, deren Gelder an Termin- oder Optionsmärkten angelegt sind. Es gibt: Termingeschäfte auf Aktien, Zinsen, Indizes und Währungen (Financial Futures) und Termingeschäfte auf Edelmetalle, Agrargüter sowie Rohstoffe. Sie unterliegen nicht dem Investmentgesetz.

„G" (Kurszusatz): „Geld"; nur limitierte Kaufaufträge, keine Umsätze.

Anhang

GAAP (Generally Accepted Accounting Principles): die US-amerikanische Richtlinie für Konzernrechnungslegung.

Gap (Charttechnik): Bei einem Gap handelt es sich um eine Kurslücke, bei der das Tief über dem Vortageshoch (Aufwärts-Gap) oder das Hoch unter dem Vortagestief (Abwärts-Gap) liegt. Mit anderen Worten: Es entsteht ein Bereich, in dem kein Kurs zustande kam. Am aussagekräftigsten sind Gaps, wenn die Kurse über extreme Bereiche einer Kursspanne ausbrechen. Empirische Untersuchungen zeigen, dass Gaps, verbunden mit neuen Höchstkursen, eines der aussagekräftigsten Chartsignale sind.

Garantiefonds: Verspricht für das Ende der Laufzeit die Rückzahlung des eingesetzten Kapitals (Geld-Zurück-Garantie/Money back-Garantie) oder wenigstens eines bestimmten Prozentsatzes davon. Anleger werden bis zur Endfälligkeit mit einer bestimmten Partizipationsquote am Kursanstieg des jeweiligen Marktes beteiligt, oder der Gewinn wird einen bestimmten Prozentsatz des Indexanstiegs beschränkt.

Geldmarktfonds: Investieren in kurz laufende, verzinsliche Wertpapiere. Die Geldeinlagen sind immer verfügbar, marktgerecht verzinst und haben geringe Kursschwankungen.

Geldmarktsatz: Zinssätze für kurzfristige Guthaben und Kredite, richten sich nach Angebot und Nachfrage (Tagesgeld, Monatsgeld).

Gemischte Fonds: Fonds, die in Aktien und Anleihen investieren.

Genehmigtes Kapital: Von der Hauptversammlung beschlossener Ermächtigungsrahmen für eine Kapitalerhöhung.

Geschlossene Fonds (Closed-end Funds): Die Anteil-Anzahl ist limitiert. Anteile werden nicht von der KAG zurückgenommen, sondern frei gehandelt. Der Anteilswert richtet sich nach der freien Preisbildung. Das bedeutet, dass der Fonds meist mit großem Aufgeld, manchmal auch mit Abgeld gehandelt wird. Es gibt für den Anleger keinen Anspruch auf Anteilsrücknahme. Die Anteile können nur an Dritte, gegebenenfalls über eine Börse, verkauft werden. Geschlossene Fonds unterliegen nicht den Anlegerschutzvorschriften.

Gewinnwarnung: Börsennotierte Unternehmen sind verpflichtet, allen Aktionären unverzüglich mitzuteilen, wenn sich abzeichnet, dass sie ihre Gewinnerwartungen nicht erfüllen können. So genannte „profit warnings" werden über internationale Nachrichtenagenturen und meist via Website der Unternehmen veröffentlicht.

Global Investment Performance Standards (GIPS): Sind Anfang 2000 weltweit in Kraft getreten und legen bestimmte Kriterien und Kennziffern fest, die Fonds in ihrer Zusammensetzung, ihrem Management und ihrer Performance weltweit vergleichbar machen sollen. In Österreich haben schon eine Reihe von Fonds GIPS-Zertifizierung.

Going Public: Die Umwandlung einer Personengesellschaft in eine Aktiengesellschaft (AG) und die Zulassung von Aktien an einer Börse.

Good Will: Geschäftswert; Firmenwert von Unternehmen.

Graumarkttaxe: Kursspanne, die im vorbörslichen Handel ermittelt wird. Neuemissionen werden bei verschiedenen Banken und Maklern vor der Börsenplatzierung gehandelt.

Greenshoe: Auch Mehrzuteilungsoption. Dem Emissionskonsortium werden für den Fall, dass die Nachfrage das ursprünglich vorgesehene Emissionsvolumen deutlich überschreitet, Mehrzuteilungen zu den Ursprungskonditionen eingeräumt. Der Name geht auf die amerikanische Greenshoe Manufacturing Company zurück, die diese Vereinbarung erstmals traf.

Handelsspanne, „Range" (Charttechnik): Ein horizontaler Kursverlauf, der durch einen Widerstand und eine Unterstützung begrenzt wird. Vor allem in einem Seitwärtsmarkt gilt es, diese frühzeitig zu erkennen. Handelsspannen dominieren häufig monate- oder sogar jahrelang einen Markt, da sich die Anleger an den Begrenzungen verankern und die Spanne meistens auch noch fundamental begründet wird.

Hausse: Auch Bullenmarkt. Kurse steigen über einen längeren Zeitraum stetig.

Hebel: Soll angeben, um wie viel eine Anlage in Derivaten theoretisch stärker steigt (fällt) als der gleiche im Basisinstrument investierte Anlagebetrag, wenn der Kurs des Basiswertes um eine Einheit steigt (fällt).

Hedgefonds: Investieren meist am Terminmarkt z.B. in Optionen und Futures. Sie dürfen auch einen Teil am Kassamarkt anlegen und unterliegen nicht dem Investmentfondsgesetz. Besonders risikoreich sind sie, weil ihre Anlageinstrumente mit Hebelwirkung ausgestattet sind und sich daraus ein besonders hohes Verlustpotenzial ergeben kann.

Hedging: Auch Absicherung, ist die Risikobegrenzung für bestehende Wertpapierpositionen z.B. durch den Kauf oder Verkauf von Optionen oder Optionsscheinen.

Hexensabbat: Auch „Triple Witching Day", der Verfallstag für Optionen, Index-Optionen und Index-Futures, der auf denselben Tag fällt. Viermal im Jahr gibt es diesen gemeinsamen Verfall der Derivate zum gleichen Zeitpunkt, und zwar am dritten Freitag der Monate Juni, September, Dezember und März. Besonders beachtet wird der Dreifache Verfallstag, weil er häufig zu starken Ausschlägen in den Kursen bzw. zu hohen gehandelten Volumina an der Börse führt.

Anhang

High Yields: Unternehmensanleihen geringer Bonität, die im Vergleich zu etablierteren und von den Ratingagenturen besser eingestuften Unternehmen ein höheres Ausfallrisiko haben.

IAS (International Accounting Standards): Eine weltweite akzeptierte Richtlinie zu Konzernrechnungslegung.

Immobilienfonds: Fonds, die überwiegend in Grundstücke und Gebäude investieren.

Index: „Stimmungs- und Kursveränderungs-Barometer" vieler Aktien, eines Marktes, Teilmarktes oder einer Branche. Indices können zur Messung der Performance eines individuellen Aktiendepots genutzt werden. Der Index ist auch ein Vergleichsmaßstab (Benchmark) in der Vermögensverwaltung und Hilfsmittel zur Trendbeurteilung und -prognose sowie auch Bestandteil des Geschäfts in Futures und Optionen geworden und Basiswert für Optionsscheine. Indizes sind nicht vergleichbar, da sie unterschiedlich berechnet werden. In Preisindices werden die Dividenden der Unternehmen eingerechnet, in Performanceindices nicht.

Insiderhandel: Bezeichnet ein Kapitalmarktdelikt, bei dem ein Unternehmensinsider, Vorstand, Aufsichtsrat oder eine Person, die über interne Informationen verfügt, diese zum persönlichen Vorteil ausnützt. Kauft etwa ein Vorstand, der weiß, dass sein Unternehmen demnächst zu einem höheren Preis als der Aktienkurs verkauft wird, Aktien seines Unternehmens, dann ist das Insiderhandel. In Österreich ist der Strafrahmen mit höchsten 20.000 Euro oder zwei Jahren Gefängnis international verglichen sehr niedrig für ein solches Vergehen.

IPO (Initial Public Offering): Neuemission.

ISIN (International Securities Identification Number): Kennnummer, die das internationale Pendant der früher üblichen Wertpapierkennnummer (WKN) darstellt und diese seit April 2003 ersetzt. Die ISIN ist ein zwölfstelliger Code, der sich aus drei Elementen zusammensetzt: eine zweistellige Buchstabenkombination für den Ländercode, eine nationale Kennnummer mit bis zu neun Stellen und eine einstellige (0-9) numerische Prüfziffer.

Investitionsgrad: Aktuell in Wertpapieren investiertes Fondsvermögen, mindestens 51 Prozent in den Anlagen, die im Verkaufsprospekt stehen. Nicht investierte Mittel sind in der Barreserve.

Investmentfonds/Kapitalanlagegesellschaft (KAG): offizielle Bezeichnung für Investmentgesellschaft. Diese legt die Gelder der Investoren in Form von Wertpapier-, Beteiligungs- oder Grundstücksvermögen nach dem Grundsatz der Risikomischung an. Als Beleg bekommen die Anleger darüber Anteilscheine.

Kapitalerhöhung: Erfolgt bei KAGs unter Ausgabe junger Aktien, bei Personengesellschaften durch Selbstfinanzierung (Nichtentnahme von Reingewinn) oder durch zusätzliche Kapitaleinlagen der bisherigen oder neuer Gesellschafter. Vertrag oder Satzung kann bestimmen, dass mit Rücksicht auf eine mögliche Verschiebung der Beteiligungsverhältnisse eine Kapitalerhöhung nur mit Zustimmung aller Gesellschafter möglich ist. Die Beschränkung der absoluten und quotalen Beteiligung kann vertraglich festgelegt werden.

Kapitalmarktzins: Der für die Überlassung langfristiger Kredite marktübliche Zins.

Kennzahlen (Fonds): Dienen zur Beurteilung von Investmentfonds: Volatilität, maximaler Verlust, längste Verlustperiode, Sharpe-Ratio, Treynor-Ratio, Elastizitäten.

KGV (Kurs-Gewinn-Verhältnis): Zeigt das Verhältnis des Gewinns zum Aktienkurs.

Klumpenrisiko: Bezeichnet die Ballung von Risken in einem spezifischen Bereich, meist wenn die Streuung der Anlage nicht breit genug gewählt ist. Etwa wenn eine Immobiliengesellschaft ausschließlich Objekte in einem bestimmten Wiener Bezirk hielte.

Konsolidierung: Stabilisierung der Börsenkurse nach einem starken Kursanstieg oder -rückgang.

Konsortialbanken: Banken, die sich gemeinsam an einem Emissions- oder Kreditgeschäft beteiligen. Die Banken übernehmen bestimmte Konsortialquoten, die nicht zwingend gleich sein müssen.

Konsumentenvertrauen: Eine Umfrage des Conference Board unter Konsumenten, die sowohl die gegenwärtige Situation als auch die zukünftigen Erwartungen widerspiegelt. Die Höhe des Indikators ist ein Gradmesser für die Konsumausgaben.

Kosten (Fonds): direkte Kosten: Ausgabeaufschlag, Depotgebühren und Kosten, die dem Fonds anfallen: Verwaltungsvergütung und Depotbankgebühr.

Kupon: Ertragsschein zum Empfang von Zinsen, Dividenden oder Erträgen aus Investmentfonds oder Anleihen.

Junge Aktien: Werden bei einer Kapitalerhöhung ausgegeben und so lange an der Börse gehandelt, bis sie eine volle Dividendenberechtigung (den Status einer Altaktie) erreicht haben.

Länder- und Regionenfonds: Fonds, der in Wertpapiere eines Landes oder einer Ländergruppe (z.B. Asien) investiert.

Längste Verlustperiode: Zahl, die beschreibt, wie viele Monate ein Fonds in Folge in einer bestimmten Anzahl von Jahren Verluste erlitt.

Laufzeit: Zeit zwischen Ausgabe und Tilgung bei Anleihen.

Leerverkauf: Auch Short genannt, ist eine Verkaufsposition eines Geschäftes, das mit einem Verkauf geborgter Aktien beginnt und später durch einen Kauf abgeschlossen wird.

Leitzinsen: Zinssätze für die Abgabe von Zentralbankgeld.

Leverage-Effekt: Leverage ist das englische Wort für Hebelwirkung. Bei Investmentfonds etwa können kreditfinanzierte Wertpapiere bei überdurchschnittlichen Kurssteigerungen das Fondsvermögen erhöhen. Bei stark fallenden Kursen wirkt der Leverage-Effekt umgekehrt und führt zu Verlusten. Bei Optionsgeschäften wird damit angegeben, um wie viel die prozentuale Veränderung des Kurses der Option höher ist als die des Basiswertes.

Long: Die Einstellung des Käufers zu einer Aktie wird dann als „long" bezeichnet, wenn nach dem Kauf auf eine Kursbewegung nach oben gewartet wird.

Makler: Person, die gewerbemäßig für andere die Vermittlung von Verträgen über Anschaffung oder Veräußerung von Waren, Immobilien, Wertpapieren, Versicherungen u.a. übernimmt.

Managementstil: Fonds können mit verschiedenen Strategien geführt werden: bottom up (bei Small Cap-Fonds) und top down. Der Erfolg des Managements ist messbar an einem gleichartigen Index. Ziel ist es, diesen Index zu überbieten.

Margin Call: Vom Broker eingeforderte Nachschusspflicht auf das Margin Konto bei bereits abgeschlossenen Termingeschäften, wenn bestehende Sicherheiten nicht mehr ausreichen.

Market Maker: Banken oder Wertpapierhäuser, die sich verpflichten, für von ihnen bekannt gegebene Handelsobjekte (Devisen, Aktien, verzinsliche Wertpapiere, Terminkontrakte und Optionen) jederzeit für bestimmte Mindestmengen verbindliche An- und Verkaufskurse zu stellen und damit einen Markt in diesen Titeln zu unterhalten, ohne dass sie wissen, ob der Handelspartner kaufen oder verkaufen möchte. Erfüllen Market Maker diese Verpflichtungen nicht, dann müssen sie Strafe zahlen.

Marktkapitalisierung: Betrag, den ein Investor bezahlen müsste, um alle Aktien eines Unternehmens zu erwerben. Die Marktkapitalisierung ergibt sich aus der Anzahl der Aktien multipliziert mit dem aktuellen Kurs.

Maximaler Verlust: Stärkster Kursrückgang, den ein Fonds/Index während eines bestimmten Zeitraumes innerhalb der letzten Jahre hatte.

Mid Cap-Fonds: Fonds, die ihre Mittel vor allem in mittelgroße börsennotierte Unternehmen investieren.

Mindestanlagesumme: Geld, das Anleger mindestens in einen Fonds investieren, egal, ob einmalig oder regelmäßig. Das können 50 Euro, aber auch 5000 Euro sein.

Mittelabflüsse: Wert der zurückgegebenen Anteile eines Investmentfonds in einer bestimmten Zeit.

Mutualfonds: Amerikanische Bezeichnung für offene Aktien- und Rentenfonds.

NASDAQ (National Association of Securities Dealers Automated Quotation): amerikanische Computerbörse.

Nebenwerte (Mid Caps, Small Caps): Aktien kleiner oder mittlerer Unternehmen, die an der Börse notiert sind.

Net asset value (NAV): Wert des gesamten Fondsvermögens.

NIKKEI: An der Börse in Tokio berechneter Aktienindex. Der NIKKEI-225-Index stellt den Durchschnittskurs von 225 Aktien dar.

No Load Funds: Amerikanische Bezeichnung für Fonds, die ohne Ausgabeaufschlag verkauft werden.

Nominalzinssatz: Bezeichnet einen vertraglich vereinbarten Zinssatz für Darlehen oder fest verzinliche Wertpapiere. Wird berechnet in Prozent des Nennwertes.

Obligation: Festverzinsliches Wertpapier.

Offene Fonds: Fonds mit unbegrenzter Ausgabe und Zurücknahme von Anteilen an Börsentagen.

Offshore-Fund: Fonds, die in Ländern ohne Investmentgesetz aufgelegt werden, um Steuern zu sparen oder Aufsichtsbestimmungen zu umgehen. Beliebt sind vor allem: Liechtenstein, Bermudas, Niederländische Antillen oder British Virgin Islands.

Optionen: Mit einer Option hat ein Käufer die Wahl, wann er ein vorher vertraglich vereinbartes Angebot annimmt: innerhalb der Laufzeit (Frist) oder am Laufzeitende. Es gibt Calls (Kaufoptionen), mit denen der Kunde kaufen kann, und Puts (Verkaufsoptionen), mit denen er verkaufen kann. Optionen werden an Terminbörsen gehandelt. Wird eine Option am letzten Handelstag nicht ausgeübt, verfällt sie wertlos.

Anhang

Optionsscheine, Optionsgeschäft: An der Börse gehandelte Werte, die bei Optionsanleihen das Recht auf Optionsausübung gesondert verbriefen. Sie werden gemeinsam mit den Teilschuldverschreibungen der Aktie ausgegeben, beinhalten aber selbstständige Rechte. Beim Optionsgeschäft hat der Anleger zu einem vereinbarten Basispreis entweder vom Kontrahenten (Stillhalter) zu kaufen oder an ihn zu verkaufen. Für dieses Recht zahlt der Käufer bei Abschluss des Optionsgeschäfts den Optionspreis (Prämie).

Orderbuch: Händlerübersicht, meist in elektronischer Form, in der alle für die Kursentwicklung relevanten Kauf- und Verkaufsaufträge gesammelt werden.

OTC (Over The Counter): Direkt über den Ladentisch sollte nur mit größtmöglicher Vorsicht (wenn überhaupt) gekauft werden, da durch die geringe Transparenz zahlreiche Betrugsmöglichkeiten entstehen.

Parkett: Auf dem Parkett des Börsensaales findet der Börsenhandel statt. Zutritt haben nur die zugelassenen Börsenmitglieder und ihre Gäste. Alle anderen können dem Börsentreiben von der Galerie aus zuschauen. Der Parketthandel wird immer mehr vom rein elektronischen Handel verdrängt, bei dem die Händler vor ihren Bildschirmen sitzen.

Passive Fonds: Indexfonds, die ihr Portfolio möglichst genau nach einem ausgewählten Index ausrichten. Passiv heißen sie, weil kein aktives Fondsmanagement eingesetzt wird.

Portfolio (Portefeuille): Zusammensetzung eines Depots. Bei Investmentfonds ist ein Portefeuille die Summe der Anlageinstrumente eines Fonds.

Premarket: Vorbörslicher Handel, bevor der offizielle Handel an einer Börse beginnt. Gilt als Indikator für die weitere Entwicklung des jeweiligen Börsentages.

Publikumsfonds: Investmentfonds mit mehr als neun Anteilinhabern. Die Anteile können von jedem frei erworben und jederzeit zurückgegeben werden.

Put: Eine Option, mit der der Käufer auf fallende Kurse des Basiswertes setzt.

Quick Ratio: Liquiditätsgrad: Verhältnis der Barmittel, Forderungen und Wertpapiere zu kurzfristigen Verbindlichkeiten.

Quote request: Anforderung verbindlicher Geld- und Briefkurse. Verpflichtet einen Market Maker, für eine gewünschte Menge gleichzeitig Geld- und Briefkurse zu stellen.

Rating: Bewertung der Bonität von Schuldtiteln und deren Emittenten anhand verschiedener Kriterien, z.B. unternehmens- und branchenbezogene oder Länderrisiken. Bekannte Agenturen, die Ratings veröffentlichen, sind Standard & Poors, Moody's oder Fitch IBCA. Sie ermitteln die Kennziffern (Ratings).

Rechenschaftsbericht: Mit einem Rechenschaftsbericht kommt die KAG ihrer Pflicht nach, die Anleger über den Stand der Fonds ausführlich zu informieren.

REIT (Real Estate Investment Trust): Das Anlegerkapital ist mindestens zu 75 Prozent in US-Immobilien investiert, die Dividenden sind meist recht hoch.

Rendite: Gesamterfolg einer Anlage (Zinsen, Dividenden, Kursveränderungen) des eingezahlten Kapitals in Prozent – die Verzinsung des Startkapitals.

Rendite/Risiko: Auch Sharpe-Ratio; Kennziffer für das Rendite-Risiko-Verhältnis.

Renten: Festverzinsliche Wertpapiere.

Rentenfonds: Fonds, der meist oder ausschließlich in verzinslichen Wertpapieren anlegt.

Repartierung, Rationierung: Ist bei Wertpapieremissionen oder Kursfindungen die Nachfrage größer als das Angebot, die Emission also überzeichnet, wird unter Bekanntgabe einer Kurstaxe darauf aufmerksam gemacht. Die vorliegenden Aufträge werden bei Nachfrageüberhang voraussichtlich nur zugeteilt (repartiert, rationiert) bzw. bei Angebotsüberhang beschränkt abgenommen.

Research: Wertpapier-Check von Analysten der jeweiligen Kurschancen und der Ertragskraft.

Risiko: Die Geldanlage in Wertpapiere birgt nicht zu unterschätzende Risiken wie: Fondsmanagement, Markt-, Interpretations-, Bonitäts-, Informations- und Währungsrisiko sowie die Ballung verschiedener Risiken.

Risikominderung: In einem Fonds befinden sich unterschiedliche Wertpapiere. So ist das Risiko geringer, mit nur einem Papier (Aktie) Verluste zu machen. Fondsmanager sind verpflichtet, einem Titel im Fonds nicht mehr als 5 Prozent Gewicht zu geben.

Risikostreuung (Diversifikation): In einem Fondsdepot befinden sich viele verschiedene Anteile, die Gewinne, aber auch Verluste bringen können. So wird das Risiko im Vergleich zu einer Einzelanlage hinsichtlich der Unternehmen, Branchen, Länder und Währungen gestreut.

Schwellenländer: siehe Emerging Markets.

Shareholder Value: Der Vermögenswert (Value), den ein Anteileigner (Shareholder) einer Aktiengesellschaft besitzt, ergibt sich aus dem Kurswert der entsprechenden Aktie multipliziert mit der Summe der gehaltenen Anteile. Es wird versucht, den Kurswert der Aktien und damit den Marktwert des Gesamtunternehmens zu maximieren.

Anhang

Sharpe-Ratio: Risikokennzahl. Sollten sich zwei Fonds in Rendite und Volatiliät unterscheiden, wird meist der Fonds mit der höheren Sharpe-Ratio gewählt.

Short: Verkaufsposition, siehe Leerverkauf.

Short Interest: Summe aller leerverkauften Aktien eines Unternehmens.

Short Squeeze: Steigt der Kurs, so bekommen viele „Shorties" einen Margin Call. Können Sie keine weiteren Sicherheiten hinterlegen, muss die Aktie am Markt gekauft werden. Die hierdurch steigenden Kurse bringen weitere Short Seller in Bedrängnis.

SICAV: Aktiengesellschaft (Frankreich, Luxemburg), die Gesellschaftsorgane und ein Mindestkapital besitzt. Das Kapital ändert sich immer, weil es dem Wert des Nettovermögens aller Teilfonds der Gesellschaft entspricht und durch Anteile ohne Angabe eines Nominalwertes dargestellt wird. Die SICAV bietet eine beschränkte Risikostreuung.

Small-cap-Fonds: Fonds, die ihre Mittel überwiegend in kleine börsennotierte Unternehmen (Nebenwerte) investieren.

Sondervermögen: Vermögen, das von einer KAG getrennt vom KAG-Vermögen verwaltet wird.

Sparplan: Einzahlplan.

Spezialfonds: Nicht für die Öffentlichkeit gedachtes Sondervermögen. Spezialfonds-Anteile sind im Besitz von weniger als 10 Inhabern (keine natürlichen Personen).

Spezialitätenfonds: Richten sich nach bestimmten Ländern, Industriezweigen, Wirtschaftssektoren oder auf bestimmte Wertpapiere, wie Wandel- und Optionsanleihen von „normalen" Investmentfonds.

Split (splitting): Aktienteilung; eine in den USA übliche und mittlerweile auch hier zu Lande beliebte Maßnahme. Erreicht wird eine höhere Stückzahl der Aktien und ein der Spaltung entsprechend niedriger Kurs, der meist zum Kauf anregt, da die Aktie optisch günstiger ist, man beim Verkauf kleinere Summen „flüssig" machen kann und sich die Anzahl der Papiere und der Aktionäre erhöht.

Spread: Die Spanne zwischen An- und Verkaufspreis eines Wertpapiers; bezeichnet den Renditeaufschlag von Unternehmensanleihen im Vergleich zu Staatsanleihen.

Squeeze-out: Bezeichnet das Hinausdrängen einer verblieben Gruppe von Aktionären auf rechtlicher Basis. Meist vor einem geplanten Delisting, also einem Abgang der Gesellschaft von der Börse.

Standardwerte: siehe Blue Chips.

Stockswap (Aktientausch): Erfolgt eventuell nach einer Verschmelzung (Umtausch von Aktien der aufgenommenen AG in solche der aufnehmenden AG), gegebenenfalls bei einer Kapitalherabsetzung oder aus anderen Gründen. Nach Umtauschfrist-Ablauf erklärt die AG die Aktie für kraftlos. Die Aufforderung zum Umtausch ist in den Gesellschaftsblättern und bei Börsenwerten in mindestens einem Pflichtblatt pro beteiligter Börse zu veröffentlichen.

Stop buy order: Bei Erreichen oder Überschreiten eines vom Anleger festgelegten Aktienkurses werden Kaufaufträge zum nächsten erhältlichen Börsenkurs billigst ausgeführt.

Stop loss order: Handelsmöglichkeit; Verkaufsaufträge, die bestens ausgeführt werden. Beim Kauf legt der Anleger einen unter dem Einstandskurs liegenden Stopp-Kurs fest, bei dessen Erreichen die Position verkauft wird. Mit einer Stop loss order will man einen Gewinn sichern und ein möglichen Verlust beschränken. Der exakte Verkaufskurs kann nicht festgelegt werden. Die Stop loss order wird nach Erreichen oder Unterschreiten des fixierten Mindestkurses zum nächsten aktuellen Börsenkurs ausgeführt.

Strike: Ausübungspreis; Preis, der bei Optionsausübung für die Zahlung des Differenzbetrages maßgeblich ist.

Tafelgeschäft: Wertpapier- oder Devisengeschäft, das am Bankschalter „Zug-um-Zug", d.h. durch Aushändigung der Papiere und sofortige Barzahlung abgewickelt wird.

TANKAN-Bericht: Der weltweit stark beachtete „Tankan"-Bericht der Bank of Japan wertet eine Vielzahl ökonomischer Daten von 9366 Unternehmen aus und stellt eine umfassende Mischung aus Konjunkturanalyse und Stimmungsbericht dar. Er wird vierteljährlich bekannt gegeben.

Telefonhandel: Auch Telefonverkehr; bezeichnet den Wertpapierhandel per Telefon – also den außerbörslichen Handel von Wertpapieren. Vor allem Banken handeln häufig im Telefonverkehr. Der Telefonhandel unterliegt keinen gesetzlichen Aufsichts- und Kontrollregelungen. Im außerbörslichen Handel können alle Wertpapiere gehandelt werden, die in den verschiedenen Marktsegmenten notiert werden.

Terminkontrakt: Ein abgeschlossenes Termingeschäft, das meist im Warentermingeschäft für eine Mengenangabe steht, da die Warenterminbörsen in Standardkontrakten Menge, Wareneigenschaften, Liefertermin und -ort usw. vereinheitlicht haben, um den Handel zu vereinfachen.

Thesaurierende Fonds: Erträge solcher Fonds werden nicht ausgezahlt, sondern wieder neu angelegt. Wobei es Fonds gibt, die jeweils eine ausschüttende (A-Anteile) und eine thesaurierende Tranche (B-Anteile) haben.

Timing: Zeitliches Abstimmen des richtigen Kauf- und Verkaufzeitpunktes bei Wertpapieren für Profis. Bei der Sparplan-Anlage kann man Timing durch das Cost-Averaging ausnutzen.

Total Expense Ratio (TER): Alle Kosten eines Fonds; u.a.: Depotbankgebühren, sonstigen Dritten zustehende Vergütungen, Kosten im Zusammenhang mit dem Erwerb und der Veräußerung von Vermögensgegenständen, Bank-Depotgebühren, gegebenenfalls einschließlich der banküblichen Kosten für die Verwahrung ausländischer Wertpapiere im Ausland oder etwa im Zusammenhang mit den Kosten der Verwaltung und Verwahrung entstehende Steuern.

Trading: Kurzfristige Wertpapierkäufe und -verkäufe, um Kursschwankungen auszunutzen.

Transaktionskosten: Kosten, die beim An- und Verkauf von Wertpapieren anfallen und vom Fondsvermögen abgezogen werden.

Trust: Englische Bezeichnung für Investmentfonds.

Überzeichnung: Eine Überzeichnung von Aktien kommt oft bei Neuemissionen vor, wenn die Anleger mehr Aktien erwerben wollen, als im Angebot sind. Die Zuteilung erfolgt dann entweder prozentual für jeden gleich oder per Los.

Ultimo: Eine Kauf- oder Verkaufsorder „bis Ultimo" verliert ihre Gültigkeit nach dem Monatsende, eventuell auch nach dem Jahresende.

Umbrella-Fonds: Fonds, die ihr Kapital in Anteilen anderer Investmentfonds investieren. D.h, dem Anleger werden unter einem gemeinsamen Schirm (englisch: *umbrella*) Anlagemöglichkeiten in verschiedenen Einzelfonds der gleichen Investmentgruppe geboten. Jeder Unterfonds hat einen speziellen Anlageschwerpunkt. Der Anleger kann je nach Markteinschätzung und Risikoneigung zwischen den Unterfonds wechseln, ohne Spesenaufwand oder gegen geringe Gebühren (vgl. Fondstausch). Der Ausgabeaufschlag fällt einmalig nur beim Einstieg in den Umbrella an.

Umlaufrendite: Aktuelle Rendite umlaufender festverzinslicher Papiere.

Unterstützung: Fällt der Kurs eines Wertpapiers mehrmals bis auf ein bestimmtes Niveau zurück, um sich im Anschluss daran wieder zu erholen, so spricht man von einer Unterstützung (englisch: *support*). Wird eine Unterstützung jedoch nach unten durchbrochen, so fungiert sie fortan als Widerstand.

Up Tick Rule: Bevor eine Short-Position eröffnet werden kann, muss der Kurs erst um einen Tick, also 1/16 oder 1/32 Dollar steigen.

Valuta: 1. Bezeichnung im internationalen Geldhandel für das Währungsgeld eines Landes. Meist wird sie für ausländische Währungen angewendet. 2. Wertstellung eines Postens auf einem Konto, z.B. der Tag, von dem an ein Betrag verzinst wird (Valutierung). 3. Valuta-Papiere sind auf eine ausländische Währung lautende Wertpapiere z.B. Valuta-Anleihen, von österreichischen Schuldnern ausgegebene, auf ausländische Währung lautende Schuldverschreibungen.

Verfallstag: Das Auslaufdatum für Optionen, Index-Optionen oder Index-Futures. Verfallen alle drei Derivattypen am gleichen Tag, spricht man auch vom „Hexensabbat" oder „Triple Witching Day".

Verfügbarkeit: Eine KAG ist dazu verpflichtet, Anteile eines offenen Fonds börsentäglich zurückzunehmen. Verfügbarkeit beschreibt die Möglichkeit, die Anlage zu Geld zu machen.

Vergleichsindex/Benchmark/Vergleichsmaßstab: Die Entwicklung eines bestimmten Index, der einem Fonds als Vergleichsbasis für die Wertentwicklung dient. Ziel eines aktiv gemanagten Fonds ist es, den Vergleichsindex zu übertreffen.

Verkaufsprospekt: Enthält Angaben zur Beurteilung des Wertpapiers oder der Veranlagung im Fonds. Er muss beim Kauf mit dem Rechenschaftsbericht ausgehändigt werden.

Vermögensaufstellung: Liste über alle Vermögensgegenstände des Fondsvermögens an einem bestimmten Stichtag; wird im Rechenschafts- und Halbjahresbericht veröffentlicht.

Vertragsbedingungen: Regeln das Rechtsverhältnis zwischen Anleger und KAG.

Verwaltungsvergütung: Gebühr, die die Investmentgesellschaft für die Fondsverwaltung bekommt.

Volatilität: Schwankungsmaß von Aktien-, Devisenkursen und Zinssätzen oder sogar ganzen Märkten. Vielfach wird die Volatilität durch die Standardabweichung der relativen Kursdifferenzen (auf ein Jahr bezogen) berechnet.

Wandelanleihe (Convertible Bonds): Wer eine Wandelanleihe kauft, hat das Recht, während der Laufzeit den Anleihebetrag in Aktien des Herausgebers umzutauschen und damit die Möglichkeit, auf steigende Aktienkurse zu spekulieren.

WKN, Wertpapier-Kennnummer: Seit 1. April 2003 durch die ISIN (International Securities Identification Number) ersetzt. Die WKN ist ein numerischer sechsstelliger Code zur Identifizierung der Wertpapiere zur Erleichterung des Wertpapierverkehrs.

Wiederanlage: Anlage von Ausschüttungen im selben Fonds (i. d. R. automatisch). Auf Basis des Rücknahmepreises werden neue Fondsanteile oder Bruchteile von Anteilen gutgeschrieben. Die Wiederanlage von Ausschüttungen führt zu einem höheren Wertzuwachs des eingesetzten Kapitals (Zinseszinseffekt).

Xetra: Ein von deutschen Börse entwickeltes Handelssystem für den Kassenmarkt, auf dem Aktien, Optionsscheine und Rentenpapiere auch in Österreich gehandelt werden.

Stichwortverzeichnis

Abschichtungsguthaben 143
Absolute Return 88f.
Agent 129
Aktien 52ff., 228, 236, 239
Aktienfonds 70f., 74, 236
Aktiengesetz 169, 236
Aktionär 167ff.
aktiver Fonds 71ff.
Alternative Investments 39, 78, 98
Amtshaftung der Republik 157f.
Analysten 56f., 63f.
Anfechtungsklage 168, 173
Anlageberater 148f.
Anlagebetrug 131f.
Anlageklassen 32
Anlagestrategie 71
Anlageziel 70f.
Anlegerentschädigung 230
Anleihen 33, 43ff., 236
Anleihenfonds 74
Ansparplan 35ff., 87, 115
Ansparprämie 105
Anteilschein 237
Anwaltskosten 184
Asset Allocation 32f., 39, 86, 237
Assetklassen 33, 40, 76f.
atypische stille Beteiligung 142
Auction Market 111, 237
Aufgeld 237
Aufsichtsrat 170, 173
Ausfallrisiko 247
Ausgabeaufschlag 85, 121, 164, 237, 248
ausschüttender Fonds 73f.
Ausschüttung 238
außerbörsliche Aktien 139
Ausstieg 118, 164

Bank 150ff.
Bankenaufsicht 197
Bankgarantien 133
Bankwesengesetz 210, 218
Basket 238
Basket-Zertifikate 94

Bausparen 41ff.
Behavioural Finance 219ff.
Benchmark 71f., 76, 83, 88, 239, 247, 256
Beratungsfehler 190
Beratungsgespräch 23, 26
Betafaktor 29
Beteiligungsgesellschaften 107
Beweislast 183, 190
Bezugsverhältnis 239
Bonds 43, 239
Bonität 45f., 48, 50, 56, 71, 186, 239, 251
Börsenindex 71
Börsenkapitalisierung 55, 239
Branchenanalyse 57f.
Branchenfonds 240
Briten-Polizzen 105f.
Bruttorendite 84, 90, 122
Bundesschätze 42f.

Chart 61, 240
Chartanalyse 61f.
Churning 125f.
Cold Calling 134
Convertible Bond-Fonds 75
Corporate Bond-Fonds 75
Corporate Bonds 44
Corporate Governance-Kodex 176
Cost Average-Effekt 36

Dachfonds 77, 122, 241
Depot 241
Depotbank 180
Depotgebühr 37, 119, 121, 241, 248
Derivate 91ff., 108, 241
Dividende 53f., 59f., 238, 241
Dividendenrendite 56, 60
Duration 50, 52, 242
dynamisch 32

EBIT (Earnings before Interest and Taxes) 58, 242
Eigenkapitalrendite 60
Eigenkapitalrentabilität 58

257

Einfirmenvertreter 129
Einlagensicherung 218
Einmalerlag 35ff., 87
Emerging Markets 242
Emission 243
Emittent 44, 154
Emittenten-Compliance-Verordnung 144f.
Ertrag 31
Ertragschancen 32
European Shareholders Association 212
Exchange Traded Funds (ETF) 72

Fahrlässigkeit 152
Fernabsatzrichtlinie 163f.
Finanzberater 123ff.
Finanzdienstleister 123ff., 128, 127f., 134, 138, 218, 230f.
Finanzmarktaufsicht 127, 137, 145, 197f., 232
Finanzplanung 21ff.
Finanzsituation 25
Floater 46
Fonds 69ff., 121ff., 164, 236f., 248
Fondsgebundene Lebensversicherung 243
Fondsmanagement 244
Fondsmanager 73, 179
Fondspolizzen 105
Fonds-Rating 83
Fragerecht 168, 171f.
Fremdwährungsanleihen 48, 52
Frontrunning 201
Fundamentalanalyse 57f.
Futures 95, 247

Garantiefonds 109f., 245
Garantieprodukte 109
Garantieverzinsung 103
Gebühren 37, 119ff.
Geldmarktfonds 71, 122, 245
Geldmarktnahe Fonds 76
gemischte Fonds 245
Genussscheine 78, 110f., 181f.
Gesamtkapitalrendite 58

geschlossene Immobilienfonds 139
geschlossener Fonds 240, 245
Gewinnbeteiligung 104
Gewinnscheine 110f.
Global Investment Performance Standards (GIPS) 89, 245
Going Public 246
Government Bond-Fonds 75
Government Bonds 44
Gratisaktien 54
grauer Kapitalmarkt 139ff.

Haftung 148ff.
Haftungsausschluss 152
Hauptversammlung 168ff., 241
Häuser 96ff.
Haustürgeschäfte 159
Hebel 92f.
Hedgefonds 78ff., 246
Hedging 108, 236
High Yield 45, 247
High Yield-Fonds 75
Honorare 123ff.

Immobilien 96ff., 205
Immobilienaktien 98ff.
Immobilienfonds 101ff.
Indexfonds 72f., 85, 122
Indexzertifikate 94
Inhaberaktien 53f.
Initial Public Offering (IPO) 66f.
Insiderhandel 197f., 200f., 247
institutioneller Anleger 67
Internet 163f.
Investmentclubs 213ff.
Investmentfonds 105, 247, 250
Investmentfondsgesetz 154, 180
Investmentgesellschaft 256
Investmentzertifikat 179, 150, 237
Investor Relations-Stelle 175, 179
Irrtumsrücktrittsrecht 162f.

Junge Aktien 54
Junk Bond 45

Kapitalanlagegesellschaft 70, 86, 102, 247

Stichwortverzeichnis

Kapitalanteilscheine 110f.
Kapitalerhöhung 54
Kapitalertragsteuer 51, 102, 111, 182
Kapitalgarantie 112, 115f.
Kapitalgarantierte Produkte 108
Kapitalmarktgesetz 161, 163
Kapitalmarktzins 248
Kapitalsparbuch 41
Kaufentscheidung 65
Kaufspesen 121
Klumpenrisiko 99, 248
Kommanditbeteiligung 139
Kommanditist 113
Konditionen 36
konservativ 32
Konsumentenschutz 163
Konsumentenschutzgesetz 158ff.
Konzession 127f., 130, 164, 198
Kosten 116, 119ff.
Kredit 151f.
Kreditfinanzierung 118
Kreditgeschäfte 139
Kundenprofil 190f.
Kupon 43f., 49f., 248
Kurs-Gewinn-Verhältnis (KGV) 55f., 248
Kursmanipulation 198
Kursschwankungen 87

Laufzeit 44, 49f., 249
Lebensversicherungen 103ff., 164
Leerverkäufe 80
Leitzinsen 249
Leverage-Effekt 100, 249

magisches Dreieck 31
Makler 249
Managed Futures 78ff.
Managementgebühr 121
Margin-Call 95
Market Maker 95, 249
market perform 64
Market Timing 33
market underperfom 64
Markt- und Börsenaufsicht 199
Marktkapitalisierung 239

Marktmissbrauch 198
Marktmissbrauchsrichtlinie 144f.
Mehrfachagent 129f.
Minderheitsaktionär 168
Mischfonds 71, 75f.
Mitverschulden 152
Musterportfolio 33
Musterprozess 187, 190, 192

Namensaktien 53
Nebenkosten 97f.
Nettorendite 22, 37f., 84f., 88, 90, 115, 122
Nichtigkeitsklage 168, 173
Nominalzins 43, 49
Nominalzinssatz 250
Null-Kupon-Anleihe 46, 48f., 52, 109, 178

Obligation 43, 250
Optionen 95, 228, 236, 240f., 247, 250, 256
Optionsscheine 93f., 236f., 239, 247, 251

Pari 43
passiver Fonds 72f.
Pensionskassenaufsicht 197
Performance 30, 87
Pfandbriefe 47
Portfoliotheorie 29f.
Prämiensparbuch 41
Preismanipulation 201
Private Equity 107ff.
Prospekt 66, 79, 88, 113, 153f., 156
Prospekthaftung 153, 155f., 208
Provisionen 122f.
Prozesskosten 186
Pyramidenspiele 133

Ranking 244
Rating 251
Real Estate Investment Trusts (REITs) 98
Rechenschaftsbericht 102
Rechte 51, 144ff.
Rechtsdurchsetzung 151, 189ff.

259

Rechtsschutzversicherung 185f.
Rederecht 171f.
Rendite 35, 44, 51, 115ff., 136, 228
Renten 43
Rentenfonds 70f., 75, 251
Rentenversicherung 103ff., 105
Risiko 26ff.
Risikoprämie 105
Roadshow 67
Rücknahmegebühren 85
Rücktrittsrecht 159f., 164

Sachkunde 150
Sammelklage 187
Schuldverschreibungen 43
Secondhand-Polizzen 106
Shareholder Value 252
Sharpe-Ratio 30, 84, 253
Sicherheiten 26
Sicherungssteuer 51, 78
Sorgfalt 150
Sparbuch 40ff.
Spekulantenmarkt 81
spekulativ 32
Spesen 36ff., 119ff.
Spielkapital 22
Split 253
Splitting 236
Squeeze-out 208f., 253
Stammaktien 53
Standard Compliance Kodex 144
Standardabweichung 29
Steuerersparnis 113
Steuervorteil 97
stille Unternehmensbeteiligungen 139
Stimmrecht 54, 168
Strafzinsen 41
Streitgenossenzuschlag 184
Streubesitz 53
Streubesitzaktionär 168
Streuung 33
Strukturvertrieb 129

Terminbörse 95
Termingeschäfte 139
thesaurierende Fonds 73f., 254

Tilgung 44, 51
Time-sharing 139
Total Expense Ratio (TER) 122

Ultimo 65
Umbrella-Fonds 255
Umsatzrendite 58
Unternehmensbeteiligungen 113

Veranlagungshorizont 87
Verbraucherpreisindex 240
Verfallstag 95
Verfügbarkeit 31
Verfügungsberechtigung 126
Verjährung 153, 187
Verjährungspflicht 155
Verlustbeteiligungsmodell 141
Verschwiegenheitspflicht 147
Versicherungsaufsicht 197
Versicherungsmakler 129
Versicherungssteuer 104, 137
Versicherungssumme 103
Vertragsabschluss 165f.
Verzinsung 46
Volatilität 29, 256
Vorsorgewohnung 96f.
Vorstand 169f., 173
vorzeitige Behebung 41
vorzeitiger Ausstieg 36
Vorzugsaktien 54
Vorzugsaktionär 169

Wachstumsaktien 55
Währungsrisiko 47f., 52, 86, 106
Wandelanleihen 47, 52
Warrants 93f.
Wertaktien 55
Wertpapieraufsicht 197
Wertpapieraufsichtsgesetz 145, 159ff., 191, 199
Wohnbauanleihen 47
Wohnungen 96ff.

Zero-Bonds 46, 48f.
Zertifikate 72, 93f.
Zinseszinseffekt 34, 256
Zivilprozess 183
Zukunftsvorsorge 114